JN289004

【図説】

アステカ文明

THE AZTECS

リチャード・F.タウンゼント……著
RICHARD F. TOWNSEND
増田義郎…監修
MASUDA YOSHIO
武井摩利……訳
TAKEI MARI

創元社

序　アステカを求めて

一五一九年二月十日、スペインの遠征隊は十一隻の船を連ねてユカタン半島をぐるりと回り、メキシコ湾沿いに進んでいた。遠征隊長エルナン・コルテスが取ったコースは、一五一七年のエルナンデス・デ・コルドバと一五一八年のファン・デ・グリハルバという二人の先駆者が海図に記したルートであった。コルドバとグリハルバは、キューバのスペイン人入植地に驚くべき報告をもたらしていた——壮大な石造りの町やそこに住む多数の住民、装備十分な戦士たちを率いる強大な支配者、そして莫大な量の黄金。さらに、聞くところによると西の山々を越えたところには豊かな王国があるという話だった。コルテスが目指していたのは、この未知の世界だったのである。

コルテス一行の砂丘への上陸（その近くにベラクルスの町が築かれる）や、アステカ皇帝モテクソマの使節との会見、アステカの首都テノチティトランへの山越えの旅の様子は、コルテスの『カルロス一世への報告書簡』とベルナル・ディアス・デル・カスティリョの『ヌエバ・エスパーニャ征服の真実の歴史』に生き生きと語られている。[1] そこに描かれたテノチティトランは、高原の湖に浮かぶ島の上に造られた風変わりな景観を持つ都市で、ピラミッド神殿や宮殿や市場広場を備えていた。また、見たこともない宗教の派手な儀式や、身の毛もよだつ生贄の儀礼についても記されている。物語は、モテクソマが捕えられて死に、戦争が始まる場面へと続いてゆく。だが、スペイン人は同盟を結んだトラシュカラ族ともども、アステカ戦士との戦いで壊滅的な大敗を喫し、夜の闇にまぎれてテノチティトランを脱出する。やがてスペイン人は軍勢を立て直し、長い戦いの末ついにクライマックスのテノチティトラン包囲戦に臨む。スペイン軍自体の人数は少なかったが、彼らはアステカの圧政に叛旗を翻した先住民の諸都市の戦士たちによって大幅に増強されていた。堤道を通って市内へ突入する最後の攻撃は、アステカの激しい抵抗にあった。しかし、組織化された包囲作戦の効果と、市内に籠城したアステカ人の間に飢えと疫病が蔓延したことによって、防衛側の戦力は相当にそがれていた。一五二一年八月、アステカ最後の皇帝クアウテモクが捕えられた。焼き払われ荒れ果てた瓦礫の山の中で——かつてはメキシコ最大の帝国の権勢と栄華の極みを体現した首都であった場所で——皇帝は降伏した。テノチティトランの破壊とアステカ帝国の滅亡は、自立したメソアメリカ文明*の長い歴史の中で最後まで残ったひとつの国家の——そして最もすばらしい国家のひとつの——終焉を意味していた。〔*（原注）「メソアメリカ」は、メキシコ中部・南部（メキシコ湾とユカタン半島を含む）、グアテマラ、エルサルバドル、ホンジュラス、ニカラグア、コスタリカの一部を指して考古学者が使う用語で、紀元前一〇〇〇年頃から紀元後一五二一年にかけて高度な文明が栄えた地域のことである。〕

スペインによるアステカ征服は、アメリカ大陸の歴史における一大転換点であった。それは単にアステカ人が敗北しスペイン人が勝利を収めたということにとどまらず、両者が武力をもって衝突したことで、文化的な存在の枠組み全体を根底から変化させるプロセスが始動してしまったことをあらわした。スペイン領アメリカ全体の中で、最初の入植地メキシコは最も徹底した植民地化が進められた場所であった。メキシコには、スペインが理想と思い描く新しい経済、宗教、行政のかたちが驚くべき速さで導入された。彼らにとって征服という概念には中世の十字軍精神が満ち満ちており、古い帝国の廃墟の上での新しい社会構造の建築は、その新しい土地をキリスト教世界に引き入れるという展望と分かちがたく結びついていた。植民地都市メキシコシティーを建設するために、残っていたテノチティトランの建築物は完全に破壊された。そこへ、コルテスの要請を受けてフランシスコ会の修道士の一団が到着した。彼らやその後に続いてやって来た修道士たちは、厳しい修養を積み布教への情熱に燃えた、いわば先鋭的な宗教家であった。スペインのカトリック教会内部でも特に理想主義色の強い、改革とユートピア的社会の実現を掲げる運動を代表する人々だったのである。メキシコにおける彼らの宣教活動の第一段階は、古い神殿や偶像を破壊し、神話や歴史も含めて先住民の伝統的な精神生活を完全に叩き潰すことであった。それに続く第二段階として、新しい社会の基盤となるキリスト教が植えつけられた。

精神の世界におけるこのような征服の過程で、一部の修道士（トリビオ・デ・ベナベンテ〈モトリニーア〉、ベルナルディノ・デ・サアグン、ディエゴ・ドゥランなど）や先住民貴族の末裔（フェルナンド・デ・アルバ・イシュトリルショチトル、エルナンド・アルバラード・テソソモック、ドミンゴ・クアウトレワニツィン・チマルパインら）が先住民の生活の幅広い記録を作成しはじめた。[2] そこに収められた知識は、先住民を改宗させる際に利用されると同時に、記憶が失われぬうちに彼らの生活様式全体を記録に残す役にも立った。キリスト教至上の信念を持ちながらも、修道士たちが先住民の高度な文明に感銘を受けたことは間違いない。彼らの記録からは、厳密な知的探求に努め、正確で総合的な記述をめざしたことがうかがわれる。ひとまとめにしてアステカ人と呼ばれるメシカ族やアコルワ族やその近隣諸族は、いったいどのような人々だったのか？　彼らはどこから来たのか？　彼らの歴史はどんなふうか？　彼らの法律、政体、社会組織はどういうものか？　彼らの信仰や儀礼、宗教的シンボリズムはどのような原則に支配されていたのか？　彼らの日常生活や、彼らの暮らす土地についてはどうか？　このような疑問を抱いた修道士たちは、現地のナワトル語を学び、旧体制の知識人に話を聞いて、百

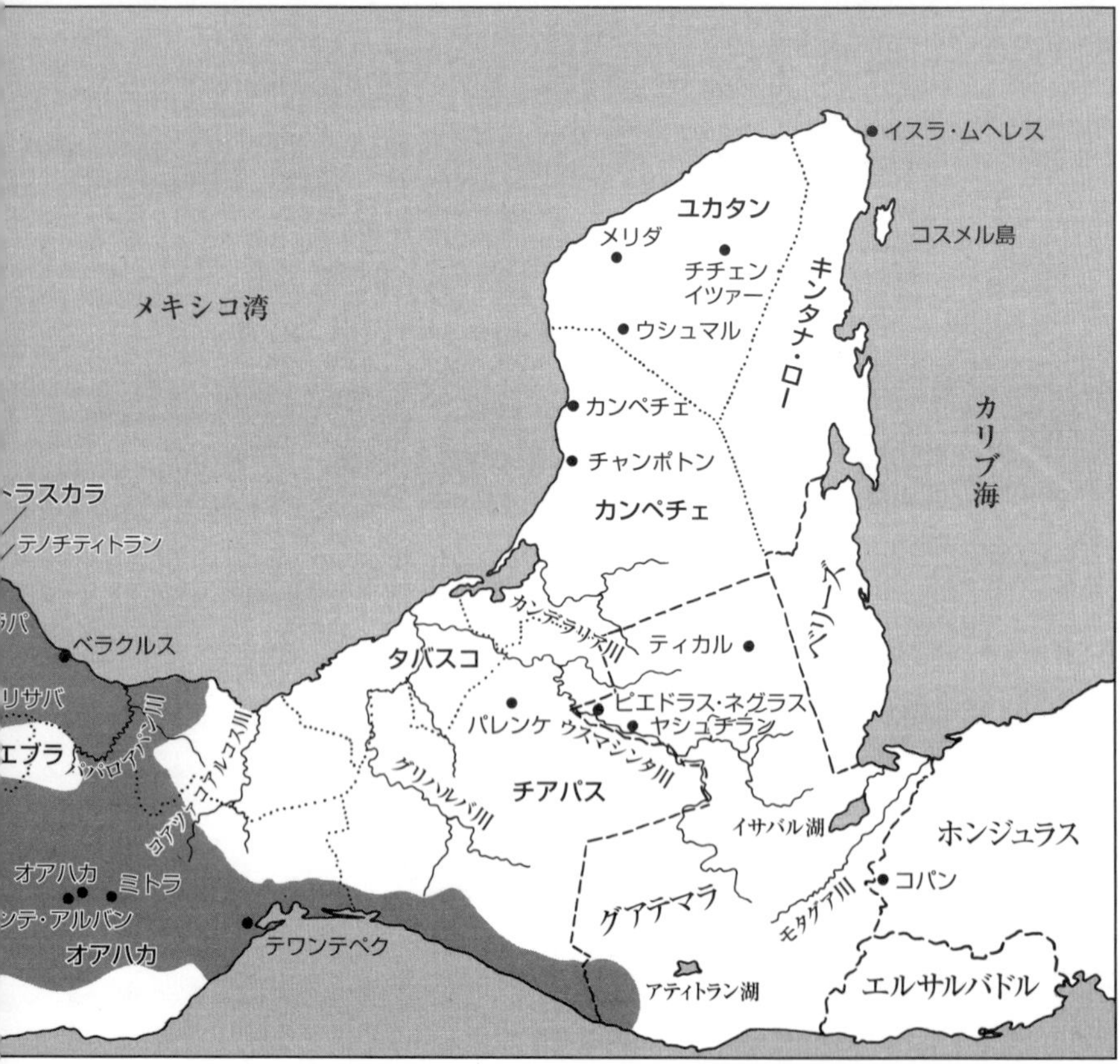

科全書的な記録文書を編纂した。

これらの文書資料ははかりしれない価値を持つ記録となり、十六世紀のヨーロッパ人が出会った新世界の住民に関する最大にして最も詳細な情報庫として、今も利用されている。

十八世紀末になると、ヌエバ・エスパーニャ〔メキシコ一帯のスペイン植民地〕において、先スペイン期〔スペインによる征服より前の時代〕の文明への関心がさまざまな面で再浮上してきた。植民地時代後期にあたるこの時期にメキシコで見られた一種の逆行ともいえるこのような傾向や、対立する社会・政治勢力間の矛盾については、さまざまな角度から論じられている。歴史家のJ・マンチップ・ホワイ

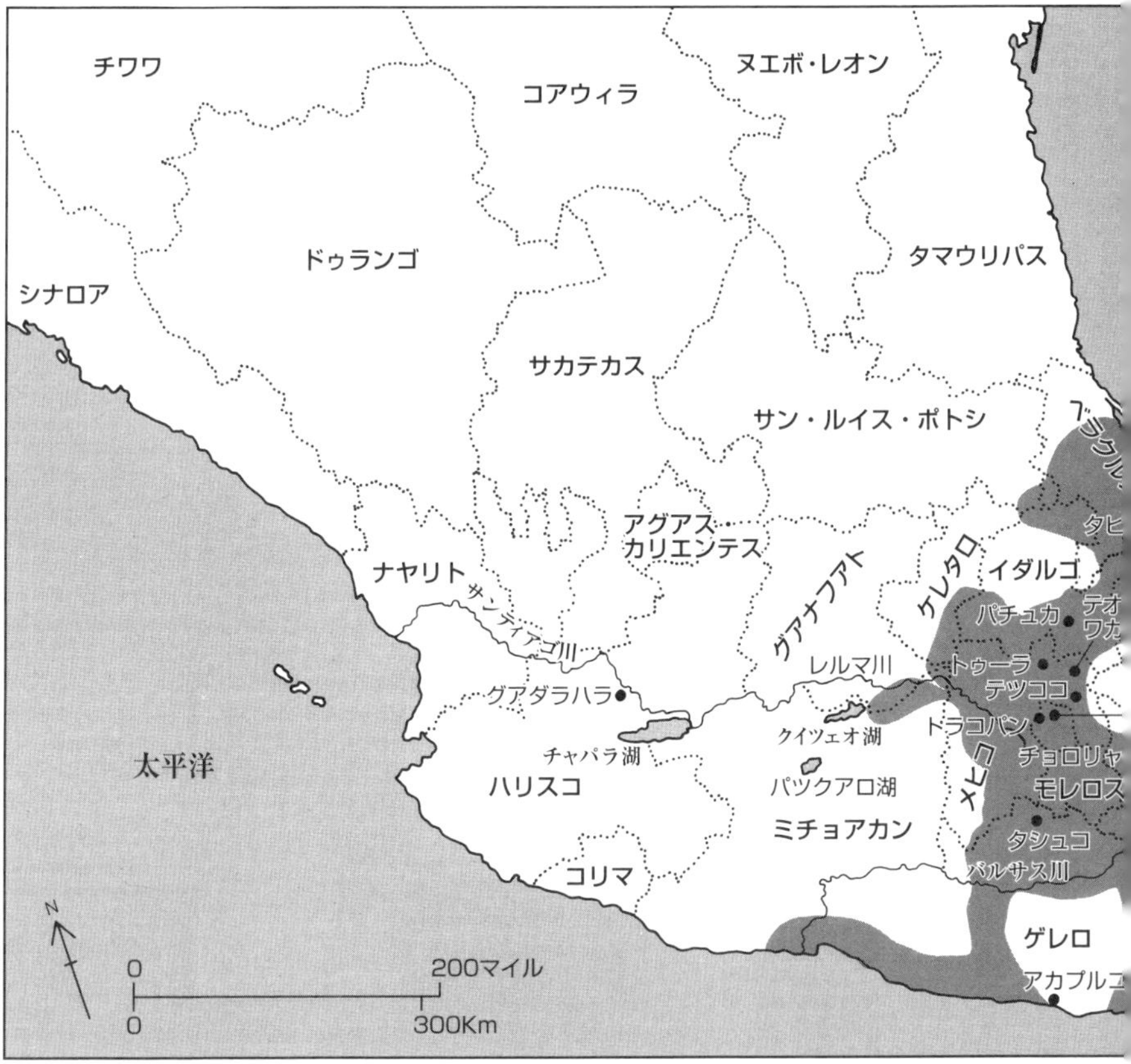

1　1519年のアステカ帝国の版図。メソアメリカ大文化圏は、北はベラクルスからナヤリトとシナロアを経て南東はホンジュラスとエルサルバドルまで含んでいた。

トはそれらを見事に要約して次のように述べている。[3] それまで二世紀にわたって教会と国家は永続的で整合的な新しい社会を築こうと努力を続け、その努力は全体としてみれば成功を収めた。それにもかかわらず、先住民の生活を完全に西洋式に変えることはできなかった。先住民の何千という共同体で、スペイン文化はじつに多様な形で受容され、変形され、伝統的な文化の枠組みの中に組み込まれたのである。伝統文化の中の生活は、時間、空間、自然との関係をめぐる古くからの土着的な概念に司られていた。また、スペイン化が進んだ都市部でも、スペイン人と先住民の混血であるメスティソや、現地で生まれ育ったスペイン人であるクリオーリョという新住民が増えて、影響力を伸ばしていた。こうした人々は自分たちを先住民とは考えていなかったが、一方で彼らは、植民地を統治するエリートからはスペイン人と認められていなかった。この人々が、植民地社会の中でより大きな発言権を求めはじめたのである。彼らのこの希求の背後には、スペインの植民地支配が定めた歴史観はあまりに限定的で、「アメリカの」古くからの固有文化伝統をきちんと認識し発展させようという彼らの願望にはまったくそぐわないものだとの意識があった。過去の探求が始められ、未知の時代だった先スペイン期は、新世界と旧世界の違いを生み出すもとして描き出された。アステカ人は社会史・文化史の探求の高まりの中で象徴的な存在となった——この探求はそれ自体が、伸長しつつあった民族主義の初期現象であった。

植民地社会のありかたをめぐって始まった議論は、次第に民族アイデンティティ確立をめざすイデオロギーへと変形していった。この関心の変化は、考古遺跡に対する姿勢の変化にも反映された。十八世紀後半にメキシコシティー中心部のソカロ〔中央広場〕の舗装の下から、アステカの「ティソックの石」(図50、51)といわゆる「暦の石」(図71、72)が発見された時、それらは掘り出されて大聖堂《カテドラル》のアトリウムに運ばれ、きちんと保護された形で展示された。[4] メキシコが一八二一年に独立した後は、アステカ史の重要性がさらに強調されるようになる。新しい共和国の国旗は、三色旗の中央に強い象徴性を持つ紋章を——サボテンにとまった鷲というアステカの図像を——配したものであった。伝説の語るところでは、このサボテンと鷲という予言のしるしは、流浪の民であったメシカ族(アステカの一部族)に定住すべき場所を示すために、神格化された英雄ウィツィロポチトリが与えたものであるという。

独立以来今日までメキシコは、自国の過去はさまざまな民族の遺産に立脚しているとする見方を構築してきており、その中でもアステカ人は特別の関心と敬意をもって遇されている。二十世紀に入る頃、テノチティトランの遺構の本格的発掘調査が開始された（現在、遺跡はメキシコシティーの下に埋まっている）。メキシコシティーではその後も大規模な発掘調査が折々に行われ、またかつてアステカ帝国領であったメキシコ盆地その他の地域でも発掘が進められた。再び日の光の下に現れた遺跡や遺物群――建物、彫刻、工芸品、耕地跡――の分析と解釈にはかりしれない貢献をしたのが、十六世紀に作られた例の豊富かつ詳細な記録であった。逆に、発掘された工芸品やモニュメントからは、十六世紀の記録者たちが気付かなかったり部分的にしか理解していなかった、もしくは意図的に記録に残さなかった、アステカの生活と思想の全体像が見えてきた。

今日、アステカ研究は単にメキシコ一国の関心を超えたものとなっている。華々しいアステカ人の物語は、南北アメリカ大陸の文化発展史のなかで燦然と輝く一章である。恐れを知らぬ戦士であり実務能力に長《た》けた建設者であったアステカ人は、仮借ないやり方で十五世紀に一大帝国を築き上げた。規模の点でこれを凌ぐのは、ペルーのインカ帝国のみである。アステカの宗教の生贄の儀式や、人間の生命を一見無造作に扱うそのやり方は、スペイン人に衝撃と嫌悪感を与えた。しかし、植民地時代初期の文書記録と現代の考古学調査の結果から明らかなように、アステカには暴力的な儀礼だけでなく賞賛に値する業績もあったのである。それはたとえば、高度に専門化し階層分化した社会や帝国行政機構の構築であり、全国に張りめぐらされた交易ネットワークと貢納システムであり、それぞれの土地に適合するよう工夫された優れた農業経済の開発と維持であり、大地や天空や季節の変化と密接に関係した宗教や学術知識の発達であった。テノチティトランとテツココで毎年行われた多くの儀式や儀礼、象徴性に満ちた美術と建築などは、古《いにしえ》の時代に自然と人間の相互関係が強く意識されていたことを物語っている。

本書は、アステカ文化の理解をめざして今も続けられている探求について記したものである。考古学の発掘調査、歴史研究、美術や建築の解釈がメキシコ内外の研究者によって行われ、われわれの視野を広げつつある。本書ではそれらすべての資料を利用して、アステカ人は先行民族や近隣諸民族とどこが違っていたのかを示し、またそれだけでなく、アステカ文明とそれより古い時代のメソアメリカ文明との間に継続性をもたらした伝統の糸をも検証してゆこうと思う。

✣アステカ文明　目次

テノチティトランのアステカ王たち

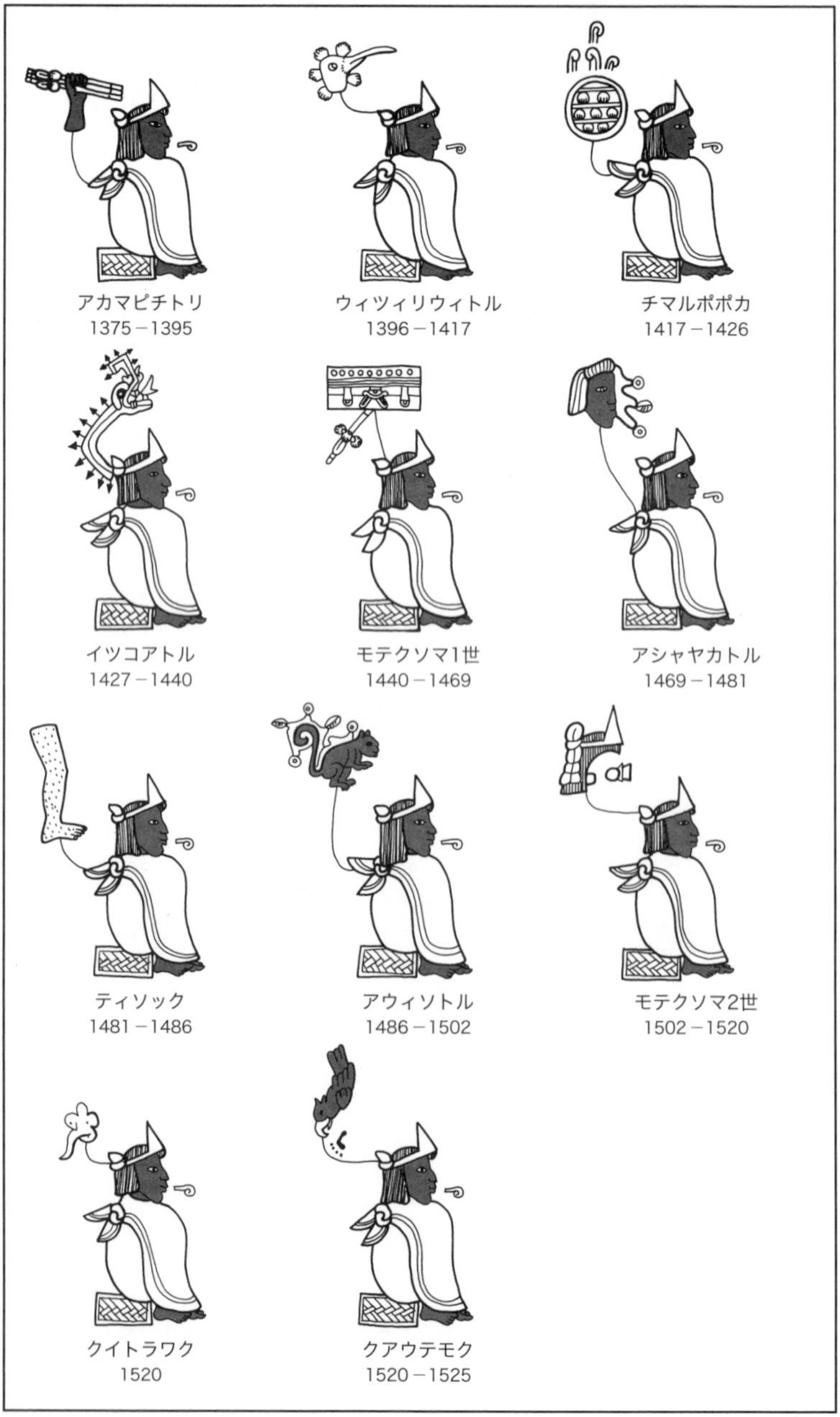

THE AZTECS
(2nd edition)
by Richard F. Townsend

published by arrangement with Thames and Hudson Ltd, London
through Tuttle-Mori Agency, Inc., Tokyo
© 1992 and 2000 Thames and Hudson Ltd, London

第1部　メキシコの征服

第1章 異人の到来

エルナン・コルテスの遠征

一五一九年、コルテスは未知の王国を求めてキューバを出航した。コロンブスが西の海を初めて横断してから二十七年が経っていた。コロンブスは、シナ海に面した汗《ハン》の治める国へ海路で行こうとして海を渡り、バハマ諸島のサマナ・ケイに上陸した。彼はその後さらに三度の航海を行っていくつもの島や海岸線を発見したが、なおもそこがアジアの端であると考えていた。三度目の航海でベネズエラのオリノコ川河口から滔々と流れ出る豊かな水を目にして、はじめて彼は自分の発見したのが「未知の巨大な大陸」なのではないかと考えるに至る。しかしコロンブスは、自分が成し遂げたのは何だったのかをはっきりとは知らないまま、一五〇六年に世を去った。一五〇〇年代初めにイスパニオラ島（現在のハイチとドミニカ共和国がある島）とキューバにスペインの植民地が築かれ、探検家たちは知られざる半球の東側の輪郭線を海図に書き込みはじめる。アメリゴ・ヴェスプッチやバスコ・ヌニェス・デ・バルボアらが、ベネズエラ、コロンビア、カリブ海の沿岸部を探検した。

一五一七年、エルナンデス・デ・コルドバが初めてユカタン半島にたどり着いた。スペインの探検隊はカトーチェ、カンペチェ、チャンポトンで、石造りの建物が多数建っている印象的な先住民の都市を見つけた。石を材料に使うのは、西インド諸島や南の海岸沿いの先住民には見られない技法であった。探検隊はまた、武装したマヤの戦士たちの襲撃にあった。チャンポトンでは飲料水を求めて上陸したスペイン人と先住民との間で激しい戦闘が繰り広げられ、スペイン側に約五十名の死者が出た。スペイン船団はやっとのことで船と瀕死の重傷の司令官を取り戻すありさまだった。だが、こうした悲劇などものともせず、都市や黄金や新しい征服地の噂話に触発されて、キューバ総督ディエゴ・ベラスケスは新たな遠征隊の組織を認可した。遠征隊はフアン・デ・グリハルバに率いられて一五一八年初めに出帆した。コルドバのルートをたどった船団はさらにその先へ向かい、緑のジャングルが広がるタバスコの海岸沿いに進んで大きな川の河口近くに上陸した。この川はグリハルバ川と名付けられた。スペイン人たちは現地の先住民と友好関係を結び、ガラスのビーズその他の美しい品物を金製品や食糧と交換した。この地で彼らは初めて、ナワトル語の「クルワ」と「メシカ」という単語を耳にしたが、それがどういう人々のことを指すのかまではわからなかった。海岸線に沿ってさらに船を北上させると、とある川のそばで、旗を振って船を招く先住民の一団に出会った。スペイン人たちが様子をうかがうと、それは、木綿のケープをまとい色鮮やかな鳥の羽根と黄金の装身具を身につけた、立派な身なりの首長たちの代表団であることがわかった。首長たちは異人を鶏肉や果物やトルティーリャといったごちそうでもてなした。ここでもスペイン人はガラスのビーズを黄金や食糧と交換したが、言葉が通じなかったため、結局この人々が何者で、なぜ歓待してくれるのかはグリハルバにはわからずじまいであった。後年になって、エルナン・コルテスはこの人々がアステカ皇帝モテクソマの使節団であり、コルドバの探検以来不思議な船がやって来るとの報告を受けて派遣されていたことを知る。意思の疎通は困難だったにせよ、グリハルバは西インド諸島よりはるかに裕福な土地が山を越えた内陸部にあるということをはっきりと理解した。遠征隊はこの耳よりなニュースと物々交換で手に入れた黄金とを携えて、キューバに帰還した。すばらしい富が約束された土地の存在を知って、ディエゴ・ベラスケスは新たな探検を計画した。そして一五一九年にエルナン・コルテスを遠征隊長に任命したのである。

コルテスとともに航海に出た五百人の兵士と百人の船員の顔ぶれはさまざまであった。遺産相続権のない男たち、植民地生活に飽き足らない入植者、入植したもののうまくいかなかった者、金鉱夫あがり、そして軍隊好きの連中。その中には、以前に南米やカリブ海への航海に参加した経験のある兵士も数多くいた。メキシコ湾岸への前二回の探検に加わっていた者も多かった。また、多数の黒人も乗船していたことが、後の先住民の証言記録でわかっている。誰もがみな、人生の仕切りなおしや冒険や金持ちになるチャンスを求めてコルテス隊に身を投じた。十人十色で個性が強く冒険好きのこの男たちは、運を摑んでひと山あてようと遠くカリブ海まで渡ってきたのだったが、それでも法律的にも心情的にもスペイン王室に対する義務感を持っていた。彼らはまた非常に宗教心が強かった。中世の十字軍精神はまだ彼らの中に色濃く染み付いていたのである。

イベリア半島に最後まで残ったイスラーム国家であるムーア人のグラナダ・カリフ国がカトリック王フェルナンドとイサベルの軍に降伏したのは、コロンブスの最初の航海と同じ一四九二年のことであった。スペインをイスラーム支配から取り戻そうとしてそれまで何世紀も続けられてきた戦いの中で、キリスト教は軍事的な性向を示すようになり、戦争は自動的に聖戦の様相を帯びた。グラナダ奪還に続いて、スペイン宮廷はジブラルタル海峡を渡って北アフリカを征服する計画を検討していた。しかし新しい発見に満ちあふれた航海の報告が次々に伝わってくると、西の海の向こうに誰のものでもない土地が広がっており、そこはヨーロッパよりも、さらには古代ローマ帝国よりもずっと広大なのではないかという考えが現実味を帯びはじめた。

古代ローマ帝国を先例として見る考え方は、コルテスのような教養人に大きく影響したテーマであった。当時ルネサンス全盛期にあったイタリアから、古典世界の理念や価値への関心が各地に広がっていた。コルテスが育ったのはスペインはエストレマドゥーラ地方の町メデリンであるが、このメデリンからほど近い古都メリダにはローマ時代の有名な遺跡があって、古代ローマ帝国の栄光の跡をとどめていたのである。コルテスが少年時代にそこで受けた感銘は、後にサラマンカ大学で法律家になるべく学んだ二年間にローマ時代の古典的著作の翻訳を読んだことによって、さらに強固なものへと育っていった。後半生においてもコルテスはまだラテン語で議論することができたし、彼の書簡や演説は、ローマ人の偉業が彼にとって永遠の手本であったことを明らかに示している。実際、コルテスがイタリアへ行って身を立てようと計画していたことを示す証拠もいくつかある。しかし彼はイタリアへは行かず、かわりに十九歳でカリブ海の植民地へ渡った。彼はイスパニオラ島でそこそこ成功した入植者となり、キューバ征服と入植にあたって有能な働きを見せたことでベラスケス総督の目にとまった。一五一九年、三十代なかばにさしかかったコルテスは大陸本土を目指して西へ船を出し、グリハルバと同じコースを進んだ。

ユカタン半島のマヤ族との衝突を避けながらコルテスの船団はタバスコの海岸へ向かい、ポトンチャンに碇《いかり》を下ろした。先住民との戦闘はやはり起こったが、スペイン人は騎兵と銃と戦略でたちまち敵を圧倒した。敗れた首長たちは、服従のしるしとして食糧や衣類や黄金の装飾品、それに若い女の一団を差し出した。この女たちの中に、マリンツィンという名の娘がいた。スペイン人から「マリーナ」「マリンチェ」と呼ばれた彼女は、海岸部のチョンタル・マヤ語だけでなくメキシコ中部のナワトル語も知っていたため、この後に起こる出来事の中で極めて大きな役割を果たすことになる。マリンツィンは、マヤ語を話すスペイン人ヘロニモ・デ・アギラール（船が難破して数年間ユカタンのマヤ族の捕虜として暮らし、その間にマヤ語を学んだ人物）とともに、コルテスにとってなくてはならない通訳兼側近となった。コルテスの遠征に最後まで同行した彼女は、コルテスの愛人ともなり、彼の息子ドン・マルティンを産む。

タバスコ海岸のポトンチャンでも、スペイン人の耳には「クルワ」と「メシカ」という単語が聞こえてきた。これらの単語は北の山岳地帯の先に住む強大な民をさして使われていた。だが、それらの人々が何者なのかをスペイン人が完全に把握するのは、まだ数週間先のことである。船隊はふたたび碇を上げ、グリハルバのルートをなぞって海岸沿いを進んだ。ヤシの木でふちどられた浜辺ごしに樹林に覆われた山脈が現れ、雪の冠を戴いた大きな円錐形の火山が遠く内陸部に見えた。遠征隊はサン・フアン・デ・ウルーア島近くの水路に到着し、本土の海岸の砂丘にキャンプを設営し隊員と馬を下ろした。スペイン人はこの宿営地とその近くのセンポアラの町で初めてアステカ帝国の臣民と接触し、首都テノチティトランから来ていた傲慢な二人の徴税人に出会ったのである。

モテクソマの使節

コルドバとグリハルバの航海以来、モテクソマのもとへはさまざまな報告が伝えられていた——先住民である彼らの海上航行用いかだ舟よりもはるかに大型の帆船について、馬や武器について、そして金属製の鎧を身につけた男たちについての情報である。そこへ、新たな船団が現れてセンポアラ近くの砂丘に宿営地を築いたという知らせを持った伝令がテノチティトランに到着する。以前の船は今回の大規模な部隊の準備であったように思われた。奇妙な異人たちは扱いにくい連中で、帝国の徴税

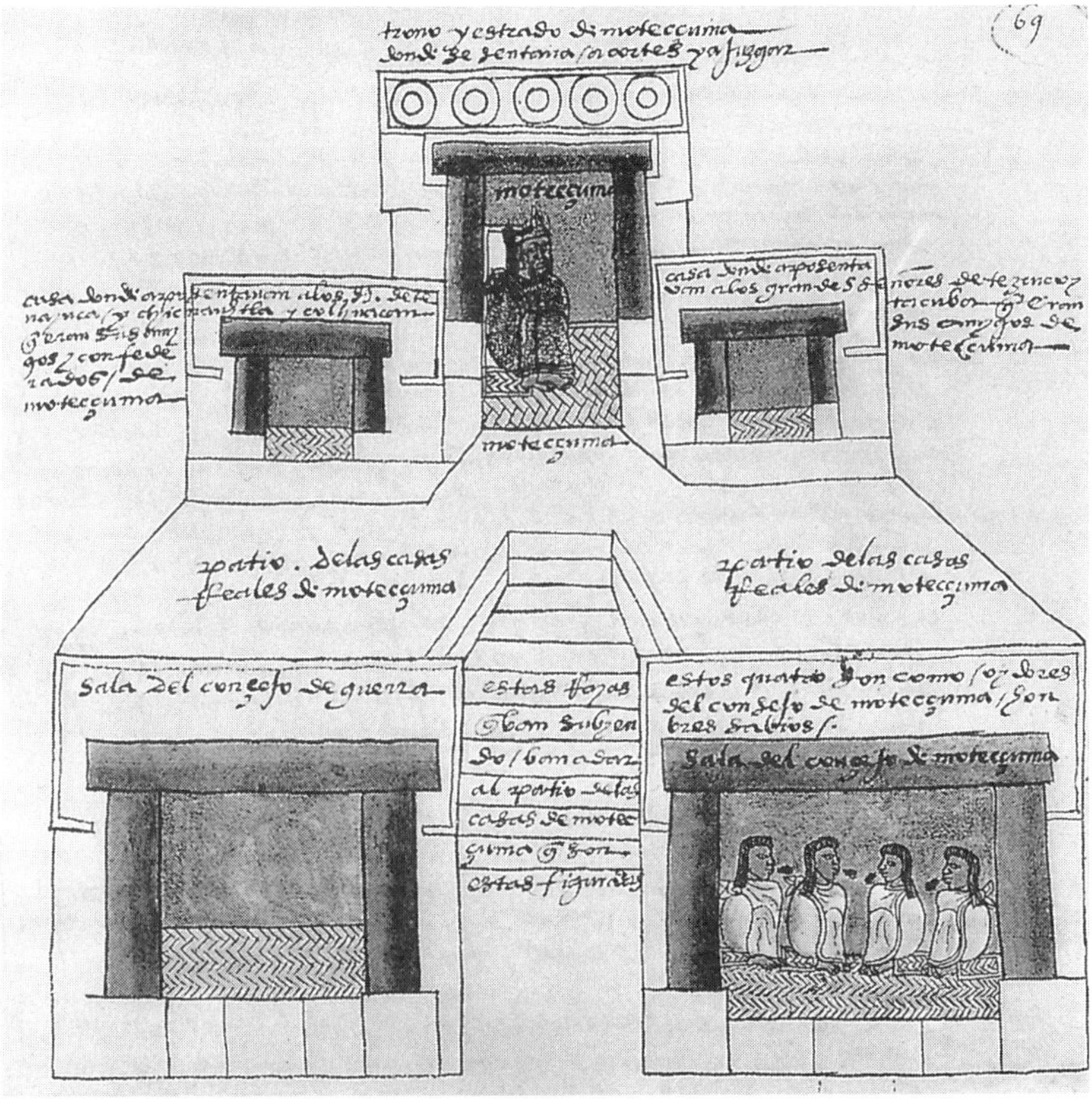

2　テノチティトランのモテクソマの宮殿。テノチティトラン陥落から少し後にアステカ人画家が描いたもの。『メンドーサ絵文書』に収められたこの絵では、モテクソマは玉座の間に座り㊤、評議会が下の部屋で会議を開いている。

人に対して無礼で手荒な振る舞いをし、沿岸部の納貢都市の間に争いのタネをまいているという。この異人は何者なのか？　どこから来たのか？　何が目的なのか？　最初に異人が目撃されて以来のこれらの疑問が、急にモテクソマにとって重大きわまりない課題となった。コルテスがテノチティトランを訪問してモテクソマに会いたがっている、という新たな知らせが届くにいたって、皇帝は最善の対応策を検討するために評議会を招集した。

コルテスとモテクソマは最初から、外交姿勢の裏に互いへの敵対的な意図を隠し持っていた。コルテスは強烈な宗教的信念を持ち、インディオをキリスト教に改宗させようという熱意に燃えていたが、その熱意は富と名誉をわがものにしたいという世俗的な欲望と深く結びついていた。モテクソマの方も重大な宗教上の責任を負っており、また、数々の征服を重ねてきた名将でもあった。さらにモテクソマは、一五〇二年に即位してから強力な中央集権体制の確立に成功していた。それでもなおモテクソマは、コルテスをどう扱うかについて一見奇妙なためらいや曖昧さを見せた。アステカ帝国に比べればずっと弱小なマヤの首長たちやポトンチャンの首長の方が、はるかに決然たる闘争心を発揮している。メソアメリカで最も恐れられた支配者が、なぜ異人を追い払うべしという断固たる決断を即座に下さず、スペイン人のテノチティトラン訪問を許し、皇帝の死とアステカ帝国の滅亡につながる悲劇の連鎖を招くことになったのだろうか？

この疑問をめぐっては、植民地時代初期から現在まで数多くの議論がなされてきた。[1] 十六世紀以来の多くの研究者が主張してきた説は、「モテクソマがコルテスを、神格化された伝説の王ケツァルコアトルの再臨と考えた」というものである。ケツァルコアトルは、「一の葦」の年に帰還して失った王座を取り戻すと言い残して去ったと言い伝えられていた。そして一五一九年は「一の葦」の年だったのである(メソアメリカの暦法については第七章を参照)。このケツァルコアトル伝説という解釈によると、モテクソマは、神なる王が再び玉座に着くべく帰還するという展望に不安を覚えたとされる。アステカの伝説によれば、トピルツィン・ケツァルコアトルは隆盛を誇ったトルテカ族の支配者であった。トルテカはアステカの先達《せんだつ》として尊崇されていた民族である。しかし、尊敬と崇拝を集めていた英雄王ケツァルコアトルは酒の誘惑に負け、妖術師テスカトリポカ率いる対立派との内紛の中で罠にはめられて、自分の姉妹と寝てしまう。この恥辱的行為のゆえにケツァルコアトルは従者とともに「一の葦」の年に追放され、メキシコ湾岸から海上用いかだ舟に乗って東のユカタン方面へ漕ぎ出したという。なお、本書第三章の十一―十二世紀のトルテカの首都トゥーラを扱った部分に、より詳しいケツァルコアトル伝説が記されている。

だが、民族歴史学者ナイジェル・デイヴィスも指摘しているように、この神話の「先住民」バージョンには、ケツァルコアトルの「一の葦」年の帰還という予言に言及した部分はまったくない。それどころか、いずれの年にせよ「帰還する」と予言したという話もない。[2] デイヴィスは、スペインによる征服の後に、もともとの伝説が変形して帰還の予言が付け加えられたと結論づけている。したがって、モテクソマがコルテスを再臨した神だと確信していたかどうかは疑わしい。むしろモテクソマは、異人の出現の説明を探すうちに、ケツァルコアトルは東へ去ったのだから、東方から来た新しい首長は王位を主張して戻ってきた祖先王かもしれない、と推測した可能性の方が高いだろう。

さらに最近になると、人類学者のスーザン・ギレスピーが、コルテスをケツァルコアトルとする物語は征服後にアステカ人の歴史家が創作したという説を説得力のある形で唱えている。[3] アステカの歴史家は、スペイン人の到来と勝利を説明するために、すべては大昔のトルテカ時代の出来事の帰結であると解釈した、というものである。アステカ人にとって、歴史とは出来事の繰り返される環のようなものであった。このことを考えれば、アステカの歴史家が自民族の敗北を説明しようとした際に、それを宇宙的な歴史パターンによってあらかじめ定められた避けえない事象と考えたことは十分にありうる。

したがって、モテクソマが超自然的存在のコルテスとの会見を思い描いて「山中の玉座に座って震えおののいた」という話を信憑性のある逸話として語ることはできない。とはいえ、スペイン人の上陸にアステカの首都が強い警戒心を抱いたことは疑いない。王の評議会が招集され、異人について、またその到着時期や場所について、さまざまな角度から検討が加えられた。

まず第一に、来訪者は帝国の内外でそれまでに知られていたいかなる民族とも似ていなかった。異人は身体的な特徴も非常に変わっていたし、威圧感を与える武器と甲冑を

3　イシュタクシワトル山とポポカテペトル山の間の峠を抜けてメキシコ盆地へ向かうスペイン遠征隊。モテクソマの送ったアステカの代表団が出迎えている。ベルナルディノ・サアグン『ヌエバ・エスパーニャの事物の真実の歴史』（『フィレンツェ絵文書』第3巻）所収の絵。

身につけ、帝国内で通用していた行動規範を乱暴かつあからさまに踏みにじっていた。第二に、アステカの歴史家や卜占の専門家が絵文書や暦記録を調べたところ、異人の到来とアステカの歴史や宇宙論との間に、いくつか大きな関連が見られることが判明した。これによって、アステカ人の想像の中でスペイン人に特別な意味が与えられることとなった。スペイン人の出現には、アステカ人自身の歴史との奇妙な相似があった。アステカ人も、もともとはるか北方のどこかわからない土地から、長い流浪の末にメキシコ盆地へやって来た。彼らは異邦人として現地の先住民と戦い、勢力を伸ばして、ついには強大な帝国を築き上げた。それと同様に、武装した異人たちもどこか遠くの神秘のベールに包まれた土地からやって来た。彼らもまた既成の秩序を持つ土地への侵入者であり、権力を狙う好戦的な意図を持っているように見えた。異人の到着は、地理的にも何らかの意味を連想させずにはおかなかった。彼らは海を越えて、つまり始原の母なる水の向こうから訪れたし、メソアメリカで伝統的に威光輝く方角とされている東からやって来た。そして最後に、スペイン人たちが「一の葦」の年に上陸したことも重大であった。これは、ケツァルコアトルの追放と関連していただけでなく、宇宙論的なしるしとしての羽毛へビ〔ケツァルコアトル神〕の影響ともつながっていると考えられた。

このように、センポアラ近くに上陸したコルテスとその部隊には、いくつかの歴史的、宇宙論的なテーマが結びついていた。ヨーロッパ的な視点からすればおよそ意味があるとはみなされないテーマであるが、アステカ人は時間と空間の中での出来事の一致を極めて重要視しており、眼前の出来事はつねに神話の中の事件や伝説上の歴史との比較によって正当化されたり説明されたりした。美術史家のエミリー・アンバーガーが指摘したように、アステカ人の視点から見ると、何かが起こるということは一回きりの事象ではなく、また直線的な時間軸の上で順番に起こる事象でもなかった。出来事は、循環する時間・歴史概念の中でのエピソードとして捉えられていたのである。[4]かくして、コルテスの到着にまつわる状況は奇妙なまでに不吉な予兆を感じさせるパターンを描いて、モテクソマに事態の深刻さを警告したのであった。

すべての点を考察し終えたモテクソマの評議会は、来訪者を王家の使節として敬意をもって遇し、彼らをひとかどの人物として認めてやることが得策であろうと勧告した。皇帝は、三つのグループの贈り物を持たせて使節団を派遣するよう命じた。贈り物は異人たちの地位にふさわしく、かつモテクソマ自身の最高の権威を明示するものであった。モテクソマの贈り物については、コルテス、ベルナル・ディアス、ベルナルディノ・デ・サアグンの三人の報告の間で、贈呈された場所や品物の正確な内容に食い違いがある。しかしそれでも、第一グループの贈り物のうちふたつの品物が特に重要だったことは間違いない。ひとつは「荷車の車輪ほどの大きさの」黄金の円盤で、スペイン人は二万ドゥカトの価値があると値踏みしている。円盤は太陽をかたどって作られ、表面にはさまざまな像やシンボルが描かれていた。もうひとつはそれよりさらに大きい銀の円盤で、月をあらわしていた。スペイン人はこれらの品々の工芸技術のすばらしさや価値の高さに目を見張ったが、それらに込められた意味ま

では知りようがなかった。ふたつの円盤の正確な姿はもはや永遠にわからない。どちらも、貴金属としての価値ゆえに溶かされてしまったからである。しかし他の工芸品や神話の分析から、光の源であり時の流れを画するものである太陽と月は、深遠な理念を担うとともに、支配の理《ことわり》や万物の起源を想起させる記憶ともつながっていたと推測されている。太陽と月の重要な意味は第七章で詳しく述べることにして、ここでは、コルテスに贈られた金と銀の円盤が物語っていたのは、世界の創造や、聖なる歴史におけるアステカ人の位置づけや、宇宙の秩序の一部として権力を行使するテノチティトランの皇帝の神聖な権威であった、と記すにとどめよう。

二番目のグループの贈り物は、サアグンの記録にのみ書かれている。この贈り物は立派な儀礼用装束四着で、テノチティトランの祭礼の際に神々の化身を演じる者たちが着る服であった。豪華な仮面、羽根のついた頭飾り、見事な織りのケープ、貝殻や黄金やトルコ石やヒスイでできた装身具。これらはいずれも、神々や英雄の力と属性を示す聖なる力に満ちた、神聖な品々とされていた。王や首長が祭礼の

4,5 テオカリ（聖なる家）と呼ばれる石。おそらく玉座とみられる。ピラミッド神殿を模して作られており、正面の階段の両脇には日付を表す文字と供物を入れる器が彫刻されている。「祭壇」部分の上部には太陽の円盤が彫られている。この円盤は熱と生命の源である太陽を表現するとともに、アステカの創世神話の中での現在の「太陽」（＝時代）をあらわしていた。円盤の左に立つ人物は、ハチドリをかたどった神話的英雄ウィツィロポチトリの頭飾りをつけ、左脚は「火のヘビ」の形をしている。円盤の右の人物は、トラトアニ〔アステカ王〕であるモテクソマ１世。

際に自ら神に扮したり臣下に神の扮装をさせたりして、共同体と英雄や神々や自然の力との良好な関係を維持しようとすることは、メソアメリカでは古くから広く行われている慣習であった。

最後にモテクソマは食糧を贈り物として届けさせた。トルティーリャ、トウモロコシ、卵、七面鳥、さまざまな果物――サポテ、タマゴノキ（ホッグ・プラム）、グアバ、トゥーナ（ノパルサボテンの実）、多種多様なピターヤ（オルガンサボテンの実）、アボカド――、そしておそらくサツマイモやマニオクもあったと考えられる。サアグンの記録によれば、この食糧の一部は儀礼用供物として別に取り置かれ、テノチティトランの神殿で行われていたとおりに生贄の人間の血が振りかけられた。この儀式に驚愕したスペイン人は拒絶反応を示したが、皇帝の使節によるそれ以外の食物の饗応には応じたという。

アステカの使節団との会見後ほどなく、コルテスはベラスケス総督からキューバへ戻るようにとの指示を受け取った。しかし、内陸の富める王国の存在を知ってしまったコルテスは、総督の指令を無視することに決め、ベラクルスに駐屯地を築いた。次に、贈り物を積んだ船を一隻仕立てると、上司の頭越しに直接スペイン王カルロス一世（神聖ローマ皇帝カール五世）のもとへ送った。そうしておいてコルテスは残りの船をすべて焼き払い、自身の部下やベラスケス派の人々を帰ろうにも帰れない状況に追い込んだ。そして、聴く者を奮い立たせるような演説で軍勢に檄を飛ばすと、手勢を率いてテノチティトランへ向けて出発した。一五一九年八月十六日のことであった。

テノチティトラン

山脈を越えて最初の高原の広がりを横切っていったスペイン人たちの旅の様子は、コルテスの急送報告書とベルナル・ディアス・デル・カスティリョの世俗的散文に描かれている。遠征隊はトラシュカラ〔現代の読み方ではトラスカラ〕の国境に近づいた。トラシュカラは独立した先住民族で、長年モテクソマ軍の侵略に激しく抵抗し、領土防衛に成功していた。古強者ぞろいのトラシュカラ兵は、新顔の侵入者も追い返してやろうと向かってきた。人数の上で圧倒的に勝るトラシュカラはスペイン軍を包囲しようと二度にわたって試みたが、いずれも撃退されて大敗を喫した。先住民の大軍に対するスペイン軍の驚異的戦闘能力が初めて立証されたのが、このトラシュカラとの戦いであった。トラシュカラ軍の敗北はアメリカ征服史上のひとつの転換点となった。というのも、密偵が伝えたこの戦いの報告はテノチティトランに衝撃を与え、モテクソマの評議会はついに軍事戦略路線を取る決断を下したのである。一方、戦いに勝利したスペイン隊は新たな同盟者を獲得した。コルテスはトラシュカラ族と交渉して、彼らをテノ

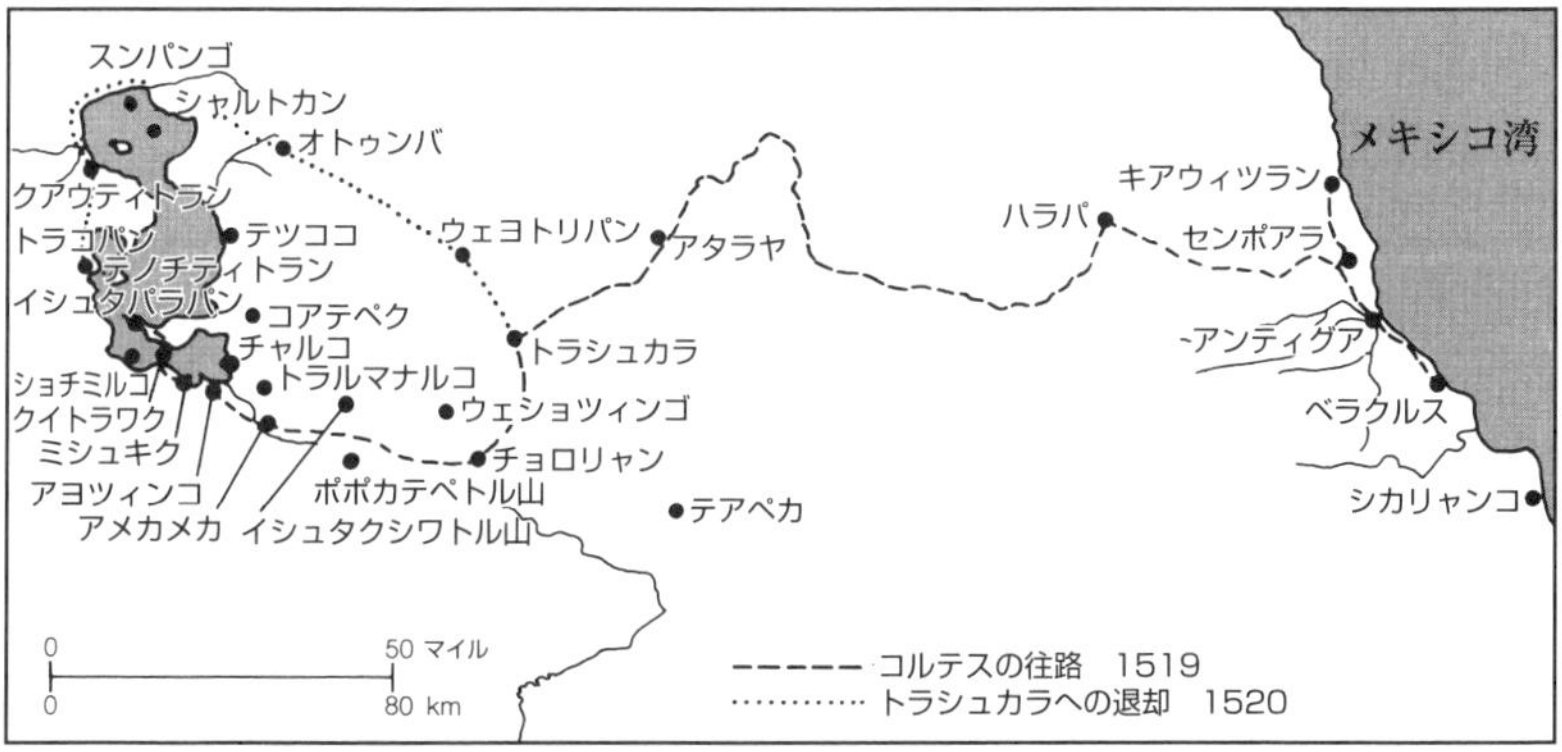

6 コルテスのルート。メキシコ湾岸のベラクルスからメキシコ盆地への往路と、ノーチェ・トリステ〔悲しみの夜〕の戦いで敗れてトラシュカラへ退却した際の行路。

チティトランへの行軍に参加させたのである。数千人の屈強な戦士の支援とトラシュカラの兵站基地は、やがて始まる戦いの中でなくてはならない力となる。

戦役で決定的な役割を果たしたのは、スペイン人の武器や甲冑に加えて、彼らの戦闘方法の的確さであった。規律のとれた機動作戦も西洋式の兵器も、それまでメキシコには存在しなかったものであり、先住民の陣形に対する効果は絶大であった。スペイン軍の基本単位は歩兵と騎兵で、そこに火縄銃隊と弩《いしゆみ》隊、小型大砲が加わっていた。火器の主な使用目的は敵の突撃を食い止めることにあり、そこへ兵士が投げ矢や投石や弓矢で効果的に攻撃を加えた。騎兵は敵兵の中へ突入し、剣を振るって前線を破り、その後に歩兵が攻め込んで剣や金属の穂先を付けた長槍で戦った。スペイン人の武器は、先住民の持つ黒曜石の刃を埋め込んだ棍棒よりもずっと有効性が高かった。棍棒を持ち上げて振り下ろすのは剣で突いたり刺したりするよりも時間がかかるうえにスペースも広く必要で、そのため先住民の陣形は戦士同士の間隔が広かった。対照的にスペインの槍兵は肩と肩が触れるくらい密集した縦隊を組んで前進した。突き出した槍の並ぶ最前線は、ほとんど切り崩し不可能な壁のようであった。スペイン歩兵隊は密集隊形を組んで前進し、たちまち敵陣にくさびを打ち込んだり、防禦の方陣を組んだり、ぴったり並んで展開して敵を包囲したり、敵を防戦に不利な場所へ追い込んだりした。兵士は金属製の鎧兜で守られていた(一部には、革を何層も重ねた胴当てを好む兵もいた)。多くの兵は、先住民の兵士が着ていたキルト仕立ての綿ジャケットを取り入れて身につけていた。

スペイン人は戦場ではいつも圧倒的多数の敵に対峙した。しかし先住民の軍団は、闘争心こそ火のように燃えていても装備の面では劣っていた。彼らはスペイン軍に投石など飛び道具での攻撃を一斉に浴びせた後に散開隊形で襲いかかったが、スペインの優勢は動かなかった。スペイン側が不利なのは、ひどいでこぼこの地形や、都市部で建物が邪魔するときだけであった。スペイン人の戦闘概念（全員が近くの仲間を守りつつ敵を倒すことを目標とする）もまた、チームワークより個人の一対一の戦いや英雄志向を重んずる先住民との戦争では力を発揮した。先住民の戦士にとっては、可能な限り敵を生かしたまま捕虜にすることが最大の目標だった（捕虜は戦場で生贄にされたり、勝者の都市へ連れて行かれてピラミッド神殿で生贄に捧げられたりした）。捕虜を捕えた者は戦場における最高の名誉を与えられた。これと似た例は北米のプレーンズ・インディアンにも見られ、戦闘の最中に敵に触れることで「見事な行為の数を競って」いた。

トラシュカラでの勝ちいくさの後、コルテスは新たな同盟軍とともにチョロリャン（現在のチョルーラ）の町へ向かった。チョロリャン族はアステカと同盟を結んでいたため、アステカは彼らを使って大胆な策略を仕掛け、スペイン人を罠にはめて封じようと考えた。モテクソマはトラシュカラの戦いから教訓を得ていた。開けた戦場ではスペインが有利なことを理解したモテクソマは、正面攻撃は望ましくないと考えた。そのかわり、チョロリャン族に命じてスペイン人を名誉ある客人として市内に招き入れ、狭い通りに連れ込んで足止めし、屋根の上から攻撃して撃破しようとしたのである。招待の使者が送られ、スペイン人はやって来た。その間に、底に尖った杭を立てた落とし穴

7　メキシコ盆地の東側を見下ろすふたつの火山、イシュタクシワトル山とポポカテペトル山。コルテスの遠征隊はこのふたつの山の間の峠を越えて盆地に入った。この写真は、古代に「新しい火の祭」が行われた場所であるウィシャチトラン山の頂上から撮ったもの。

がひそかに掘られ、都市の中心部の建物の平屋根の上には投げつけるものが蓄えられた。その一方で、相当数のアステカ戦士がチョロリャン北方の谷に身を潜め、市内での攻撃開始に呼応してスペイン人侵略者に襲いかかろうと待ち構えていた。しかしこの計画は密告者によってスペイン側に漏らされ、形勢は逆転した。ある日の早朝、スペイン人は町の中央広場に集まっていたチョロリャンの首長や戦士たちを逆に袋の鼠にした。そしてコルテスの命令一下、スペイン兵がチョロリャン族を取り囲み、情け容赦なく殺していったのである。モテクソマはこの知らせに落胆し、ますます狼狽した。自信を失った彼は、スペイン人を歓迎してテノチティトランへ迎え入れるという、運命の決断を下してしまう。しかし一方でこの決断は、実際的な軍事上の計算にかなった面も持っていた。モテクソマは自軍をこの恐るべき異人と広く開けた戦場で戦わせるリスクを避けたかった。だとすれば次善の策は、チョロリャンであと一歩のところまでいった計略をもう一度試すことであった。二十五万—三十万の人口を持つ島上の都市テノチティトランに約五百人の異人と二千—三千人のトラシュカラ族からなる軍を導き入れておいて、その後に何か有効な手を打つ、という形はとりあえず最良の方策であると考えられた。

チョロリャンでの勝利の数日後、スペイン＝トラシュカラ連合軍は、冠雪したポポカテペトル山とイシュタクシワトル山にはさまれた寒い峠で野営した。高みから彼らは広々としたメキシコ盆地を見下ろした。三方を山脈に囲まれた中央の盆地に、互いにつながった巨大な湖水系が広がっていた。今日では湖は干拓されて巨大なメキシコシティーが中央盆地の三分の一を覆っているが、山は変わらぬ目印として残り、今も昔と同じナワトル語の名前で呼ばれている。東にはのこぎりの歯のようにぎざぎざのトラロック山が、雪を戴くポポカテペトルとイシュタクシワトルの両火山に続き、南にはアフスコ山脈と呼ばれる火山性丘陵がへりのように延び、西では凹凸の高地の連なりが大地と空の間に境界線を引いている。中央盆地を東から西へ横切るように並ぶ低い噴石丘とクレーターの列が、火山地帯であることを強く物語る。盆地は北の方角のみ開いており、広い平地と丘陵を経てその

8　メキシコ盆地。島の上の都市テノチティトラン＝トラテロルコは堤道で湖岸と結ばれ、ネツァワルコヨトルの堰がテツココ湖からの塩水の流入を防いでいた。南のチャルコ湖とショチミルコ湖は大きな泉からの水で潤い、大規模なチナンパ農場が多数作られていた。

先のステップ地帯と広大な中央高地の山脈へ続いている。

メキシコ盆地の水は内へ向かって流れる。南にある淡水湖のチャルコ湖とショチミルコ湖の水は、広い水路を通ってわずかに水位の低い塩水湖・テツココ湖へ流れていた。同様に、スンパンゴ湖とシャルトカン湖で雨季に水位が上がった時も、湖水は中央の大きな湖へと流れ込んだ。一五一九年当時、湖畔には数々の都市や町や古い遺跡が存在し、周辺の平地や丘陵地にも多くの町が点在していた。盆地の東側部分はアコルワカンと呼ばれ、テノチティトランと同盟を結んだ独立王国があってテツココに首都を置いていた。テツココの人口は約四万五千人。帝国第二の都市テツココは、はるかメキシコ湾まで含む東方と南方の諸都市や諸地域から貢納が集まる大都市であった。そのほかの重要な中心都市はテツココ湖の西側にあった。ピラミッドで名高いテナユカ、かつては権勢を誇った古きテパネカ王国の首都だったが今では力を失ったアツカポツァルコ、そしてテノチティトランおよびテツココと同盟を結んで三市同盟を形成していた町・トラコパンなどである。スンパンゴとシャルトカンというふたつの古都は北方の湖にあり、そこからは巨大な古代都市テオティワカンの遺跡とピラミッド群も遠くなかった。ピラミッド群は、千年前に栄華を極めたテオティワカンの大文明を偲ばせるものとしてアステカの王たちから崇められていた。最も開発の進んだ農地は南にあり、チャルコ湖とショチミルコ湖を大規模に干拓した土地で集約的農業が行われていた。狭い運河にはさまれてチナンパと呼ばれる盛り土した長方形の耕地があり、耕地の周囲はすらりと高く伸びた柳の並木で囲まれていた。そこでは専門の園耕民が作物を育てていた。

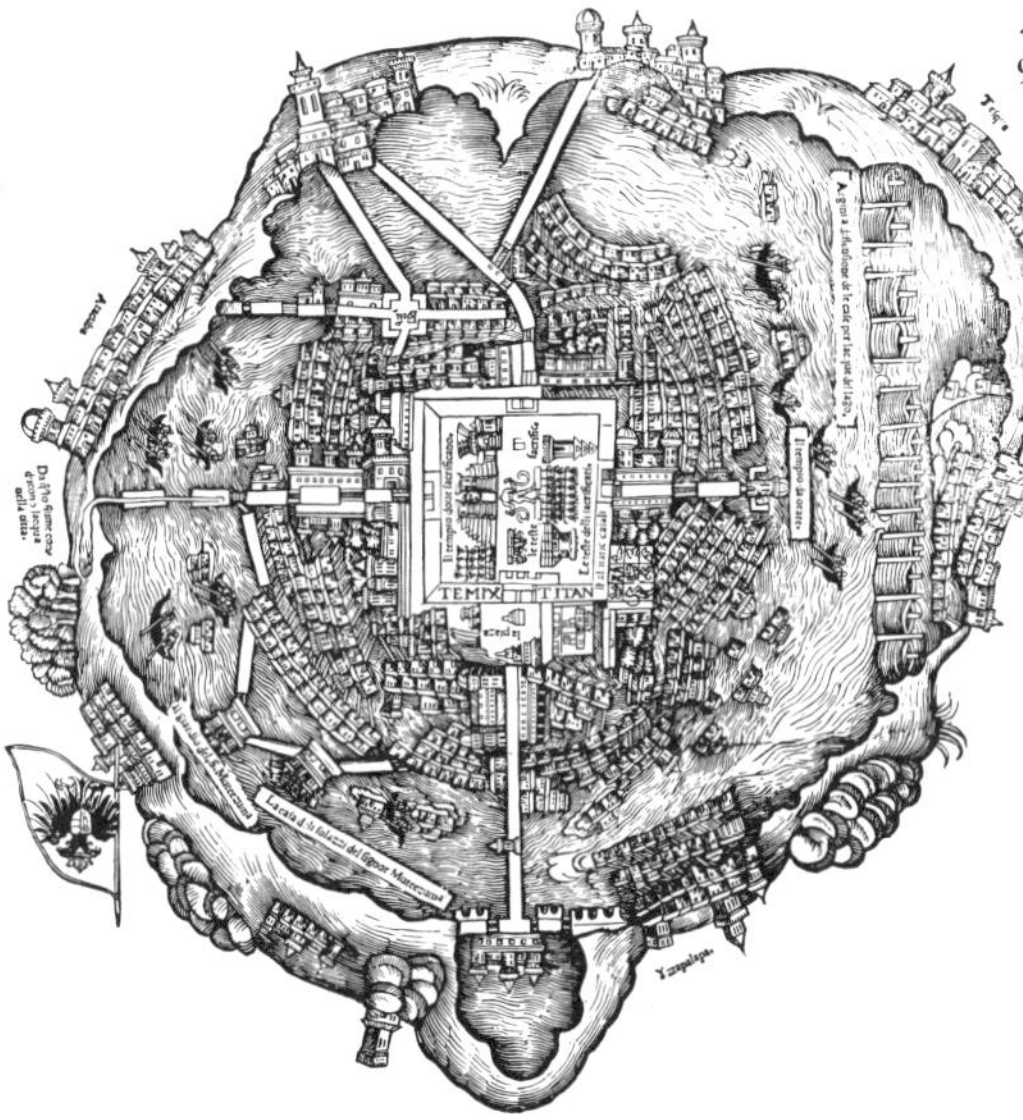

メキシコ盆地とテノチティトラン

9-11【右頁下】テノチティトラン全景。ミゲル・コバルビアスによる復元図。【上】1524年に出版されたテノチティトランの図。当時の地図作成法のならわしで、祭祀区域が中央に置かれ、周囲の建物や自然の特徴はデフォルメされて小さめに描かれている。

【下】テノチティトラン＝トラテロルコ平面図。主な場所や建物の位置、運河システム、堤道へ続く主要道路などが記載されている。1519年にはテノチティトランとトラテロルコの両市はつながってひとつの市街地を形成しており、約30万人がそこで暮らしていた。この一帯は現在ではメキシコシティーのダウンタウンになっている。

そして肝心のテノチティトランは、テツココ湖の西の端近くにある島とその周囲の干拓地の上に築かれていた。この町は長い堤道状の橋で湖岸の数ヵ所とつながっており、チャプルテペクの丘にある水量豊かな泉から水道を引いて淡水を得ていた。市街地は北のトラテロルコまで続いていた。テノチティトランの中央部には四本の主要道路が集まっており、うち三本は堤道に、残る一本は町の東にある船着き場に通じていた。町の中心には祭祀区域があり、その周囲をアステカ王家の宮殿が囲んでいた。四角形の神聖な祭祀区域には数々の神殿や行政用建物があった。なかでもひときわ目立つのが大ピラミッドで、頂上にはトラロックとウィツィロポチトリを祀るふたつの神殿が並んでいた。行政用建造物のなかには、生贄にされた数千もの人間の首級を公衆の目に触れるよう陳列した「ツォンパントリ」という頭蓋骨台もあった。運河と歩道の格子が縦横に整然と引かれ、町の居住・手工業区画に秩序を与えていた。テノチティトランの主な地理的・文化的特徴は、コルテスが征服直後に命じて作らせた地図(一五二五年に出版されたコルテスの『カルロス一世への報告書簡』に収録)に記載されている。

さて、遠征隊は峠を下り、長い縦隊を組んで平原を横切り、チャルコ湖岸の町々を抜けていった。コルテスと部下たちは、碁盤目状の町並みと神殿ピラミッドを持つこれらの町の風景や、盛り土された農地が柳並木に縁取られて整然と並ぶさまを見て、感銘を受けた。道端に寄ってくる群衆はしだいに数を増し、恐るべきアステカ帝国の首都があとほんの数マイル先に近づいていることを改めてスペイン人たちに思い出させた。スペイン人はその晩、南の堤道の先にあたるイシュタパラパンで野営した。夜明け前に軍団は最後の進軍準備を整えた。濃紺のトラロック山の上に太陽が顔を出し、テツココ湖ごしに光の洪水を流し込んで、長くまっすぐな堤道をくっきりと浮かび上がらせた。すでに、群れをなす丸木舟の上に何千という見物人がひしめいていた。規則正しいドラムのリズムと高らかな笛の音に合わせて油断なく歩を進めるスペイン人の姿に陽の光があたり、磨き上げられた鎧に反射した。先頭の騎馬兵が前へ後ろへと動き回って前衛の警戒にあたり、次にスペイン国旗を掲げた兵がひとり進み、槍兵隊、弩《いしゆみ》隊、火縄銃隊と続いた後にコルテスと将校たちが登場する。その後方にはトラシュカラのシラサギの紋章、そして口笛を吹き雄叫びを上げる約三千人のトラシュカラ戦士たち。前方に島上の都市が見える。朝もやと朝餉《あさげ》の支度をするかまどの煙が立ちこめる上に、ぼんやりと光を放って四マイル〔六・四キロメートル〕先のピラミッド群が顔を出していた。テノチティトランの入口へは、四人の貴族が担ぐ駕籠に乗ったモテクソマが出迎えに出ていた。玉虫色に輝くケツァル鳥の羽根飾り、トルコ石の王冠、黄金の装身具が皇帝の地位を物語っていた。モテクソマは駕籠から降り、二人の首長の腕に支えられながらコルテスに近づいた。これは儀礼にのっとった最高の敬意を示す歩き方であった。モテクソマはコルテスに、黄金のエビがいくつもついている首飾りを差し出して贈り物とした。返礼として、ヴェネツィア・ガラスのビーズを金糸に通して麝香の香りをつけた見事な首飾りが皇帝に贈られた。品格あふれるスピーチでモテクソマはコルテスを歓迎した。

コルテスの答礼スピーチの後、連合軍は町の中心にある祭祀区域の東側に建つアシャヤカトルの宮殿を宿舎としてあてがわれた。その後の数日間、スペイン人たちは帝国の首都を案内されて見学した。この市内観光の際に一度コルテスに同行したベルナル・ディアスは、トラテロルコのピラミッドとそれに隣接する市場を訪れた時の様子を書き残している。コルテス一行はピラミッドの階段を上って、頂上の壇で待つモテクソマに迎えられた。皇帝はコルテスの手を取ると壇の端へいざない、首都の全景を眺めさせた。

居住区画を越えた先には、二マイル南のテノチティトランの大ピラミッドが見えた。層状に重なってせりあがり、頂上には二つの神殿を戴く大ピラミッドは、遠くの山々を背景に、白い石灰の漆喰を塗った表面と青と赤に彩色された神殿の鮮やかな対比を見せていた。その他にも、市の四つの区画に造られた副次的祭祀センターに建つピラミッドが、街並みの上にそびえていた。むき出しの量感あふれるアステカの建築は、スペイン人が慣れ親しんできた丸天井の聖堂や、多くの柱で支えられたモスクのホールとはまったく異質なものであった。テノチテ

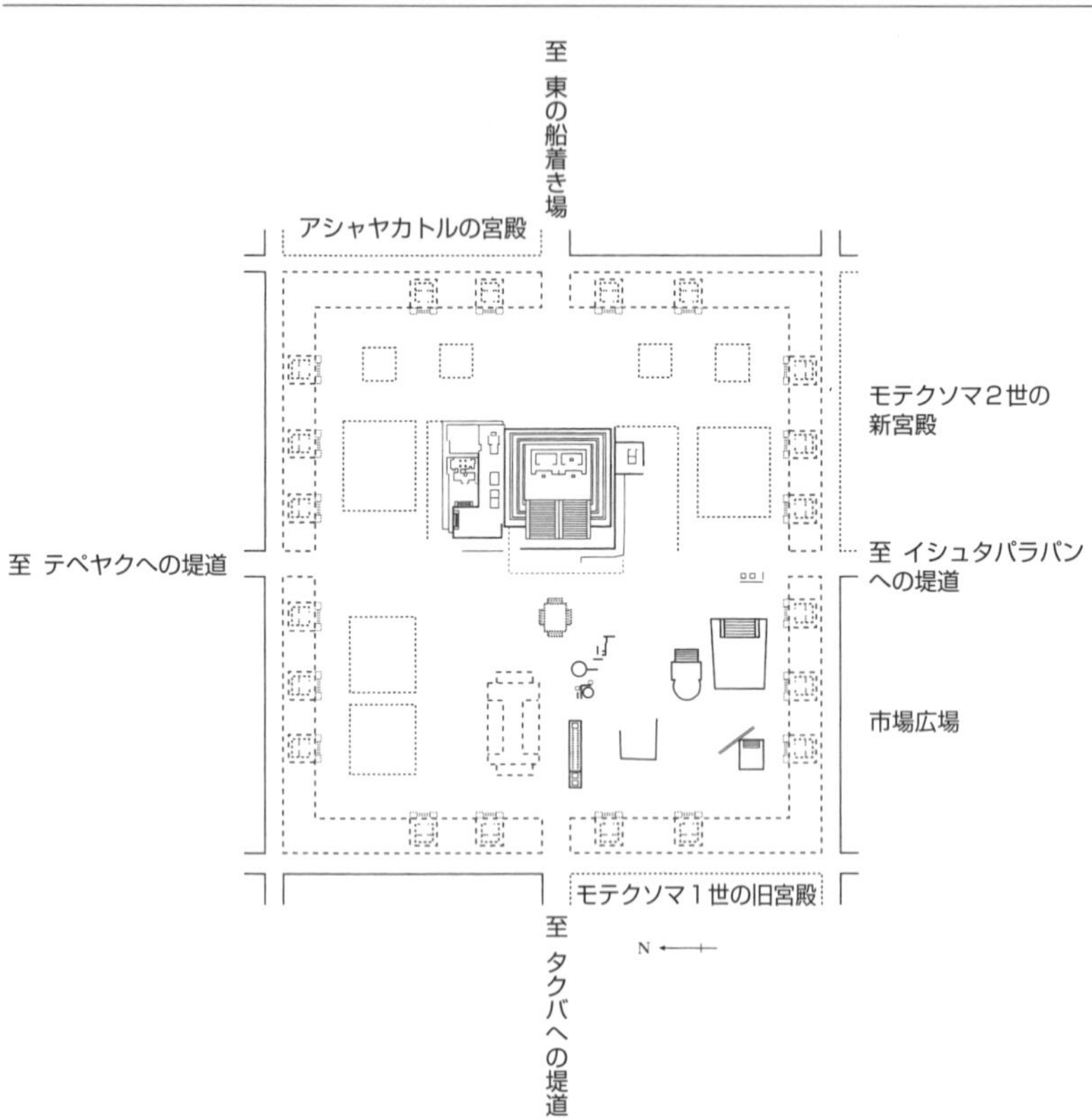
至 東の船着き場
アシャヤカトルの宮殿
モテクソマ2世の新宮殿
至 テペヤクへの堤道
至 イシュタパラパンへの堤道
市場広場
モテクソマ1世の旧宮殿
至 タクバへの堤道
N

祭祀区域

12-14 【下】大ピラミッドと周辺の建物の復元図。イグナシオ・マルキナの1950年の作。【左頁上】『マトリテンセ絵文書』所収のサアグンの図。トラロックとウィツィロポチトリの双子の神殿が中央にあり、剣闘用の丸い石やツォンパントリ（頭蓋骨台）、球技場、ヨピコの神殿（右下方）やその他の神殿（左下方）が見える。【右頁上】考古学の発掘調査で見つかった大ピラミッド基礎部分（中央）と他の建物の遺構。この遺跡は大聖堂の基部の下から地下鉄工事現場にかけて発見された。点線で示されているのは、そこにも建物があったと考えられる場所である。とりわけ注目すべきは、祭祀区域を囲む四角いプラットフォームで、そこには各コミュニティーの神殿が作られていた。トラテロルコにも同様のプラットフォームがあった（図16）。これらは、テオティワカンの城砦（シウダデーラ）を原型としていた。

イトランとトラテロルコの祭祀区域は似たような設計になっており、周囲より一段高い四角形のプラットフォームで広場を作り、その内部に幾何学的な形の儀礼用建造物がいくつも左右対称に配置されていた。段重ねのプラットフォームや階段や家のような神殿で構成されたこの囲い地は、東西の線を主軸として四方に向かう階差構造を見せていた。つまり、ピラミッドや広場の姿には、火山の形や湖と平原の広がりが投影されていたのである。都市全体は千年前の古代都市テオティワカンをモデルとして、碁盤目状の設計を基本に造られていた。

王の宮殿群と高位の人々の館は祭祀区域の近くに建っており、階層の低い人々の草葺き屋根の小屋や木の枝を編んで作った建物は周縁部に向かって広がっていた。テノチティトランのいくつかの区域および周辺に浮かぶ小さな島々は主に農業用地で、耕されたチナンパの区画が岸まで整然と並んでいた。こうした耕作地のひとつを、植民地時代初期の図版である『リュウゼツランの紙に描かれた図面』の一部分に見ることができる（図40）。人々は狭い間隔で作られた格子状のあぜ道と細い水路を使って、徒歩やカヌーで

往来した。古代のメキシコには車輪のついた乗物はなく、荷役用の動物もいなかったのである。あらゆる物は水路で、あるいは荷役夫の力で運ばれた。

トラテロルコのピラミッドの壇上から見下ろすコルテスとモテクソマの足下、ピラミッドの南には、メキシコ最大の市場が広がっていた(第九章参照)。二人の立つ場所からも、市場に集う色とりどりの群集が見え、ざわめきや呼び声を聞くことができた。その日は異人が来ていたため普段にも増して人出が多く、何千人もの人々が集まっていた。

テノチティトランという都市は帝国の戦略の産物であった。帝国の経済は、定期的な貢納でもたらされる物資と労働力に加えて、交易と農業に立脚していた。アステカに従属する都市は海岸沿いから高地まで、その時点ではスペイン人が想像もしなかったほど広い範

15 【右頁】モテクソマ2世とコルテスがマリンツィンを通訳に宮殿で話しているところ。足元に見える縛られた鹿、ウズラ、トウモロコシなどは、アステカ側がコルテス＝先住民連合軍に提供した食糧を示す。植民地時代の絵文書『トラシュカラの布』より。

16 【下】トラテロルコのピラミッド跡の発掘。何列もの階段が前面に並んでいるのは、ピラミッドが数次にわたって拡張されたことと関係している。トラテロルコの市場はピラミッドの背後側にあった。

囲に数百ヵ所もあり、定められた時期に労働力と物品を送る義務が課されていた。帝国の貢納システムを揺るぎないものとして支えたのは、逆らえば軍事力による報復が待っているという恐怖感であった。アステカ軍の勝利は、首都テノチティトランにおいて、生贄にされた犠牲者の頭蓋骨を並べたツォンパントリという形で高らかに宣言された。しかしテノチティトランは単に国家が管理する農業や、交易商人と市場や、容赦ない征服だけの上に成り立っていたわけではない。都市とその住民の間にはもっと深い歴史的・象徴的な関係があったのだが、スペイン人はそれに目を向けることはなく、仮に目をとめたとしても理解できなかったろう。テノチティトランの都市設計、建物とモニュメント、自然の中におけるこの町の位置などは、人々の生活を貫く宗教的な力や美的な力を目に見える形で表現したものだったのである。アステカ帝国の権力の最大の拠り所は、毎年決まって行われる季節ごとの儀礼と、その儀礼に関連した数々のしるしやシンボルの中にあった。これらの宗教活動は、アステカの生活の中で最も念入りに準備され遂行される分野であった。儀式は、場合によっては個人の業績や特定の歴史的事件を祝う意味合いも持っていたが、それよりずっと重要だったのは、儀式によって世界の基本要素である生命――山や雲、雨と雷、風、湖、そして太陽――と共同体との間に直接の関係が結ばれることであった。このような共同体宗教システムの頂点に立つのが、モテクソマその人だったのである。

トラテロルコのピラミッドの上からスペイン人たちが眺めた町は、揺るぎないように見えた。しかし首都への長い行軍の途中で、彼らはすでに帝国内部の緊張関係や不安定要素を把握しはじめていた。トラシュカラで、チヨロリャンで、そして皇帝モテクソマの隣に立っている今も、彼らの理解は進んでいた。すべての権力と決定権はモテクソマひとりに集中している――ということは、この先の展開は皇帝をどう扱うかの一点にかかっているということであった。

第2章 アステカ帝国の落日

スペイン人がテノチティトラン入りした後の出来事は、植民地時代の記録文書や、サアグンが話を聞いた先住民の語りの中で伝えられている。その様子をあらためて描写することは本書の目的ではないが、いくつかのエピソードは取り上げるに値するだけの意味を持っている。それらのエピソードは、アステカの政策と戦略、帝国の弱点と強み、戦争の遂行方法に対する宗教の影響、臣民に対する王の責務などをわれわれに教えてくれる。帝国の瓦解を描く叙事詩には、こうしたテーマが織り込まれているのである。

モテクソマの最期

スペイン人とトラシュカラ族がテノチティトランに入って約二週間たった頃、コルテスと部下の将校たちは、いかにして目的を達成しようかと考えはじめた。アステカ国家の賓客として扱われているとはいえ、チョロリャンで使われた計略が再度試される可能性は十分に考えられた。彼らは大都市の中心に囲い込まれた人質も同然であり、堤道と橋を渡ってこの町から脱出するのはたやすいことではなかった。しかしスペイン人は、モテクソマを捕えることさえできれば自分たちの身の安全は保証され、征服計画も進められるはずと踏んだ。ベラクルスの守備隊に対する先住民の攻撃は皇帝の極秘命令だったのではないか、との口実を設けて、コルテスは最も信頼をおく部下たちとともに皇帝の謁見を願い出た。そしてひとたび皇帝の間《ま》に入るや、彼らはたちまちモテクソマを捕虜にした。アステカ人にしてみれば想像もできない事態であった。なにしろモテクソマの権威は絶対であり、皇帝はなかば神聖な人であったから、宮殿内でのこのような狼藉の可能性など頭から否定されていたのである。不意を突かれたモテクソマには、降伏するか、それとも殺されるかの選択しかなかった。アステカの歴史上でも最大の業績をあげた支配者のひとりと謳われ、冷静で隙のない計算で知られたモテクソマも、コルテスの腹までは読めなかったのである。あまりのショックに呆然として、モテクソマはスペイン人の宿舎であるアシャヤカトルの宮殿まで広場を横切って連行された。虜囚の恥辱を隠すため、彼はコルテスの客人として自ら出向くふうをよそおった。しかしもはやモテクソマに主導権はなかった。彼はスペイン人をテノチティトランの中心部に人質として留め置いているつもりでいたのに、今や、相手は帝国の首都のまん中で皇帝たる彼を人質に取ったのである。

それでもなお、モテクソマは見張りつきの部屋の中から、顧問や軍事指導者たちとともに国家の運営を指揮した。外の市民はしだいに不安を強めながらも、表向きは従順にしていた。その後数ヶ月間、モテクソマはスペイン軍に対する丁重な姿勢と親愛の情の表明を続けながら宥和政策を進めた。コルテスの部下が帝国各地へ派遣され、金鉱をはじめとする貢納物生産地を視察した。一五二〇年初めにはモテクソマは公式にスペイン王カルロス一世への服従を表明し、宮殿に蓄えていた大量の宝物をコルテスの兵たちに引き渡した。コルテスからは驚くべき次の要求が出された。大ピラミッドの上にキリスト教の礼拝所を作らせろというのである。ピラミッド上に十字架が立てられ、聖母マリアの絵も掛けられた。スペイン人指導部がピラミッドの階段を上り、頂上でひざまづいてミサにあずかった。衆人環視の中で挙行されたこの礼拝式は、神殿がスペイン人のものになったことを象徴的に示す行為として理解された。この衝撃的な光景により、それまで抑えられていたアステカの人々の怒りに火がついた。モテクソマに従っていた首長たちのうち一部は、テノチティトランから異人を駆逐する具体的方策を立てはじめる。宥和政策の時期は終わり、行動を求める声があがった。こうした向こう見ずで血気にはやる者たちにたきつけられて、モテクソマはコルテスに、市中の雰囲気が険悪化してもはやスペイン人の安全は保証しかねる、と告げた。そして、スペイン人とトラシュカラ族の連合軍が立ち去らなければ武装蜂起が始まるかもしれないとほのめかした。

この危機的な状況下、コルテスは思いがけずベラクルスの基地に戻るよう要請を受け、テノチティトランをペドロ・デ・アルバラードに任せて、軍の一部を率いてベラクルスに戻った。パンフィロ・ナルバエスを司令官とする新たなスペイン軍団が海岸部に上陸したのだった。キューバ総督ベラスケスはかなり前から、コルテスが自分の指揮下を勝手に離脱して直接カルロス一世に書簡を送っていることを知っていた。そこで総督は、コルテスを逮捕して遠征隊を掌握する任務を与えてナルバエスを送り込んだのだった。しかしコルテスは山越えをしてナルバエスに奇襲をかけ、小規模な戦闘の末にナルバエスを捕虜にする。そしてナルバエス隊の兵たちを説得してテノチティトランで待つ自軍に合流することに同意させた。だが、テノチティトランに戻った彼らは、通りに人影がなく不気味なほど静まり返っているのに気付く。アルバラードが大失策をしでかしたのだった。アステカの儀式暦の中でも最も重要な踊りの儀式のひとつを執り行おうとして集まったアステカの首長たちを、攻撃して殺害してしまったのである。スペイン軍にとって脅威となる陰謀を打ち砕くためにやった、とアルバラードは弁明した。首都の住民はショックと沈黙に沈んだまま、アステカ指導者たちの協議が終わるのをじっと待っていた。肝心な時に命を賭けられ

17 『トラシュカラの布』の一場面。スペイン人とその同盟インディオ軍が宮殿の中におり、アステカ戦士がまわりを包囲している。スペイン側は中庭に集まり、入口から攻めてくるアステカ人に向けて大砲を撃っている。

なかったモテクソマは、戦士の掟を破った。彼の宥和政策は破滅的な結果を招いた。さらにコルテスが援軍を連れて戻り、市を恐怖に陥れていた。

抑え続けてきた怨嗟がついに復讐の雄叫びとなって爆発し、アステカの戦士部隊は宮殿に陣取るスペイン人とトラシュカラ族に襲いかかった。十六世紀の絵入り記録文書『トラシュカラの布』にこのときの様子が描かれている。アステカの戦士が石や投げ矢を中庭のスペイン人に浴びせ、スペイン側は大砲を撃ち返して突破口を開き、敵陣を崩そうとしている（図17）。攻撃の第一陣が撃退されるや、たちまち第二陣が押し寄せた。スペイン人はモテクソマを連れてきて、屋上の手すり壁から臣民に呼びかけさせた。アステカの戦士たちは散開して退いた。彼らはこのような状況下でもなお皇帝の命令に従ったのである。しかし、モテクソマの行動が何らかの効果を上げたのはこのときが最後であった。モテクソマがもはやアステカの支配者理念を体現していないことは、誰の目にも明らかになった。

モテクソマの弟・クイトラワクが新指導者に選出され、攻撃が再開された。面目をなくしたモテクソマは再び屋上に出て、押し寄せる戦士たちを鎮めようとした。しかし彼の言葉は疑い深げな沈黙をもって迎えられた。続いて、口笛や嘲笑や怒号とともに石や矢が雨あられと飛んできた。モテクソマは石に当たって倒れ、部屋へ運ばれて床《とこ》に伏せり、やがて死んだ。スペイン人は石に当たったのが原因だといい、後の先住民の伝承ではひそかに絞殺されたことになっている。（ちなみに、アステカの歴史上でこのような不本意な形で王位を失ったのは彼より前にはただ一人、ティソックのみである。ティソックは一四八二年の戦争で失態を演じ、その後も幾度かの反乱に見舞われて、結局は毒殺によってその不運な治世を終えた。）

大ピラミッド攻防戦とテノチティトランからの脱出

祭祀区域にそびえ立つ大ピラミッドは、スペイン人の宿舎であるアシャヤカトルの宮殿を見下ろしていた。アステカの戦士はピラミッドに登り、高い基壇から、下に見える宮殿の平屋根や中庭に向けて石を投げ込み矢を射つづけていた。コルテスはピラミッドの制圧を決意し、銃士隊と弩《いしゆみ》隊に援護させながら、自ら兵を率いて攻撃に出た。ピラミッド防衛軍は階段の踊り場に陣取って、スペイン兵の突撃をくいとめようと石や矢や角材や火のついた丸太を投げ落としたが、攻略軍はじりじりと押して、アステカの戦士を上の方へ追い上げていった。市内のすべてを見渡せるピラミッドの頂上で、両軍は相対した。襲いかかるスペイン人。そこには情けを乞う者も、情けをかける者も、ひとりもなかった。戦う男たちが次々にピラミッドの端から転落したり、突き落とされたりした。高性能の武器と統制のとれた戦闘技術を持つスペイン軍はたちまち優位に立った。アステカ戦士の最後の一団が必死の防戦につとめている間に、スペイン兵はピラミッド神殿の内部へとなだれ込んだ。キリスト教の礼拝所はなくなっていた。兵士たちはアステカの神像を運び出すと階段から投げ落とし、神殿に火を放った。全市が恐怖におののきながらそれを見ていた。勝利を収めた軍団がピラミッドの階段を下りるその背後で、煙が柱のように立ち昇っていた。その光景はアステカの人々にとっては悪夢以外のなにものでもなかった。アステカの慣習では、戦争の際に敵の神殿を占拠して焼き払うのは勝利の究極的なしるしだったからである。神像が投げ落とされたことも、彼らには大きなショックであった。第七章で述べるようにピラミッドは神話上の戦場と象徴的に結びついており、その戦場ではアステカの始祖である神格化された英雄ウィツィロポチトリが敵である女神コヨルシャウキを殺し、彼女の配下の襲撃部隊を粉砕したとされていたのである。

戦略では勝ちを収めたものの、コルテスは自分たちが最後まで持ちこたえられないことを理解しており、夜陰に乗じて脱出しようと考えた。彼は堤道に架かる八ヵ所の橋のうち四ヵ所がなくなっているのを知っていた。そこで、持ち運び可能な仮橋を作らせた。闇にまぎれ、物音を立てぬよう細心の注意を払って、スペイン＝トラシュカラ連合軍は宮殿の門を開け、トラコパン堤道を目指した。アステカには伝統的に夜間は戦闘をしない習慣があり、歩哨はひとりも立てられていなかった。ようやく湖岸の水場にいた女たちがスペイン人に気付いて、急を知らせる声をあげた。連合軍の長い隊列は堤道を急ぎ、最初の切れ目、つまり橋のない部分へ到達した。持ち運び式の仮橋が架けられ、兵たちはそこを渡って先へ進んだ。ところが、最後尾が仮橋を渡り終わらぬうちに先頭部は次の切れ目に行く

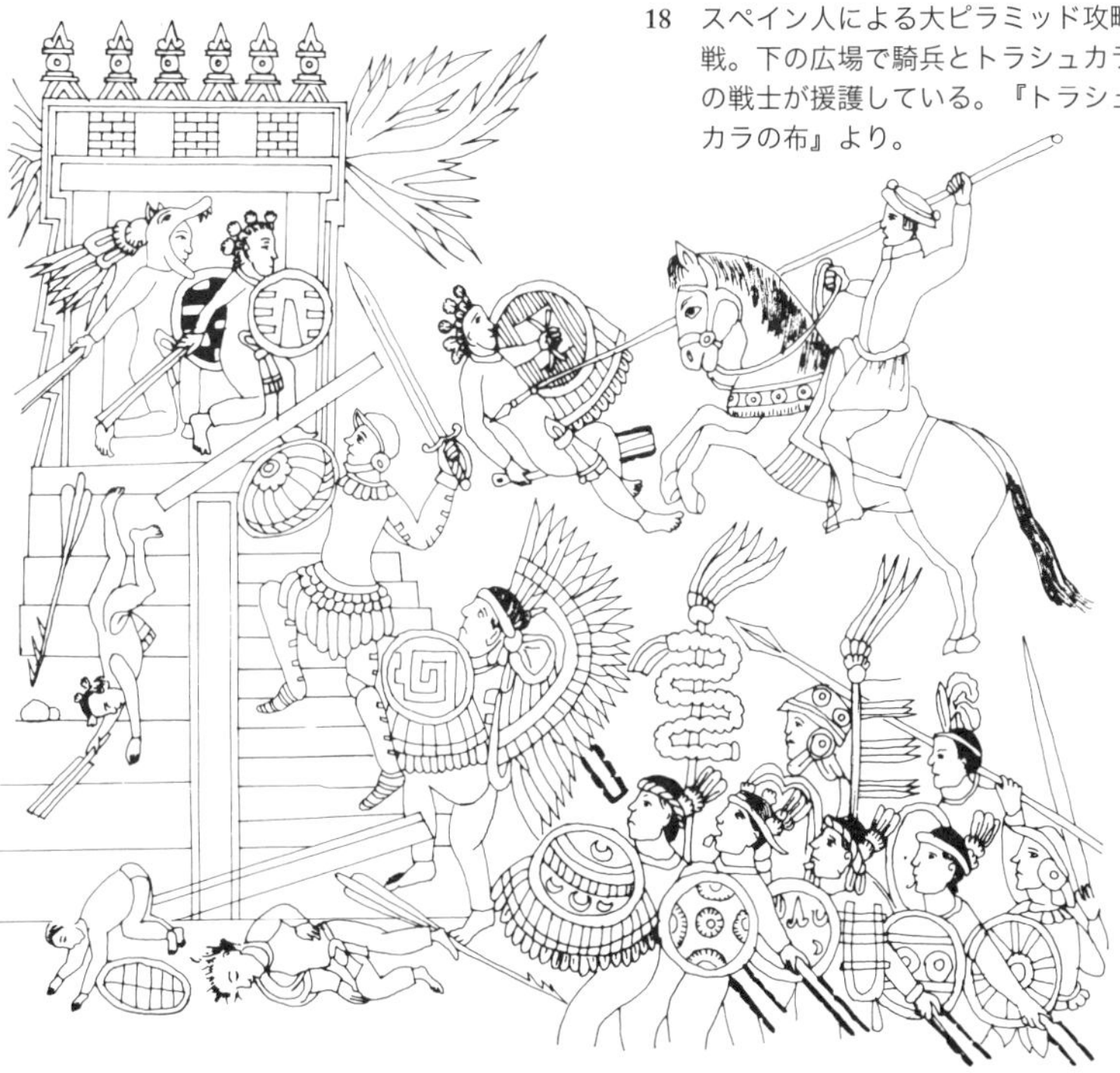

18　スペイン人による大ピラミッド攻略戦。下の広場で騎兵とトラシュカラの戦士が援護している。『トラシュカラの布』より。

手を阻まれた。仮橋の上は押し合いへし合いになり、さらに狭い堤道の両側から数千人のアステカ戦士がカヌーで攻め寄せたため、兵士たちはパニック状態になった。暗闇で石や矢や投げ矢が雨のように降りそそぎ、その中をスペイン人とトラシュカラ族はしゃにむに前へ進んだ。堤道の切れ目には軍の荷物や兵士の死体が折り重なった。欲の皮があだとなって死んだ者も多かった。宮殿からの略奪品を持ったまま水中に飛び込み、宝物の重みで沈んだのである。夜明けが近づいてもまだ、ほの白い黎明に浮かび上がる堤道では敵味方入り乱れての戦闘と殺戮が続いていた。比較的安全な湖岸にたどり着いたスペインの将校たちも、仲間を助けるために取って返した。アルバラードは堤道の切れ目の水中に積み重なった荷物の山に槍を突き立てて、棒高跳びのように飛び越えたと伝えられる。やっとのことで軍の本隊部分が渡り終えた。彼らは、アステカ人が戦利品や捕虜に気を取られている間に隊列を組みなおし、退却を続けた。

この戦いはしばしば「ノーチェ・トリステ（悲しみの夜）」と呼ばれる。スペイン人がこの戦闘を生き延びて脱出できた理由は、ひとえにインディオ側に殲滅戦という考え方がなかったことに帰されよう。アステカ人は、戦利品と生贄用の捕虜を獲得するという儀礼上の義務や、その義務を果たして昇進するという目標の方を重視して

19 ノーチェ・トリステの悲劇。『トラシュカラの布』より。堤道上にはスペイン兵とトラシュカラ族がおり、堤道の切れ目にはまっている者も多く見られる。カヌーに乗ったアステカ戦士が彼らに攻撃を加えている。

いた。戦争の主目的は、貢納を得ることと人身供犠用に敵の捕虜を生け捕ることだった。敵を全滅させても何の意味もなかったのである。

こうして、スペイン＝トラシュカラ連合の遠征隊はトラシュカラ領内の基地へ向かい、途中オトゥンバ近くの平原でアステカの別の軍団を破った。トラシュカラがスペイン人に安全な居場所を提供したことは、普通なら外からの侵略者に対して共通の大義をもって対抗するはずの先住民諸族の中に、怨嗟のこもった鋭い対立が存在したことを物語っている。何十年もの長きにわたってテノチティトランから軍事的圧力と経済的・政治的抑圧を受けていた先住民の人々は屈辱感と敵意を抱いており、そのためにトラシュカラはコルテスの貴重な同盟者となったのだった。だとすれば他にも同じように同盟を結ぶ者たちが現れるに違いない。続く数ヵ月で軍を立て直すあいだ、コルテスは近くの都市テペアカと外交交渉を進めた。チョロリャン族も、アステカ支配からの独立を狙って連合軍に加わる決定を下した。一五二一年四月、連合軍はメキシコ盆地へ向けて再び進軍を開始した。今度の目標は、テノチティトランの包囲と占領であった。

テノチティトランの包囲とアステカの降伏

コルテスの戦略の要は、湖岸に港をひとつ確保することであった。そうすれば、そこでブリガンティン型武装帆船を建造し、船団を組んで島上の首都を包囲できる。その目的にうってつけだったのが、湖東岸の都市テツココの港であった。テツココは古くからテノチティトランの同盟都市だったが、実際のところテノチティトランの横暴やモテクソマの傲慢な態度に積年の恨みを抱いていたのである。モテクソマのおかげでテツココ宮廷の権力や威信はがた落ちであった。モテクソマの死は、中央集権化や権威主義的支配の中心にいた最強の人物が消えたことを意味した。昔からの同盟の絆にはすでにほころびが出はじめていたが、今やテツココの首長たちはその絆そのものを厳しい目で再検討しはじめた。スペイン人と同盟諸族の接近が伝えられると、親テノチティトラン派だったテツココ支配者はカヌーで逃亡し、反対派によって新しい支配者が任命された。この新支配者はじきに病死したため、コルテスの承認を得てイシュトリルショチトルが後継者に選ばれた。若さと情熱にあふれたイシュトリルショチトルは戦士として誉れ高い人物だった。モテクソマを憎んでいた彼はコルテスに全面的に協力し、この後の戦争ではコルテスの強力な同盟者として働く。

テツココの離反はアステカ帝国の弱体化に拍車をかけた。各共同体が互いに牽制しながら政治的独立を維持していた地域では、都市国家同士の協力がたちまち崩れ出した。そもそも、テノチティトラン、テツココ、トラコパンの三都市が十五世紀に支配勢力として興隆する前は、都市同士の戦争が絶えず行われているのは普通の状態であった。そうした小さな地域戦争は貢納の獲得が主目的であったため、片方の完全勝利や全面的敗北に至ることは稀だった。モテクソマに体現される権威主義構造が崩壊するにつれ、その下から昔日の分立志向がふたたび頭をもたげた。

テノチティトランは徐々に孤立していった。コルテスは部隊を率いて南のチャルコとその近隣のチナンパ農場がある町々に赴き、別の一隊は北のスンパンゴとシャルトカンへ送られ、さらに湖の西側へ回ってトラコパンに至った。コルテスは続いて裕福なトラウィカの領土に入り、その先のクアウナワク（現在のクエルナバカ）へと進んだ。一方、テツココで建造された武装ブリガンティン船団が、湖岸からテノチティトランへ向かう船着き場を封鎖していた。首都の孤立の様子は『トラシュカラの布』の一ページに描かれている。一五二一年の初夏、スペイン人とインディオの連合軍は三手に別れて堤道の入口で配置についた。北ではゴンサロ・デ・サンドバル、西ではペドロ・デ・アルバラード、そして南ではコルテス自身とクリストバル・デ・オリドが指揮を執った。三面攻撃に対してアステカは激しく抵抗し、襲撃してはさっと退くという戦法でスペイン連合軍に相当な損害を与えた。約九百名のスペイン兵と数千人の先住民の連合軍は首都の人口に比べれば格段に少数であり、いったんある地点を制圧しても、翌日にはアステカ軍が迂回路を通って戻ってきて建物の屋根を押さえ、そこを奪い返すといったことがしばしばあった。スペイン人は組織的な破壊を開始した。橋を制圧して進軍すると、建物すべてを破壊して更地にし、軍団のために広い作戦行動スペースを作り上げた。

時間はかかるが効果的なこうした戦術で、包囲攻撃側は優勢になっていった。徐々に包囲網がせばめられ、その間に首都の人口は飢餓や疫病や飲料水の不足、そしてトラシュカラ族による殺戮によって減っていった。包囲側の先住民がかつての抑圧民族に残虐な仕返しをするのを、スペイン人は制止できなかった。数千人の女子供が一度に虐殺された時は、さしものスペイン人もショックを受けた。その頃、首都の先住民は天然痘の大流行にも苦しんでいた。スペイン連合軍は死体の山と瓦礫の山を踏み越えて前進を続けた。大ピラミッドと王家の宮殿群が占拠され、アステカ人は北のトラテロルコに閉じ込められた。コルテスはアステカの新指導者クアウテモクに何度か使者を送り、降伏を促したが、いずれも言下に断られた。アステカ人の徹底抗戦の決意は、すでに玉砕の覚悟に変わっていた。包囲開始から九十三日が経った一五二一年八月十三日、クアウテモクは他の場所へ逃れて戦争を続行しようとカヌーで脱出をはかったところを、妻や側近ともども捕えられた。クアウテモクはとある建物の平屋根の上へ連行され、そこでコルテスがクアウテモクの勇気ある降伏を名誉と敬意をもって受け入れた。この場面は『トラシュカラの布』に描かれ、そばにナワトル語でこう書きつけられている――「これがメシカ（アステカ）の最期である」。

テノチティトランの陥落には多くの要因が作用していた。スペイン人の到着をめぐる暦上のいくつもの一致。コルテスの司令官としての手腕やスペインの優れた武器と戦術。モテクソマの罠作戦や宥和策の失敗。アステカの宗教慣行と結びついた戦争のしかたが西洋と違っていたこと。先住民が免疫を持たない天然痘が持ち込まれ、猛威を振るったこと。また、アステカ帝国内にもともと内在した不安定要素、つまり本来は強い独立志向を持つ都市国家が軍事的な圧力と恐怖によって貢納を強いられていたという支配構造も、重要な役を演じた。アステカは数十年かけて帝国全土に同盟関係を築き、姻戚関係を結び、宗教的な義務を課し、保護システムを構築した。しかし、外敵の侵略にきちんと対処できる行政面のインフラストラクチャーはまだ作られていなかった。そして最後に、究極的には皇帝の決定にすべてがかかっているという、あまりにも中央集権化されすぎた指揮系統の硬直性もあった。

クアウテモクの降伏は、単にテノチティトランの終焉をあらわしたのみではなかった。それは偉大な先住民諸民族すべてが政治的に最期を迎え、メソアメリカで二千年以上も栄えてきた文明が根底から変化する、大きな転換点だったのである。スペイン人は植民地化に着手し、新しい時代が始まった。アステカ人の帝国は、十三世紀に他所からやって来た蛮族がこの地に住み着き、それ以前からそこに住んでいた諸民族が築き上げた社会秩序に自らを接木するようにして従来の環境に順応していった、長い過程の末に成立したものである。われわれが今アステカ人と呼ぶ人々の勃興は、いくつかの別々の移民集団がやって来たところから始まった。アコルワ、テパネカ、チチメカ、メシカなどがその移民集団に含まれる。彼らはメキシコ盆地の別々の場所に到着して定住した。以下の章では、これらの互いに異なる民が、ある種の経験を共有する中でいかにして共通の特色（相互にわずかな差異はあるが）を見出していったかを述べようと思う。

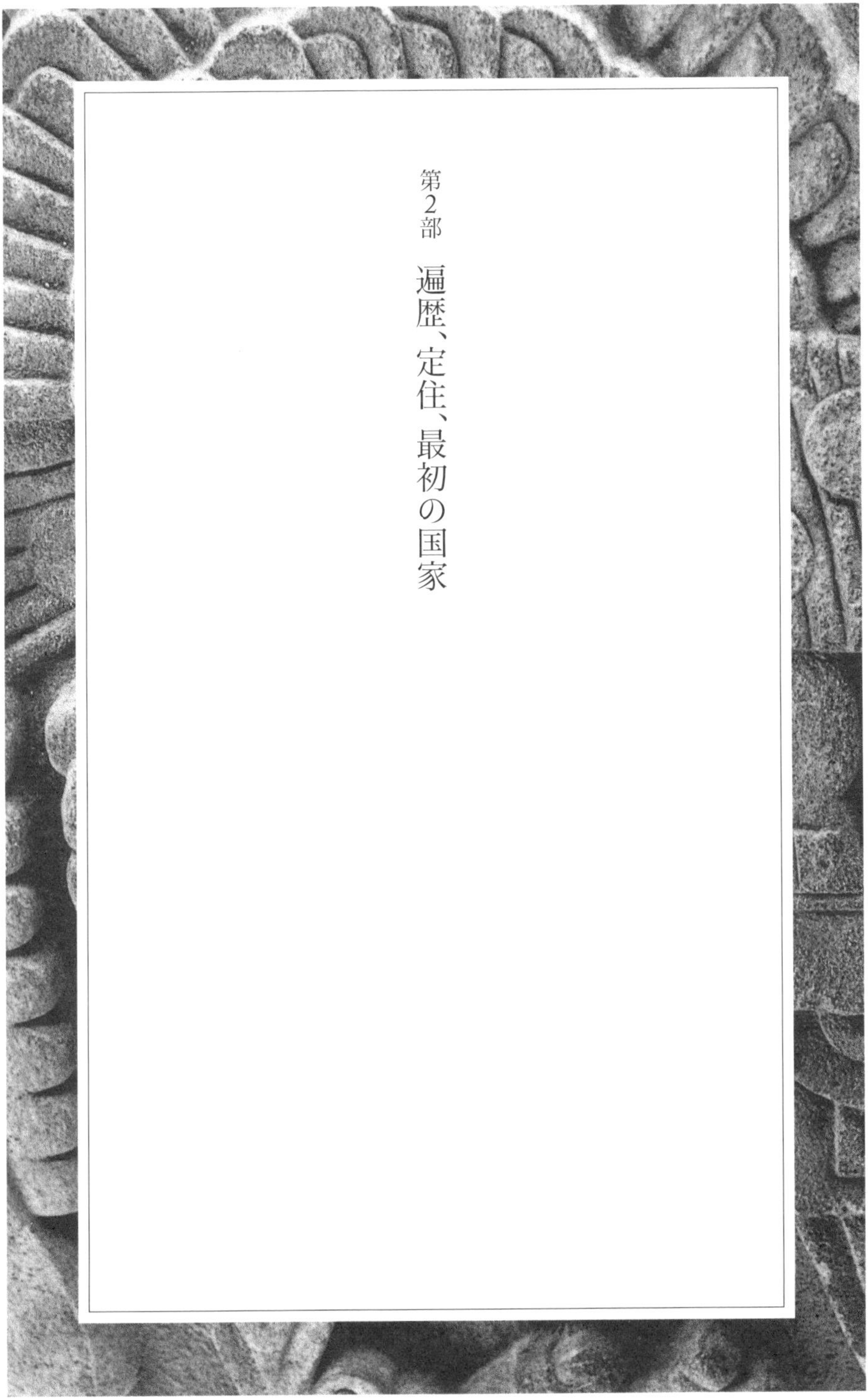

第2部　遍歴、定住、最初の国家

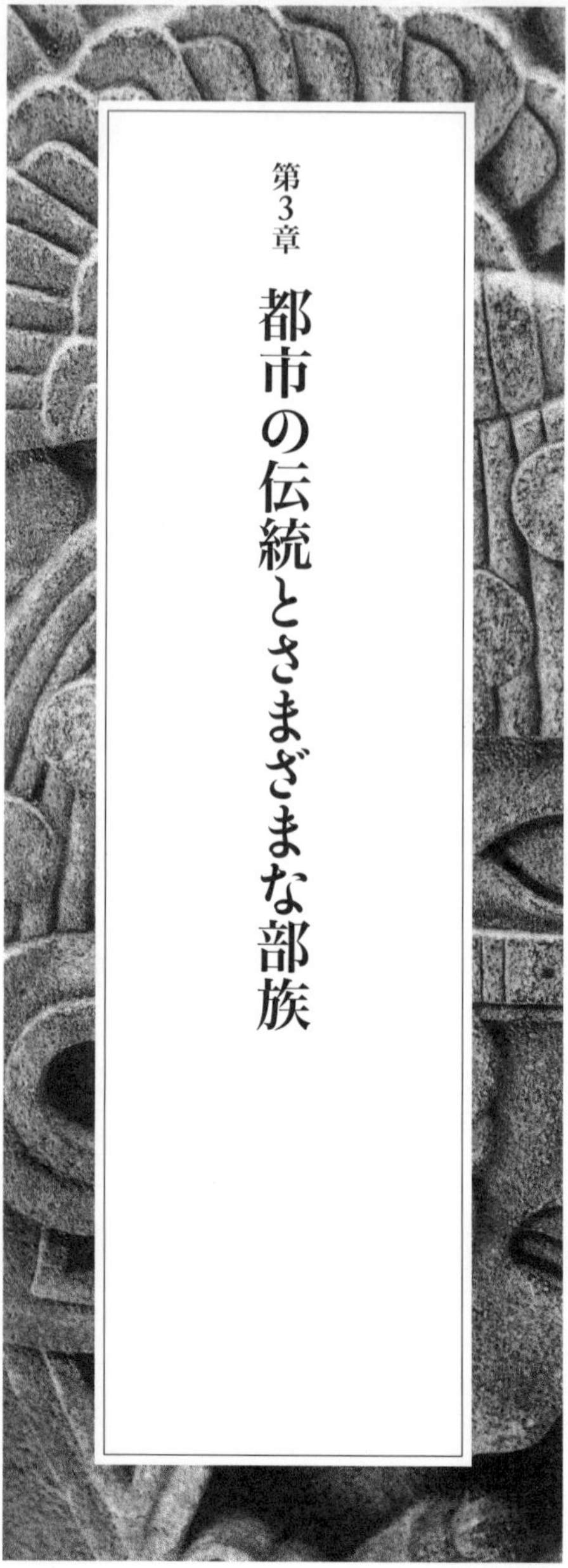

第3章 都市の伝統とさまざまな部族

アステカの社会と文化は、複雑に織り上げられたメソアメリカ文明という大きな織物に、数えきれぬほどさまざまな形でつながっている。帝国を発展させてゆく過程で、アステカ人は自分たちより前の時代の人々の多様な宗教、経済、社会形態を引き継ぎ、選択し、修正して採用した。その先人たちの業績の中でも、特にふたつの文化がアステカの想像力にひときわ強い影響を与えた。その第一はテオティワカンである。一―八世紀に建設されたこの巨大な古代遺跡は、テノチティトラン（現在のメキシコシティー）から北東へ約二十五マイル（四十キロメートル）の地にある。第二はトルテカのトゥーラで、これはメキシコ盆地の北西約六十五マイル（一〇四キロメートル）にある十世紀―十二世紀中葉の遺跡である。アステカ人は、「神聖な過去の栄光と権威を受け継ぐ者」という自己認識を作り上げる際にさまざまな神話的意味づけや伝説的歴史を利用したが、そのなかでもテオティワカンとトゥーラは中核をなしていた。

テオティワカン

テオティワカンの大ピラミッド群は、盆地の北側をふさぐようにしておぼろにかすむセロ・ゴルド山（ナワトル語ではテナン、すなわち「母なる石」と呼ばれた）を背景に、灰褐色のどっしりとした姿を見せている。巨大すぎるほどの広い土地に建設されたテオティワカンの祭祀建造物は、周囲を取り巻く自然の景観を映すように作られている。市街地ゾーンの中央には、ふたつの巨大な四角形が道をはさんで東西に対称に並んでいる。東側の四角形はシウダデーラ（「城砦」）と呼ばれ、そこには「羽毛へビのピラミッド」が威容を見せている。ここは支配者の儀式場であり、広大な広場と、その周囲に並ぶピラミッド群や基壇や階段で構成されている。西側の四角形は中央市場広場だったと考えられている。このふたつの四角い囲い地にはさまれた南北の軸上には、幅の広い「行列の道」〔通称「死者の大通り」〕が市の端から端までを貫いて走っている。儀礼用基壇の遺構と壁に囲まれた居住用建築複合にふちどられたこの祭祀大通りは、北へ向かっては巨大な「太陽のピラミッド」を横に見ながら伸び、その先の「月のピラミッド」下の広場で終わっている。この線をさらに北へ延長させると、セロ・ゴルド山の頂上に突き当たる。道の南の端は記念建造物に行き着くのではなく、泉と耕地へと続いている。太陽のピラミッドは、春分・秋分の日の日の出の方角に合わせて造られている。この位置の取り方と「行列の道」の引き方によって、

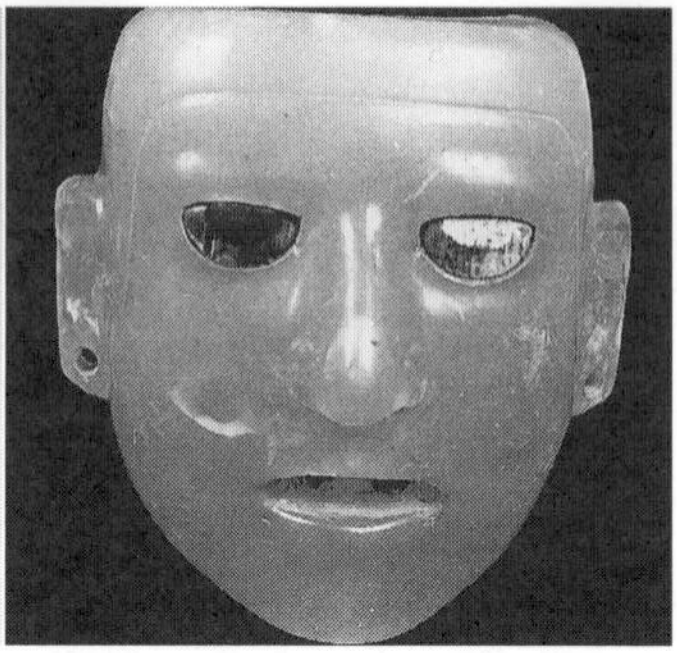

テオティワカン

20-22　儀礼の際に石製のマスクを使うアステカの習慣は、1000年以上も前のテオティワカン繁栄期に確立された伝統にならったものである。【上右】アステカの緑色雪花石膏のマスク。テノチティトランの大ピラミッド基部で発見されたもの。【上左】大ピラミッドから出土した石のマスク。貝殻と黒曜石が嵌め込まれている。もともとはテオティワカンで作られたものである。【下】テオティワカンの「行列の道」と太陽のピラミッド。

八平方マイル〔約二十平方キロ〕の広さを覆う居住・手工業区域の碁盤目状の配置が決定されている。最盛期のテオティワカンには約十万—十五万人が居住していた。メソアメリカ最大の都市テオティワカンには、南はグアテマラから北はサカテカスやドゥランゴまで、数多くの地域から物資が集まった。テオティワカンの中核をなす民生用・宗教用の建造物は六五〇年か七五〇年頃にひどく破壊され、それによりこの都市の支配的な地位にも幕が下ろされた。しかし市街地にはその後も多くの人が住み、やがていくつもの町の集合体という新しい形態を取るようになった。アステカ人が直接知っていたのはこの町であり、現在われわれが目にしているのも、その頃の状態である。打ち捨てられたピラミッド群や広場を、アステカの人々は畏怖を抱きながら眺めた。そして十五世紀半ばのアステカの支配者モテクソマ一世は、太陽のピラミッドの向かい側、「行列の道」の上に儀式用プラットフォームの建設を命じた。テオティワカンには神話上の重要な意味が付与され、アステカの創世神話の中で「時の始まりの場所」として描かれた。その神話では、まず真暗闇で音もない始原の世界があったと語られる。神々の評議会が開かれ、大きな焚き火が焚かれた。そして二人の神が自らその火の中へ飛び込んで生贄となり、生まれ変わって太陽と月になったという。アステカ人が付けた「太陽のピラミッド」「月のピラミッド」という名前は、遠い昔の「始まりの時」における神々の自己供犠をしのぶよすがとして、彼らがそれらのピラミッドを見ていたことに由来するのである。テオティワカン（「神々の場所」）という名前もアステカが付けたものであり、もともとその都市を建設した人々がどう呼んでいたのかを記してあるはずの古代文字は、まだ解読されていない。宇宙論に基づくテオティワカンのレイアウト、つまり、東西の線（太陽のピラミッドによる）と、南北の線（聖山を延長線上に背負い、月のピラミッドを経て「行列の道」として都市を貫き、農地へと続く）に象徴される設計は、その後この高原地域一帯の都市計画の基本となった。その配置はトゥーラで踏襲され、テノチティトランの設計にも取り入れられたのである。

トルテカの遺産

トルテカについて現在利用できる情報の大部分は、十六世紀の高原諸民族が残した各種の年代記によっている。これらの民族は、権勢を誇ったトルテカ人の伝説、とりわけ大都市トリャン（トゥーラ）に宮廷を置いた伝説の支配者ケツァルコアトルの物語を、自民族の歴史の中に取り込んでいる。植民地時代初期のこうした年代記は絵入りで、スペイン語またはナワトル語、もしくはその両言語で書かれている。そしてそこには、先住民が口承で伝えてきた物語や、今では失われてしまった絵文書に描かれていた図像が記録されている。メキシコ盆地からプエブラ盆地、さらにその周辺の広い範囲に分布するさまざまな民族の共同体は、自分たちの歴史を語る際に実際の出来事と想像上の事件や様式化された伝承を組み合わせ、地域の支配者氏族の系譜を、かつてメキシコ中央部の非常に広い範囲を領有していたとされる偉大で高貴なトルテカ人と結びつけたのである。アステカ人も例外ではなかった。アステカや近隣諸族にとって、「トルテカ」という語は高貴で教養ある賛美すべき民族を意味した。「トルテカヨトル」つまり「トルテカの心を持つ」といえば、卓越していて徳が高く、古代に尊重された特別に優れた資質を持つことをあらわした。

神秘のベールにつつまれたこのトルテカ族がいったい何者だったかを究明しようという動きは、一九三〇年代から四〇年代にかけて高まった。当時の考古学者と民族歴史学者は、メキシコ中部でかつて繁栄した主要な社会を時系列にそって再構成しようと試みていた。一部の研究者は、民族の歴史に関する「理想化された」物語の多くにトリャンという都市が登場することは、実際にその場所――トリャン――が存在したことを示しており、だとすればそこを考古学的に発掘できるかもしれない、と考えた。ちょうど、ホメロスの『イリアス』に導かれてドイツ人考古学者ハインリヒ・シュリーマンが古代トロイアの遺跡を発見したように。しかし、トゥーラないしトリャンという地名は手がかりとしては薄弱だった。というのも、この言葉はナワトル語で「葦の場所」を意味し、比喩的には「葦のように密集して」人が住む町をもあらわしていて、この名前を持つ場所はいくつかあったのである。民族歴史学の資料ではトルテカの首都は壮麗だったとされているので、トリャンは巨大都市テオティワカンだった可能性もあると考える者もいた。その一人、アメリカの考古学者ジョージ・ヴェイラントは、年代記に書かれている出来事と、考古学的に見たテオティワカンの発展相とを関連付ける年表を作成した。しかしメキシコの歴史家ウィグベルト・ヒメネス・モレノが文書資料をふるいにかけた結果、別の物語が見えてきた。ヒメネス・モレノは古代の部族の移動ルートを追い、地理的な特徴に言及した部分を拾い出し、王朝の系図を暦関係の記述やケツァルコアトル伝説とつき合わせていった。そして彼は、植民地都市トゥーラの近くの遺跡こそがトルテカの首都だったことを確定したのである。彼の推論では、トルテカのトゥーラは十世紀から十二世紀中葉にかけて栄えたとされる。これはテオティワカン崩壊のずっと後で、一方アステカの都市国家がメキシコ盆地に興るよりも前のことである。今では広く受け入れられているこのヒメネス・モレノの説によれば、トルテカの歴史は、九世紀後半に半文明状態のトルテカ＝チチメカ族が北方の荒れ地からメキシコ盆地に移動してきたことに始まる。この集団は首長ミシュコアトル（「雲・へビ」）の指揮のもと、クルワカンに住みついた。「一の葦」の年（九三五年または九四七年）、ミシュコアトルに息子が生まれた。息子の名をトピルツィンという。トピルツィンは成人するとケツァルコアトルを名乗るようになった。ケツァルコアトルというのはおそらく何らかの役職を示す称号だったろうと考えられる。ケツァルコアトルの青年時代と成人後まもない時期に関する叙述は、戦争と征服の

トゥーラと
チチェン・イツァー

23-25　アステカ人は自分たちを古代メソアメリカの偉大な伝統と関連づけようとして、古代の美術工芸の主題を取り入れた。ここに示した3点の横臥した儀礼従者の像（チャクモールと呼ばれる）は、上がチチェン・イツァー、中がトルテカの首都トゥーラ、下がアステカの首都テノチティトランのものである。

左頁

26-29　【上】トゥーラのピラミッドB。トゥーラという都市の最高権威者の座で、ピラミッド上部に見えるいかめしい戦士の円柱は、部屋の屋根を支えていた。【右下】円筒状の部分を積み上げて作られた巨大な戦士の円柱。紋章や装身具が丹念に彫刻されている。【左中】血の供物を飲み込もうとしている鷲。ピラミッドの浮彫り。【左下】トゥーラ（左）とチチェン・イツァー（右）の彫刻円柱の人物像。

物語で満ちている。その後彼は多くの部下を率いてクルワカンを出立し、一時期トゥランシンゴで暮らす。ベラクルスのワシュテカ族の国にも逗留したとする資料もある。最終的に彼はトゥーラを定住の地と定め、建設者・祭司王としてその名を馳せた。ベルナルディノ・デ・サアグン修道士が残した記録や『チマルポポカ絵文書』では、ケツァルコアトルのトゥーラには複数のピラミッドがあり、工芸職人の工房や家には長距離交易や貢納で運ばれてきた豪華な品々が蓄えられていたとされている。そして、「そこには彼〔ケツァルコアトル〕の緑色岩の家、彼の黄金の家、彼の貝の家、彼のカタツムリの殻の家、彼の木の家、彼のトルコ石の家、彼の美麗な羽根の家が建っていた」。他のところには、トゥーラの町は熟練の工芸職人や農夫が住む場所であり、農民はとてつもなく大きいトウモロコシやカボチャやアマランサスを育てている、と書かれている。また、赤、黄、紫、緑、白、灰色、茶色の綿花が植えられていたとの記述もある。『チマルポポカ絵文書』は、ケツァルコアトルがどのようにして祭司の役割を果たすようになったかを述べ、厳しい宗教上の苦行についてこう描写している。「そして彼は、われとわが身をトゲで刺した(…)そしてヒスイのトゲとケツァルの羽根の針を作った。そして、香としてトルコ石、ヒスイ、赤い貝殻を燃やした。彼は生贄としてヘビ

と鳥と蝶だけを捧げた」。ケツァルコアトルのおこないは祭司王のモデルとして広く影響を及ぼし、支配者たちは「ケツァルコアトルの生涯に行動の見本を求めた。それに従って彼らはトゥーラの法を定めた」。しかし、トゥーラにさまざまな民族が住みつくようになると、どうしても党派対立は避けられなかった。権力闘争が起こり、それはケツァルコアトル対テスカトリポカという図式に集約された。テスカトリポカはシャーマン的な力を持った魔術師またはトリックスターであり、好戦的な彼の一派は人間を生贄にするよう要求していた。ついにケツァルコアトルの失脚という悲劇の章が幕を開ける。あるときケツァルコアトルは病気になった。テスカトリポカはこれを好機と捉え、小柄な老人に変身して見張りの脇をすり抜け、ケツァルコアトルに飲み薬を差し出した。だが

30 【右頁下】トゥーラのピラミッドBの浮彫りパネルの壁。獲物を狙うネコ科動物とコヨーテが並ぶ帯状部分と、血の供物を飲み込む鷲が彫られた帯状部分が交互に重なっている。これらの捕食動物は、アステカのテノチティトランでは戦士軍団の紋章となった。一段奥に引っ込んだ部分のパネルには口を開けた生き物が刻まれており、その口の中にはマスクのような人間の顔が見える。高い地位をあらわす羽毛も彫られており、支配者の紋章であった可能性もある。

31 【下】トゥーラのコアテパントリの壁。ピラミッドBの北側にあるこの壁は、階段状のモチーフ（山をあらわしているのではないかと考えられている）が連なる帯が、ガラガラヘビと骸骨がからみあった模様の帯をはさんでいる。壁の上部には巻き貝の断面を模式化して彫った石が並んでいる。巻き貝の断面は、後のアステカ時代にケツァルコアトルの紋章のひとつになる。

それは実はリュウゼツランの汁を発酵させた「プルケ」という酒であった。そしてトゥーラでは飲酒は厳禁だったのである。一口、また一口と飲み進むうち、王も従者たちもみな酔っぱらってしまった。ケツァルコアトルは姉妹であるケツァルペトラトルを呼び、彼女もまたプルケを飲んだ。こうして泥酔したふたりは近親相姦の罪を犯してしまう。後悔と恥辱に打ちのめされたケツァルコアトルは権力の座から降り、財産を破壊するか埋めるかして、トゥーラを去った。一群の人々が彼に付き従った。テオティワカンを舞台とした創世神話の宇宙的イメージとは対照的に、また部族の遍歴や入植や戦争に彩られた歴史伝承とも違って、ケツァルコアトルの物語は人間の行為の原型を扱っており、登場人物は具象的であると同時に普遍性を持ち、彼らの感情や人間関係はすべての人に共通するものである。

異郷をさまようケツァルコアトルの哀しい物語にはいくつかのバージョンがある。そのうちのひとつでは、彼は雪の降りしきる中、ポポカテペトル山とイシュタクシワトル山の間の峠を越え、このため忠実な従者多数が凍死したとされている。英雄は悲しみにくれながらメキシコ湾への旅を続けたという。別の物語では、ケツァルコアトルは海岸に到着すると美しい鳥の羽根で飾った衣装とトルコ石製の仮面を身につけて自ら火の中へ入り、炎の中から天上へ昇って明けの明星になったという。しかしまた別の言い伝えでは、彼はヘビを織り合わせて作ったいかだに乗り、従者とともに東の海へ漕ぎ出したとされている。奇妙なことに、この物語はユカタン半島のマヤ族の物語と一致する部分を持つ。ユカタンのマヤ族には、メキシコからククルカン（マヤ語でケツァルコアトルと同じ意味をあらわす名前ないし称号）という戦士がやって来て一帯の土地を征服したという言い伝えがあった。ユカタン半島にあるチチェン・イツァー遺跡には、トルテカの戦士が海からやって来る場面を描いた壁画がある。さらにチチェン・イツァーの彫刻は、様式の上では土着のマヤ族の様式から多くを取り入れているが、そこに描かれた軍事的主題には、トルテカのトゥーラの彫刻との強い近縁性を見て取ることができる。

トゥーラの考古遺跡地域は、植民地時代の（そして現代の）トゥーラの町や川沿いの低地を見下ろす長い絶壁の上にある。最初の発掘は一八八八年にフランス人デジレ・シャルネーの手で行われ、このときすでにシャルネーはトゥーラの彫刻とチチェン・イツァーのそれとの類似性を指摘している。しかし祭祀センターの発掘と復元が始まったのは一九四〇年代になってからで、ヒメネス・モレノの民族歴史学研究を受けて考古学者のホルヘ・アコスタが発掘に取り組んだのであった。さらに時代を下ると、一九七〇年代から一連のプロジェクトが実行された。メキシコ国立人類学歴史学研究所（ＩＮＡＨ）のエドゥアルド・マトス・モクテスマ、ミズーリ大学のリチャード・ディール、ＩＮＡＨのロベルト・コベアンとグアダルーペ・マスタチェがそれぞれ指揮を執ったプロジェクトの発掘調査によって、この地の歴史が明らかになってきた。それによれば、トゥーラでの定住の歴史は先古典期初期の村落から始まり、テオティワカンの最盛期に大きな集落へと発達し、西暦七〇〇年から八〇〇年にかけて一旦放棄された後、こんどは前とは別の人々――おそらくは年代記に記されているようにトルテカ＝チチメカの人々――に占領される。町が大きく発展したのは九五〇―一一五〇年頃で、当時のトゥーラには五・四平方マイル〔十四平方キロメートル〕の広さにさまざまな民族合わせて三万―四万人が居住していた。テオティワカンで確立された方位関係の原則に従って巨大な祭祀センターが建設され、道路が碁盤目状に敷かれた。中心的な広場の両側には雄大なピラミッドがひとつずつそびえ、そのピラミッドと宮殿に似た壮大な建物（連続した三つの中庭を持つ）との間を、列柱を持つ歩道が結んでいた。これに二ヵ所の球技場と頭蓋骨台の基壇が加わって、記念建造物アンサンブルが完成する。最も完全に復元された建造物であるピラミッドＢは、五段重ねになっている。ピラミッド上には戦士をかたどった柱が四本立っており、それ以外の角柱にも戦士の彫刻がほどこされている。また、円柱の残骸は羽毛の模様で覆われている。これらの彫刻柱はピラミッドの内部に埋もれた状態で発見されたが、これはトゥーラが破壊された際に埋められたもので、もともとは玉座の間または支配者の宮殿の屋根を支えていたと考えられる。ピラミッドの表面はかつて、ネコ科の動物やコヨーテや鷲といった軍団のシンボルの動物を彫った帯状の装飾で覆われていた。他に、人間の顔が羽毛の生えた生き物の口から出ているところを描いたパネルもある。生贄の主題はピラミッド区域の北側の壁に繰り返し現れており、骸骨の列がガラガラヘビと交錯する図柄の帯と、階段のような幾何学模様の帯が交互に重なっている。壁の上には雲をモチーフにした狭間が一列に取り付けられている。

トゥーラの彫刻図像を眺めてみると、農耕の神々や農業に関係した主題は少ない。皆無というわけではないが、それでもテオティワカンや古典期マヤ美術、さらには後のアステカ帝国の彫刻レパートリーに比して農耕に関するものは目立たず、数も種類も少ない。トルテカの図像学《イコノグラフィー》は、征服によって納貢地域を次々に獲得して富と権力を増大させていった戦士貴族階級の荒々しい気風を反映しているといえる。

トルテカ「帝国」の領土がどのあたりまで広がっていたのかを教えてくれる考古学上のたしかな手がかりはほとんどない。トルテカの中心地はトゥーラ周辺地域から近くのトルーカ盆地とトゥランシンゴ盆地まで広がり、メキシコ盆地の一部も含んでいたと思われる。ただし、トルテカ「帝国」とはいっても、それはローマ帝国のように定まった国境線があって常駐の守備隊で守られている領域ではなかった。後のアステカの例から判断して、トルテカに征服された町は定期的な貢納を強いられはしたが、自分たちの政体や宗教は保っていたと思われる。このシステムを維持していたのは、逆らったものは叩くという懲罰原理であった。トゥーラの威圧的な彫像や図像を見る限り、多様な共同体のさまざまな信仰を取り入れた柔軟性のある国家宗教が存在していたとは考えにくい。考古学的調査でも、広範な社会集団をひとつの行政システムの中に統合するうえで、武力による威嚇以外の重要な要素が存在したことを示す証拠は発見されていない。一体感を持たない多くの政体の集まりであったトルテカの国は、長く続いた旱魃をきっかけに急速にバラバラになり、そのことが外からの他民族の侵入を許して政治地図の再編を促し、結局は内部分裂とトゥーラの破壊に至ったのではないかと考えられている。

民族歴史学の資料によれば、ケツァルコアトルの物語で示唆されているような和解不可能な党派対立がトゥーラで起こったのは、十二世紀中葉のことであった。最後のトルテカ支配者・ウェマクがトルテカ＝チチメカの大集団を率いてメキシコ盆地へ戻り、チャプルテペクの泉の近くに新しい定住地を作った時には、もはやトゥーラの終わりは迫っていた。トゥーラが荒廃しはじめる前まで粘った集団もいくつかあったが、彼らもついには南のメキシコ盆地やプエブラ盆地へと移動した。最後には暴力的な破壊がトゥーラに終止符を打った。主要な建物は焼き払われ、記念碑は倒された。発掘調査では、このときに殺された人々の遺骨が多数見つかっている。誰がトゥーラを破壊したのかはわかっていない。かつてトルテカの首長たちが捕虜や戦利品を検分し、戦士たちが戦いの太鼓や口笛や勝利の歌にあわせて行進したその場所には、沈黙のとばりが下ろされた。

やがてアステカが大国となったとき、複雑な「帝国」内の社会を統合するための適切なメカニズムをいかにして発展させるかが、彼らの中心的な課題となる。だがこれについては後の章で述べることにしよう。トゥーラ崩壊の頃、アステカの祖先はまだ半文明の遊動民として、メキシコ盆地のはるか北方で暮らしていた。

移住民たち——チチメカ、アコルワ、テパネカ、メシカ

後にテノチティトランとなる場所は、十三世紀にはテツココ湖沼地帯に浮かぶただの小島の群れであった。柳の林や風に揺れる葦原が広がり、ところどころに突き出た岩の合間にノパルサボテンが生える湿地帯で、鷺や鷺

やガチョウや鶴やその他さまざまな水鳥が豊かな水辺の生活を営んでいた。盆地の東側には、テオティワカン崩壊以降何世紀も人はまばらにしか住んでいなかった。トラロック山を覆う森はそのまま麓の平地へと広がって、湖水のすぐそばまで迫っていた。北に目をやると、浅い湖沼の中の湿地にシャルトカンとスンパンゴというふたつの小さな町があった。湖の西岸は、東とは対照的に人口が多かった。中心的な町は、アツカポツァルコである。この町の起源はテオティワカン時代にさかのぼる。その後、おそらくトゥーラが権勢を誇っていた頃に、この地域はトルーカ盆地からやって来たテパネカ人に占領された。テパネカは、アツカポツァルコを政治の中心へと作り変えた。南のチャルコ湖とショチミルコ湖周辺の共同体は、トルテカ人の離散時代に難民を受け入れた。この南部地域は雨季の豊富な雨量と淡水の湧き出る泉に恵まれ、古くからチナンパ農業と丘陵地での段々畑の伝統を持っていたため、経済的に安定していた。トルテカの指導的な氏族がここへ流れて来て受け入れられたことで、クルワカン、シコ〔現在のヒコ〕、チャプルテペクといった町はトルテカ文化の特徴を持つようになった。

この時期のチナンパ農業町の生活ぶりを知るには、今後の本格的な考古学発掘調査をまたねばならない。しかし、大きな記念碑や記念建造物がないことと、絵文書に書かれた話や植民地時代の歴史記録から考えると、トゥーラの崩壊をはじめとするさまざまな出来事はこの地域のゆったりした田園生活のペースをさほど大きく崩しはしなかったらしい。これらの共同体の生活リズムは、無限に繰り返される農業のサイクルによって律されており、定期的な祭礼、乾季ごとの他民族襲撃、小競り合いや敵対といった折々のドラマがそこにアクセントを添えていた。

十三世紀にメキシコ盆地にやって来た数多くの移住民の中で、とくに四つの集団がアステカ帝国の興隆に決定的な役割を果たした。これら四つの集団が語り伝える歴史は、実際の事件のずっと後になってから作られた「公式」バージョンの歴史を反映している。「公式の」遍歴物語は、アステカ人とその近隣民族がどのようにして歴史を操作したかを良く示している。そこでは伝説と実際の出来事を混ぜ合わせ、時には特別な出来事を謳いあげるためにずっと昔の人々や別の場所の物語をそのまま借用するといった手法が使われている。こうした操作は、外から流入した民族が、自らにとって都合のよい「トルテカの末裔」という出自に憧れていたことをよくあらわしている。

四つの主要集団の第一は、チチメカであった（チチメカという名はまた、すべての移住民集団の総称としても使われた）。チチメカを率いていたのはショロトルという首長だったとされるが、このショロトルは、さまざまな歴史物語に登場する何人もの部族指導者を合体させてひとりの人格にした、なかば伝説上の人物と見ることができよう。第二の集団はテパネカで、おそらくトルーカ盆地に起源を持ち、その地域に住むマトラシンカ族、マサワ族の系統であると考えられている。テパネカはメキシコ盆地にすでに居住していた人々と姻戚関係を結び、最終的に盆地西側のアツカポツァルコに住みついた。第三の移民集団・アコルワは盆地東部に入り、まだ誰も領有していなかった土地に定住した。十三世紀半ばに第四の、つまり最後の集団が到着した時には、領有者のいない土地はごくわずかしか残っていなかった。第四の集団はそれ自体が雑多な民族の集合体であり、彼らもやはり先に住みついていた諸民族と姻戚関係を結んだ。やがて彼らは、後にテノチティトランとなる島を住処と定め、自らをメシカ（*Mexica*）と称した。こうした流入民が古くからの都市共同体に加わったことで、十五世紀に大きな変化が生じる。

チチメカとアコルワの到着については、十六世紀の植民地時代の絵入り文書（『ショロトル絵文書』、『キナツィン地図』、『オーバン絵文書』ほか）、フェルナンド・デ・アルバ・イシュトリルショチトルやディエゴ・ドゥラン修道士による歴史記述、『チマルポポカ絵文書』などの中に記載されている。こうした絵文書や文書テキストはいずれも、それ以前の絵入り手稿本や口承歴史をもとにして書かれたため、互いの記述に密接な関連性がある。半文明の部族が盆地の定住民族の都市文化に適応していった過程は、実際には相当に複雑であったろうが、上記の資料の中ではその物語が素朴でドラマティックな形で提示されている。『ショロトル絵文書』の一ページ目は、定住の地を求めてメキシコ盆地へ近づくチチメカ族を描いている。[1]彼らは獣の皮をまとい、弓矢など荒れ地で生き延びるための道具類を持っている。首長ショロトルが盆地北西部のテナユカに基壇を築いている姿が見えるが、そこには後に巨大な二連ピラミッドが建造されることになる。『ショロトル絵文書』は続いて、盆地東側への入植のいきさつを物語る。ショロトルの息子ノパルツィンはテナユカを出発して偵察に行く。彼は、トラロック山の麓に広がる誰も占有していない土地を眺め、さらに山に登ってあたりの全景を観察した。後に重要な祭儀の場所となるテツコツィンゴの丘が格好のランドマークになっている。ノパルツィンのこの報

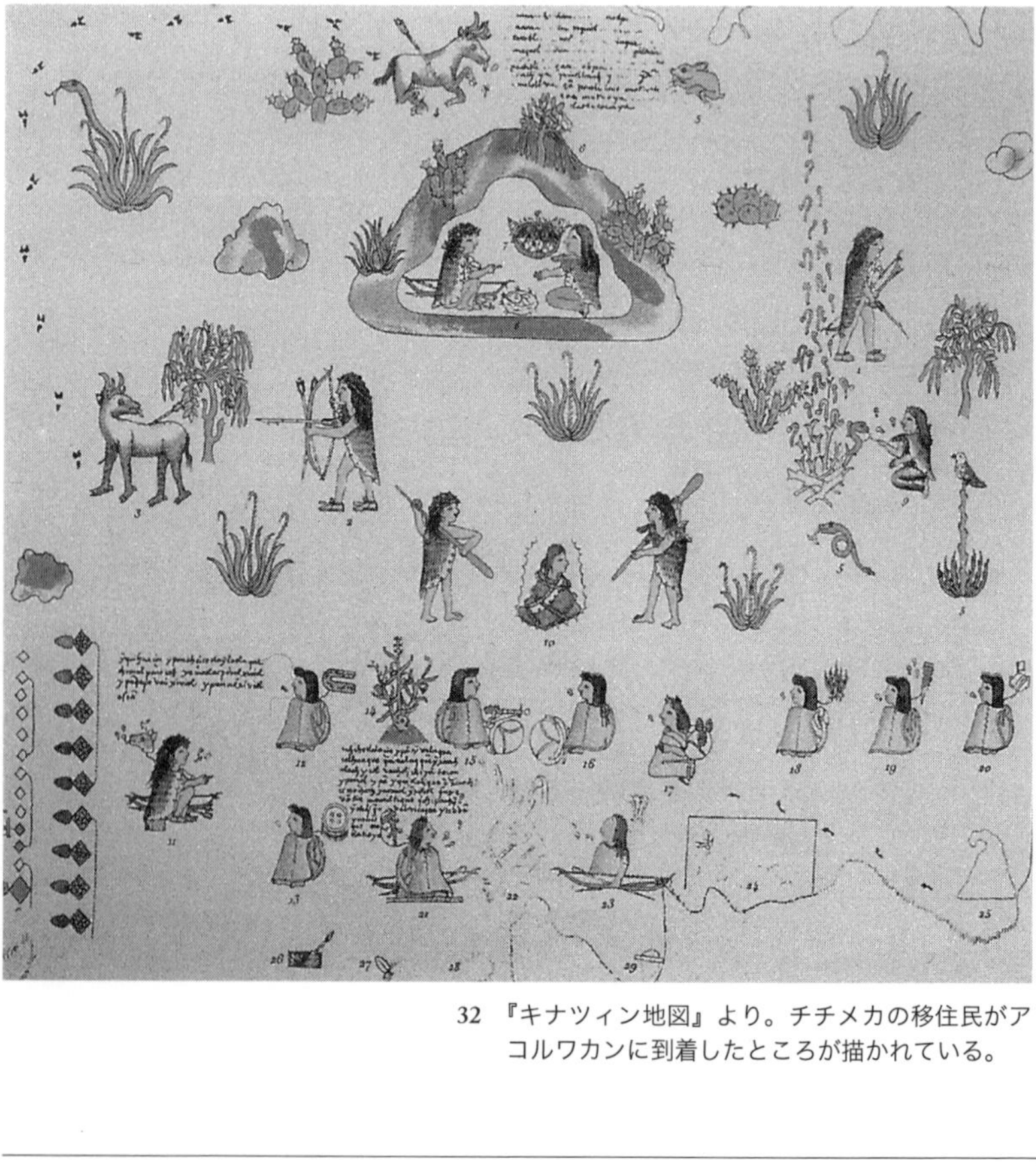

32 『キナツィン地図』より。チチメカの移住民がアコルワカンに到着したところが描かれている。

告を受けて、流入してきたアコルワの遊動民集団——彼らはチチメカと連携していた——は、その土地へ向かった。『キナツィン地図』と『オーバン絵文書』は、彼らが山麓の洞窟や付近の平地に住みついた様子を描写している。彼らの集落はやがてオシュトティクパクやツィナカノストク、コアトリンチャン、ウェショトラといった大きな町へと発展した。後にアコルワの首都となるテツココは、彼らが入植する前から原始的集落として存在していたとも考えられている。ノパルツィンの息子トロツィンがこの東地区の支配者となり、テツコツィンゴの丘に支配の中心地を置いた。そして一四二〇年代までに、トロツィンの息子キナツィンによって行政の中心はテツココに移された。

こうした初期の入植者集団の経済は原始的であったが、彼らを単なる狩猟採集の遊動民だと考えるのは間違いである。叙事詩では誇張されているとはいえ、首長ショロトルとノパルツィンの行動は、少なくとも部族レベルの社会秩序が存在したことをうかがわせる。ショロトルは、他の集団を特定の地域に入植させる「差配」をしており、かなり権威ある役割を演じている。彼はまた北方にも影響力を拡大し、チチメカの指導的ないくつかの氏族と近隣の町々の支配者一族の間に姻戚関係を結ばせて、同盟を成立させた。町の住民の方は、新参者集団の軍事技術を高く買い、小規模な戦争や時折行う襲撃の際に支援してもらおうとしたのだろう。同時に、チチメカとアコルワの首長たちは急速に経済力をつけていった。これは、狩猟採集民集団（バンド）の、また部族社会にすらある経済的平等主義から脱却する大きなステップであった。この傾向の最初のあらわれの一例が、トラロック山の麓に特別の狩猟用囲い地が作られたことである。『ショロトル絵文書』には、ショロトルとノパルツィンの姿とともにこの囲い地が描かれ、北や東の共同体から貢納品として贈られたウサギその他の獲物がそこに放される様子が示されている。経済的発展の次なる一歩は、農業知識と農地の獲得であった。チチメカもアコルワも、メキシコ盆地に到着した時点ですでに基礎的な農業知識は持っていたとみられるが、それは盆地に存在したチナンパ農業や段々畑のような高度な農業からは程遠いレベルであった。『ショロトル絵文書』には南部の農業地帯の絵があり、チャルコやアテンコその他の町が、チナンパ農業の象徴である水路やカヌーとともに描かれている。ノパルツィンがチャルコの女性と結婚したため、息子のトロツィンは主にチャルコで育てられ、集約的農業について多くを学んだ。父の後を継いで首長の座に就いたトロツィンは、当時まだ半文明状態にあったチチメカとアコルワを定住農耕民族へ転換させると宣言した。

宣誓を済ませ、帝国を受け継ぐと、トロツィンは土地の耕作に特段の関心を払った。彼は祖父ショロトルの代からほとんどチャルコで生活しており、トルテカ族やチャルコ族と親交があった（彼の母はチャルコの出身であった）ため、人間が生きていくうえでトウモロコシをはじめとする植物の実や野菜が必要不可欠なことを理解していた。彼は特にテシュポヨ・アチカウトリの薫陶を受けた。テシュポヨ・アチカウトリはシコの丘に家を建てて家族とともに住んでいた。彼はトロツィンの導き手であり師であった。彼が教えたことの中には土地の耕し方も含まれていた。それ〔耕作〕に慣れた彼〔トロツィン〕は、すべての土地を耕地として作物を育てるべしとの命令を出した。チチメカ族の多くはそれを良いことと考えて実行したが、先祖以来の古い考えにとらわれた一部の人々は、メツティトランの丘やトトテペクの丘へと去っていった。（…）そしてその時以来、あらゆる場所で土地が耕され、トウモロコシが蒔かれ収穫され、他の実ものや野菜が作られ、暖かい地域では衣類用の綿花も育てられた。[2]

広大で天然資源も豊富な未占有領土の獲得、町の住民との同盟や婚姻関係の構築、農耕とそれにまつわる古くからの宗教の採用、支配エリートの権威および経済力の強化、それらのエリートが都市の言語や文化を取り入れはじめたこと――十三―十四世紀に行われた自覚的ないとなみには、これらすべてが含まれていた。そしてこの行動を基盤として新しい社会秩序が形成され、そこから未来のアコルワカン（テツココ）国家への道が開けたのである。

メシカ族

移住民集団のうちメシカ族については、初期の歴史が最もよく知られている。彼らの起源、旅、冒険、テノチティトラン建設までの数々の入植や戦いの伝説は、現代のメキシコの学校教科書にも載っている。メシカの遍歴物語のオーソドックスな版は、文字や絵によるさまざまな原典資料の内容に基づいて構成されている。原典資料の物語は必ずしも年代順に並んではおらず、またしばしば事実が隠喩表現で書かれていたり、時にはとても歴史とはみなしえない摩訶不思議な出来事の描写があったりする。メシカ族の起源の場所、そこを出発した時期、移動のルート、出来事や場所の持つ意味などに関して、疑問や謎はまだ多い。スーザン・ギレスピー、ルドルフ・ファン・ザントヴェイク、ナイジェル・デイヴィスといった研究者たちは、メシカの遍歴物語は、メキシコ盆地にやって来たメシカ族がその土地にもとからいた人々と婚姻同盟を結んだ後に、あちこちの物語を集めて作ったものだと考えている。その理由は、モチーフの多くが、町の住民たちの間ではもっとずっと前から語り継がれていたらしいからである。[3] しかし、テノチティトランの住民たちがその伝説を歴史的事実と考えていたことは間違いない。ちょうど、古代ローマの人々にとって、トロイアの叙事詩やアエネアスの伝説的な旅やローマ建都の物語が真の歴史上の出来事だったのと同じことである。集団としてのメシカ族のイマジネーションに伝説的歴史がどれほど深く根を下ろし、彼らの理念や儀礼をどう彩り、彼らの帝国の基本構造にいかに影響したかを、これから述べる物語の中に見ることができよう。

ディエゴ・ドゥラン修道士が十六世紀後半に採録した口承歴史によれば、メシカの祖先は始原の時代に洞窟または泉から出現したとされる。[4] これは、メソアメリカのほとんどすべての神話に共通するモチーフ、すなわち人間は女性である大地——始原の事物の母——から誕生したとする物語の、メシカ版である。

おそらく十二世紀の前半、部族は父祖の故郷を離れた。この故郷はどこか北方の沼沢地の島であったと伝えられる。その地の名は「鶴の場所」を意味するアストランといい、「アステカ」という古風な名称はこれに由来する。遍歴時代に入ってから彼らは「メシカ」を名乗るようになり、スペイン人にもこの「メシカ」の名で知られた。もともとの「アステカ」という言葉が再登場するのは十八―十九世紀の学術研究書の中である。現在では、「アステカ」はスペインによる征服時にメキシコ盆地にいた人々の総称として用いられている。

アストランの地理的な位置については、今も研究者の間で論争が続いているし、十五世紀半ばのメシカ族自身もはっきりとは知らなかった。ミチョアカン州、ハリスコ州、グアナフアト州のいくつかの湖をアストランと結びつける学者たちもいる（人によってどの湖とするかが異なる）し、もっと遠く太平洋岸のナヤリト州にあるメヒカルティトランという沼沢地（現在も島の町があり、先住民時代からの四区画レイアウトを保っている）だとする人々もいる。

モテクソマ一世はアストランの場所を特定しようと探索に乗り出した。おそらく一四四〇年代のことと思われる。その時点ではすでに父祖の地の位置は神話上の記憶でしかなかったが、メシカ帝国が拡大し支配者が一種の民族アイデンティティの構築に熱心に取り組みはじめたとき、起源の場所を見つけ出すという計画は非常に重要な意味を持ったのである。モテクソマ一世は、祭司とシャーマン能力を持つ霊媒あわせて六〇人ほどからなる探索隊を送り出した。探索隊はトゥーラの遺跡を越えて北へ進んだ。ディエゴ・ドゥランはこの奇妙な冒険行を描写した中で、次のように述べている。彼らは祖先神ウィツィロポチトリの生誕地とされる場所にたどり着き、超自然的存在に迎えられた。超自然的存在は一計を案じ、魔法の力で彼ら全員を鳥や翼のある獣に変身させた。彼らはその姿でアストランに飛んで行き、人間の姿に戻って、「カヌーを漕ぐ同族の者たち」からナワトル語による歓迎を受けた。伝説はさらに、アストランに到着したこのモテクソマの使節団が、「危険な旅」をへてウィツィロポチトリの親族とされるひとりの老人のところへ連れて行かれた様子を語る。いくつかの質問をした後、案内役はまた別の試練に満ちた旅へと彼らをいざなう。旅の途中、案内役は自らの魔力を明らかにし、メシカの人々がテノチティトランで軟弱かつ贅沢な生活を送っているといって叱責する。最後に彼らはウィツィロポチトリの年老いた母に謁見を許された。豪華な贈り物を差し出してメシカの国の成功と繁栄の歴史を奏上した彼らに向かって、ウィツィロポチトリの母は不吉な予言を口にした。いわく、彼らが他者を征服してきたように、いつの日か彼らもまた征服されるであろう、と。この神託を携えて使節団はモテクソマのもとへ戻り、報告した。アストランはこうして、単なる実在の場所を超えたひとつの概念と

33　アステカ族の遍歴は伝説の島アストランから始まり（左）、神格化された英雄ウィツィロポチトリの像を背負った祭司によって先導された（右）。『ボトゥリーニ絵文書』より。

なったのであった。

もともと、アステカ人も農業の知識をいくらかは持っていただろう。というのも、自らを「メシカ」と呼ぶ狩猟採集遊動民が合流したのは、彼らが故郷を離れた後のことだからである。伝説によれば、ウィツィロポチトリが部族全体にメシカの名を名乗らせ、遊動民の道具である弓矢や網を携行するよう命じたという。ウィツィロポチトリはこの時点では実在の指導者で、後に神格化されたと考えられる。部族は高原や山地を越えて旅を続け、気に入った場所には最長で二十年くらい腰を落ちつけて、また新たな場所へ出発することを繰り返した。彼らは肉を食べたが、基本的な農業技術は保持しており、基本作物のトウモロコシに加えてマメやアマランサス、チア〔サルビア科の植物。実が食用になる〕、トウガラシ、カボチャ、トマトなどを栽培していた。長く逗留した場所には神殿や球技場まで作ったといわれている。しかし、つねに彼らは何かに駆り立てられるようにその場所を離れた——彼らを追い立てたのは、ウィツィロポチトリが死後に霊媒祭司の口を借りて伝えた運命のビジョンだったとされている。それは次のようなものだった。

> 我らは自らを確立して定住し、世界のすべての者たちを征服するだろう。そして我はここに汝らに真に伝える——我は汝らをこの世界の万物の王となすであろう。支配者となる時、汝らはあまたの民を従え、彼らは汝らに貢物を納め、最高の貴石、黄金、ケツァルの羽根、エメラルド、珊瑚、アメジストを数限りなく差し出し、汝らの身はそれによってこのうえなく美しく飾られるであろう。汝らはまた、さまざまな羽根、青きカザリドリ、紅のフラミンゴ、ツィニツィアン、あらゆる美しき羽根を得、色とりどりのカカオや木綿を得るだろう。汝らはそのすべてを目にする。なぜならばそれこそが我の役目、そのために我はここへ送られたのだ。[5]

神格化された指導者が語るこのなんとも「帝国的」な予言は、まず間違いなく十五世紀になってテノチティトランの年代記作者の手で公式メシカ史に書き加えられたものであろう。流浪のメシカ族もメソアメリカの儀式暦を知っており、その証拠に五十二年の暦周期（現代のわれわれの暦でいえば一世紀のような区切り）が終了するごとに、念入りな再生の儀式を執り行って生贄を捧げていた（第七章参照）。

遍歴伝説は、重要な二つの場所への旅のルートについて述べている。その二ヵ所は、クルワカン（「曲がった山」）とチコモストク（「七つの洞窟」）である。どちらも正確な位置は不明だが、一部の研究者の間ではメキシコ盆地から北東に行ったあたりだとする説が有力である（クルワカン山は、メキシコ盆地の町クルワカンとは別のものである）。クルワカン山は現在のサン・イシドロ・クルワカンの町の近くにある山で、チコモストクはそこからやや東へ行ったあたりだとする考え方もある。

パウル・キルヒホフは、七つの洞窟（チコモストク）とは実際は湾曲したクルワカン山の特徴を表現したものだと論じている。[6] チコモストク＝クルワカンは別の名前を十個持っている。そのひとつはアマネメもしくはアメケメカンといい、ショロトル率いるチチメカ族集団がメキシコ盆地へ向けて出発した場所とされている。

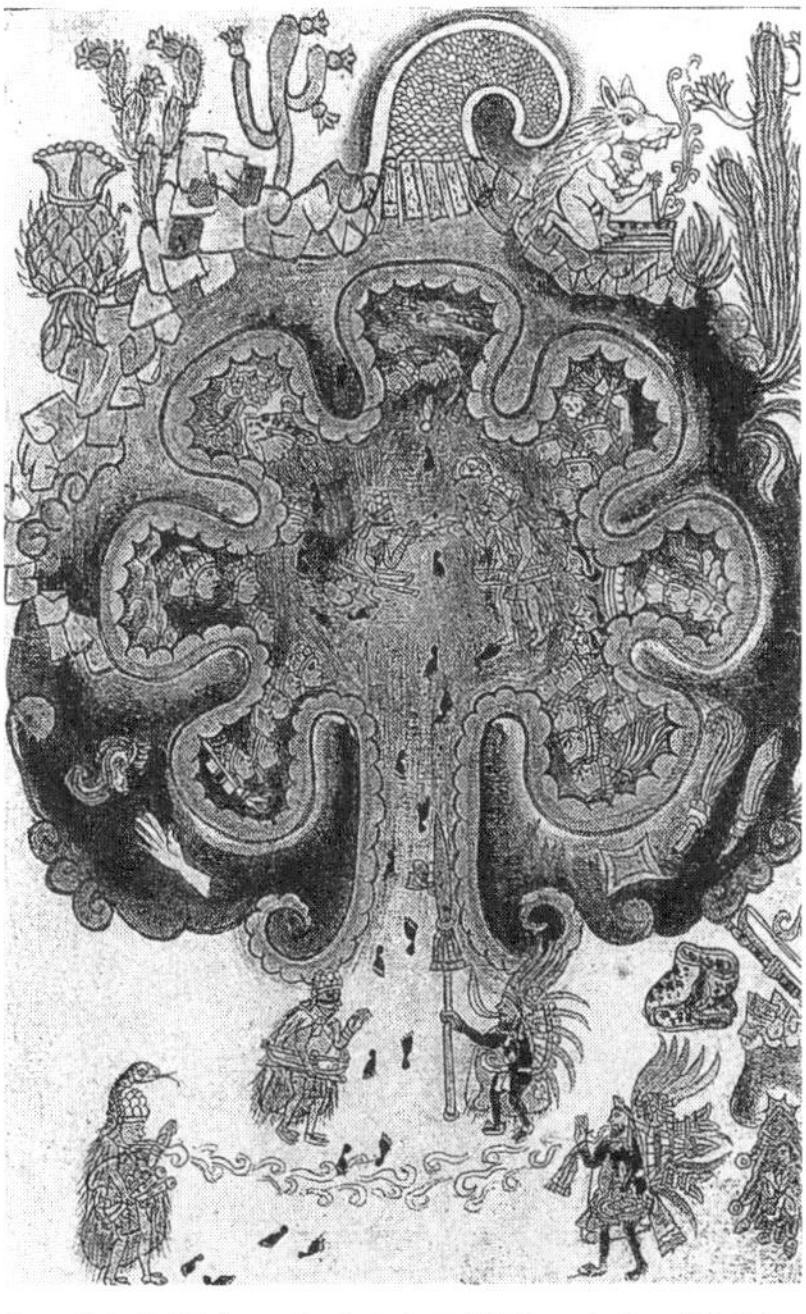

34 『トルテカ＝チチメカの歴史』より。湾曲したクルワカン山の頂上と、山中の子宮のような七つの洞窟・チコモストクが描かれている。洞窟内には七つの部族がいる。ひとりの祭司が入口を魔法の杖で打っている。

絵入り手稿本『トルテカ・チチメカの歴史』

を見ると、メシカ以前の流浪民の集団もプエブラやトラシュカラに定住する前にクルワカン＝チコモストクに滞在したことがわかる。同書の有名な絵（図34）には、クルワカン＝チコモストクが子宮状の洞窟を持つ山として描かれている。これは聖山を生命の源とする古代思想を表すものといえる。『トルテカ・チチメカの歴史』の中では、チチメカの祭司が創造神話の一場面を演じ、大地に働きかけて象徴的に諸部族を生み出させている。この聖地は宗教的再生の場として重要な意味を持っていた。そこではある行為が裁可されたり、ある部族が「再生」したり、通過儀礼を経て新指導者が任命されたりした。メシカも自分たちの歴史伝承の中で、流浪の途中にこの古代の祠堂に立ち寄ったとしている。もしも本当に立ち寄っていたとすれば、彼らもやはりそこで再生儀礼を行ったり、自分たちの目的や決意をあらためて奉献したりしたことだろう。

メシカの伝説は、続いて一連の部族対立を語る。まず、ある一派が袂を分かち、次にウィツィロポチトリの「姉妹」であるマリナルショチトルのグループの離反という大きな分裂が起きた。離脱した人々は別々のルートをたどって進み、メキシコ盆地の南西四十五マイル（七十二キロメートル）ほどの森で覆われた山地の奥にマリナルコという町を築いた。残ったウィツィロポチトリ率いる主流派は、名高いコアテペトル（「ヘビ・山」）という場所でさらに深刻な内部対立に直面する（コアテペトルはトゥーラ遺跡の近くであろうと推測されている）。コアテペトルでの劇的な事件は隠喩表現で語られる。コアテペトル山の頂上には、守護者である巫女コアトリクエ（図35）の大地の祠堂があった。「ヘビのスカート」を意味するコアトリクエという称号は、聖なる大地そのものの儀礼上の名前である。彼女が年老いた女性の姿で描かれることは、大地崇拝が非常に古くからあることを物語っている。彼女はまた、強大な力を持つコヨルシャウキという女と、センツォン・ウィツナワ（「四百人のウィツナワ」）と呼ばれるその兄弟の「母」であるとされる。神話によれば、ある日巫女コアトリクエが山頂の祠堂を掃き掃除していたところ、天から降ってきた羽毛の球によって魔法の力で妊娠させられる。こうして超自然的に胎内に宿

35 大地の女神コアトリクエ（「ヘビのスカート」）。ヘビは再生のシンボルと考えられる。一方、乳房のすぐ近くに手と心臓をつないだネックレスがかかっているのは、滋養の概念とその代償としての犠牲の必要性を想起させる。切断された首の部分からは双生のヘビが左右対称に出て、流れ出る血をあらわしている。儀礼の際にこの大地の神の化身となった者は、血の供物として首を刎ねられた。

ったのがウィツィロポチトリであった。注意すべきは、ウィツィロポチトリはすでに古代の指導者として遍歴物語に登場しているにもかかわらず誕生のエピソードがここで出てくることだが、このエピソードのポイントは時間軸上の順序が正しいかどうかではなく、出来事を詩的・隠喩的な語り口で伝えることにあるのである。ウィツィロポチトリは彼の部族の権威が更新されることの象徴として「再生」すべきさだめにあるのだ。さて、コアトリクエの妊娠を知って激怒した娘のコヨルシャウキと四百人の兄弟は、面汚しの母親を襲って殺そうと、山の麓の平地に集結した。しかし兄弟のうち一人が走って先回りし、まだ母の胎内にいたウィツィロポチトリに急を知らせた。敵が祠堂に到着した時、ウィツィロポチトリは完全武装した無敵の戦士として誕生した。彼は「火のヘビ」（太陽の熱線）であるシウコアトルという武器を振るって、たちまちコヨルシャウキを殺した。首と四肢を切断されたコヨルシャウキの死体は山腹を転がり落ちた。次にウィツィロポチトリは四百人の兄弟を四方へ蹴散らした。何世紀も後のテノチティトランでウィツィロポチトリの神殿を戴く大ピラミッドがコアテペトルと名付けられたのは、この山上の戦いの神話にちなんでのことであり、大ピラミッドのふもとの部分には四肢を切断されたコヨルシャウキの巨大な浮彫り像（図99―101）が置かれていた。しかし、このウィツィロポチトリとコヨルシャウキのエピソードは、メソアメリカの歴史伝承の中でアステカより古い時代から語られていたことが研究者によって示されている。

メシカ族の遍歴はコアテペトルからトゥーラへと続く。彼らはトゥーラ遺跡で野営した後、メキシコ盆地へ向かった。湖の西岸にそって進み、テナユカに短期間留まってから、アツカポツァルコを通り過ぎてチャプルテペクに至り、丘のふもとの泉の近くに入植した。一三〇〇年頃のこととされる。それから約二十五年間（四十五年とする物語もある）、この新参者集団はいくつもの危機に直面した。先客のいない土地に入植したチチメカ＝アコルワ族や、婚姻によって旧来のアツカポツァルコの町との結合を果たしたテパネカ族と違って、メシカ族は敵意と侮蔑をもって迎えられたのである。最初の脅威は、かつてウィツィロポチトリから離反した「姉妹」マリナルショチトルの「息子」(子孫)であるコピルによってもたらされた。マリナルコの町を本拠とする指導者コピルは、他の町々と共同で謀略をめぐらせ、新参者を追い出そうとした。戦闘が始まり、メシカはチャプルテペクを追い出された。ただ、このときコピルはメシカに殺された。伝説ではコピルの心臓が取り出されて湖の彼方に投げられ、それが落下した島が後にテノチティトランとなったという。

ここから遍歴物語は現実の歴史へと移行していく。チャプルテペクへ戻ったメシカ族をすぐに新たな脅威が襲った。今度の相手はアツカポツァルコのテパネカ族を中心とし、それを近くのクルワカンが支援する同盟軍であった。同盟軍の狙いは豊かに水が湧き出すチャプルテペクの泉の支配権と、両者の土地にはさまれた地域の資源の確保にあった。彼らはメシカを危険な不法居住者とみなして攻撃した。現在のメキシコシティーのチャプルテペク公園にあたる森の中で、メシカは決定的な敗北を喫し、敗残兵や難民が周辺の平地や湖沼の湿地へと散らばった。メシカの指導者はクルワカンへ連行されて生贄にされた。メシカ難民のうち最大の集団はクルワカンに赴き、クルワカンの指導者たちに慈悲を乞うた。クルワカンの評議会は、この難民たちにティサアパン〔現在のティサパン〕という場所のいくばくかの土地を与える決定を行った。ティサアパンは今日の大学都市に近い溶岩層の土地で、居住にはあまり適していなかった。しかしメシカの人々は勇気と忍耐力を発揮し、長年の狩猟採集経験を生かして、この住みにくい環境にどうにか適応していった。ごつごつした岩の合間に小さな農地が開かれ、徐々にクルワカンとの商取引も許されるようになった。

クルワカンにおけるメシカに対する許容度が上がるにつれて、両者の間で婚姻関係も結ばれはじめた。間もなくメシカは自ら「クルワ=メシカ」と称するようになり、血縁関係ができたのだから自分たちもある程度は「トルテカ」文明の一部になったと思いはじめた。クルワカンはトゥーラ崩壊後にトルテカ人が移住してきた町だったからである。クルワカンと隣国ショチミルコとの小規模な戦いの際にメシカがクルワカンの同盟軍とされたことで、クルワカン内部でのメシカの立場は少し強くなった。湖岸での戦闘において最後に勝ちを制したのはメシカの戦士たちであった。彼らは勝利のしるしとして、捕虜にしたり殺したりしたショチミルコ戦士の耳を切り取り、山と積み上げてクルワの支配者への贈り物とした。これでまた地位が上がると期待したメシカの人々は、手柄話を市場で吹聴した。この無作法な振る舞いが、古くからの格式を重んじるクルワ貴族の気分を害した。彼らにしてみれば、メシカなどまだ野蛮な劣等民族であり、その好戦的な性向には不安がつきまとっていたからである。クルワカンの評議会では、クルワ領内居住民としてのメシカの将来をめぐって議論が戦わされた。

雲行きがあやしくなったのを見て、メシカ自身が暴力の行使への道を突き進んだ。ウィツィロポチトリの祭司の煽動に乗ったメシカの人々は、クルワの大貴族のひとりアチトメトルのもとへ行き、アチトメトルの美しい娘をメシカの「君主」兼「ウィツィロポチトリの花嫁」として迎えたいと申し出た。アチトメトルはメシカの本心には気付かず、この名誉を受けることにした。彼の娘はティサアパンへ行き、そこで美しい装束を着せられて、生贄にされた。古くからのならわしどおり、彼女の遺体から皮が剥がれ、祭司はその皮をまとって生命の更新を象徴する古代からの農業儀礼を執り行った。何の疑いも持たないアチトメトルは招きに応じて農業儀礼を締めくくる祝祭に参加し、そこで祭司が身にまとっているのが自分の娘の皮であることに気付く。激怒したクルワ族に他の部族も加勢し、戦争が勃発した。投げ槍や矢が飛びかう乱戦の果てに、メシカはまたも敗北し、葦原と塩水の沼が広がるテツココ湖畔へ追いやられた。翌日、彼らはカヌーや急ごしらえのいかだに乗って湖へ漕ぎ出し、無人の島へ渡った。

このエピソードは遍歴の中のひとつの出来事のように見えるが、それはまた、「地母神」の象徴的化身である女性との儀礼上の結婚を通じて定住農耕民になろうとするメシカ族の意図が様式的に表現されたものでもある。

類似のモチーフはショロトルの物語の中でチチメカの戦士が貴族女性と結婚し、それによってチナンパ農業の町から農業知識がもたらされる逸話にも見てとれる。スーザン・ギレスピーが述べているように、これらの「歴史的」物語における女性は、農作物の豊かな実りや――アチトメトルの娘の場合のように――農耕の神を表していた。[7] 後の時代にはこうした大地の女神たちはさまざまな名前で呼ばれるようになる。たとえば、トシ（「われらが祖母」）、テテオ・インナン（「神々の母」）、トナン・トラルテクートリ（「われらが母なる大地の王〈または女王〉」）、コアトリクエ（「ヘビのスカート」）などである。さて、湖上の島への逃亡後、メシカの物語は神話性を増してゆく。

テノチティトランの建設

追われた人々が葦原に逃げ込んだとき、ウィツィロポチトリの祭司のひとりに幻視が下ったという。幻視には始祖の神が現れ、コピルの心臓が近くの島に投げ入れられたことを思い出すがよい、その神聖な場所には大きなノパルサボテンが生えており、そこに一羽の鷲がとまっているだろう、と告げた。それこそ、メシカ族が自らの都市を建設すべき場所を示すウィツィロポチトリの聖なるしるしなのだった。翌朝メシカの人々があたりを探すと、サボテンに鷲がとまっているのが目に入った。彼らはすぐさまその場所にささやかな盛り土の基壇を作り、葦の小屋を立てて部族の神を祀る神殿とした。礎の地に作られたこの質素な小屋が、やがて同じ場所に築かれるテノチティトランの大ピラミッドの原点であった。他にも、青と赤の水が湧き出す泉といった神聖なしるしがいくつか見られたと伝説には語られるが、それらのモチーフも、より古い部族の建国神話にすでに登場している。

こうしてメシカはその島を永住の地と定めた。テノチティトランという名は、テトル（「岩」）、ノチトリ（「サボテン」）、トラン（場所を示す接尾辞）の組み合わせである。建都の年は「二の家」（暦の計算のしかたによって一三二五年説と一三四五年説がある）であった。共同体が再び組織化されはじめると、慣習の定めるところに従って、集落は四つの区域に分けて築かれた。

テノチティトランが建設され、同じ島の北側に姉妹都市のトラテロルコが作られたことで、長い遍歴の時代に終止符が打たれた。メシカ族は今や永住の地を得て、集団として確立された。その昔のテパネカとは違い、彼らは以前から存在した都市に同化したのではなかった。チチメカ＝アコルワのようにまだ誰も占有していない広い土地を見つけて住みついたのでもなかった。メキシコ盆地におけるメシカの受容史を彩るのは、戦いと放逐と移住である。苛酷な運命は彼らを湖沼地帯の島へ追いやった。そこは農業には不向きな土地で建築材料も乏しく、周囲は彼らを相手にしようとしない部族や敵対的な部族に囲まれていた。しかし彼らは新たにやり直す決意をはっきりと持っていた。厳しい環境はメシカ族の姿勢や行動に大きな影響を及ぼすことになる。

島には島なりの長所もあった。鳥や魚や食用になる水生生物が豊富に獲れた。湖岸の都市との通信や物資輸送はカヌーを使えばたやすかった。車輪つきの乗り物も荷役動物も存在しない土地では、これは大きな利点である。また、この島々は最も勢力の強い三部族――南のクルワ、西のテパネカ、盆地東部のアコルワ――の中間に位置していた。メシカは最初は様子を見ながらおずおずと、その後は次第に自信を深めつつ、立場を強化していった。長老たちは評議会を開いて、上記の三大部族のどれかに従属し、その見返りとして永続的都市を築くための木材や石などの建築材料を入手することの是非を議論した。しかし、それらの近隣部族に蔑視されているのは明らかであったし、メシカはこれ以上不当な扱いを受けることは望まなかった。彼らは属国になる考えを捨てた。結局のところ、最初にメシカの経済力強化の原動力となったのは女たちだった。彼女たちは湖で獲れた魚や蛙、鳥、青菜などを湖岸の町々で毎週開かれる市へ持ち込んで売った。テノチティトランとトラテロルコにも市場が開設された。十六世紀のスペイン人修道士ディエゴ・ドゥランは次のように描写している。

彼らは自分たちの都市に近隣の町から多くの人を受け入れるようになり、婚姻によってその人々と関係を結んだ。こうして彼らはテツココやその他の町の人々を味方にした。彼らは旅人や異邦人をもてなし、物資を持った商人をメシコの市場へ招いた。商取引はつねに都市を富ませるからである。(このアステカの民は今でも同じ資質を持っている。暖かく迎えてもてなし、食べ物や飲み物を振舞ってくれるような町へは、誰しも喜んで行くものである。とりわけ、感じの良い笑顔での歓待は最もその気にさせる。)[8]

最初はつつましく始まったこれらの市場が基礎となって、やがて一五一九年にコルテスとベルナル・ディアスが目にしたような、遠隔地まで広がる交易網とトラテロルコの名高い市場が作られていく(第九章参照)。彼らはまた、チナンパ・システムを作り上げることにも力を注いだ。骨の折れる労働が長期間続けられたが、使用可能な農地は島の淡水側(西側)にしか作ることができなかった。農業用地獲得の必要性は誰の目にも明らかであり、島の共同体にとっては死活問題であった。スペインによる征服の時点でさえ、テノチティトランとトラテロルコのチナンパは両市の人口を支えるには狭すぎた。生産性の高い土地を手に入れるための最終的解決策は軍事力による征服であったが、彼らが実際にそれを行うのはまだ先のことである。

社会構造の変化

共同体の定住は社会構造の変化をもたらした。テノチティトラン建都時にメシカ族を率いていた首長のひとりに、テノチという者がいた。テノチは他の首長たちとともに『メンドーサ絵文書』の最初のページに登場しており、背後に名前をあらわす絵文字の「テトル」（「岩」）と「ノチトリ」（「サボテン」）が付いている（図37）。この首長の名に由来するテノチティトランの紋章が画面中央に描かれ、その上には鷲がとまっている。テノチの地位である「トラトアニ」（複数形は「トラトケ」）は、「語る者」ないし「指揮官」を意味し、口の前に漫画のフキダシのように描かれた渦巻きによって示されている。

『メンドーサ絵文書』のこの建都の場面には、有名なテノチティトランの四地区分割が見てとれる。一方、一部の民族歴史学資料によって、古くからの社会組織二元論システムも示されている。ルドルフ・ファン・ザント

36 テオカリ石の背面。サボテンの上にとまった鷲が描かれている。伝説によれば、これはアステカ人に自らの都市を築くべき場所を教える魔法のしるしであった。（図4、5も参照）

ヴェイクは、『メンドーサ絵文書』の建都ページに描かれた鷲とサボテンと岩の紋章は二元論的な分割を暗示すると述べている。鷲は、空と日の出と東の方角とに象徴的に関連している。鷲はまたウィツィロポチトリおよびその地上の代理人であるトラトアニ（支配者）の紋章であり、このトラトアニは攻撃（戦争）の際には戦士を指揮し、外交を行う者である。一方、鷲の下にある石とサボテン（そしてそれらが出てくる湖）には大地と再生の含意があり、その関係で農業や防衛活動や共同体の内政を担当する指導者たちをもあらわす。ファン・ザントヴェイクはさらに、部族内にふたつの「カルプリ」（氏族）が存在したと述べている。両カルプリはそれぞれ、トラコチカルコ（「槍の家」つまり軍事的な指揮を司る男性的な座）と、シワテクパン（「女性的な指揮の場所」）と名付けられていた。ザントヴェイクは、中心的な建都指導者テノチともうひとりの首長アアトルメシティンは、それぞれこのふたつのカルプリのメンバーだったのではないかと考えている。テノチティトランの社会構

37　『メンドーサ絵文書』の最初のページ。テノチティトランの建都伝説を描いたもの。中央にサボテンにとまった鷲が見える。中央で交差する帯状のものは、テツココ湖の水を表している。アステカの初期の首長たちが、名前を示す絵文字とともに描かれている。

造、儀礼、政治・経済活動における二元システムについては、マーシャル・ベッカーがさらに研究を進めている。ベッカーによれば、このような二元性はアメリカ大陸では広く見られ、半族システム〔一社会が二集団からなる〕として知られている。ひとつの社会の中の半族は、総体としての部族を形づくる互いに同格な構成部分であり、それぞれが特定の互恵的機能を果たしている。先住民の神話ではしばしば、半族の起源が聖なる双子や始原の男女のカップルにあるとされている。各半族は相手とは違う、そして相手と補完的関係にある特徴を持つ。特定の任務を相手の半族との間で互いに担当しあうという相互性が見られることもあるし、また、競技での競争や儀式サイクルに定められた儀礼の組織・主催に際して、半族同士が相互補完的に機能することもある。それらの活動は、自然が持つ対立的側面――たとえば、共同体内部や近隣で行う農業やそれに関連した作業に向いた「女性的な」雨季と、戦争や遠距離交易、旅などに向く「男性的な」乾季との対立など――に対応している。比較的単純な社会では、血縁関係が半族の基本であった。親族の血縁関係は単系〔母または父の一方の血統をたどる〕で代々伝えられ、これが婚姻制度の最も主要な機能になった。より複雑な社会では、「冬季」の首長と「夏季」の首長、または「乾季」の首長と「雨季」の首長が、それぞれの季節の活動を交代で司る二重統治制度も見られる。社会がさらに複雑化すると、外交・内政の諸関係や社会の諸活動から生まれる広範な経済的・軍事的・政治的課題を処理するために、より幅広い権限と機能が必要になってくる。ベッカーの説では、十四世紀にメキシコ盆地の湖岸の諸都市では、流入民による民族の多様化、軍事、宗教、経済活動の専門化、社会の階層分化の進行、さまざまな都市間交渉の必要性の増大などにより、「政治的」半族が伸びていったとされる。これから見ていくように、十五世紀初めから十六世紀初めにかけてアステカ帝国が発展するにつれ、外交関係の長であるトラトアニ（「指揮官」）と内政の長であるシワコアトル（「女・ヘビ」）との関係に大きな変化が生じることになる。

トラトアニであるテノチチは、カルプリの長老評議会でその地位に選出され、評議会と相談しながら外務の長として統治した。シワコアトルの称号を持つ内務の長も、同様の方法で選ばれた。しかし建都から約二十五年してテノチが没する頃には、外務半族の長の地位が、威光の面でも権力の面でも大きく伸長していた。これは、都市の住民と外部の人間や資源との相互関係が深まり、それを調整し処理する必要が高まったことに起因していた。意思決定権は旧来の部族長老評議会の手を離れて支配的な指導者個人に移りはじめ、長老たちは強力な外務半族首長の顧問になっていった。ただ、この時点ではまだ、内務の長は重要な自律的機能を保持していた。

テノチの葬儀の後、メシカの代表団が昔の敵クルワ族のもとへ送られた。かつてクルワカンの支配層がメシカ族を溶岩地帯のティサアパンに住ませていた短い期間に、クルワとメシカの間にはある程度の通婚が起こっていた。いまやメシカは、追放によって生じた緊張は残っているとしても、血縁による絆で結ばれた人々がメシカとクルワにいることから、盆地の支配的な町であるクルワカンとの関係を改善できるのではないかと期待していた。クルワの貴族社会は、トルテカの末裔を標榜する高貴な血統を誇っていた。メシカの代表団はクルワの支配者たちに、メシカとクルワの血を引く貴族・アカマピチトリを自分たちのトラトアニとして迎えたいと願い出た。アカマピチトリの指名には深い読みがあった。彼の家族は盆地東部のコアトリンチャンに住むアコルワの指導的一族ともつながりがあったからである。間もなくアカマピチトリは儀礼手続にのっとってテノチティトランのトラトアニとなり、外務半族の長としての義務を引き受ける。

この頃までに古くからの部族内氏族であるカルプリは数が増えて個々の規模も大きくなり、それぞれ特定の場所と深く結びついた存在になっていた。テノチティトラン建都の時には、昔からの習慣で各カルプリに都市の四つの区画内の地所が割り振られ、そこに神殿が作られて地域内の信仰の中心となっていた。これらのカルプリの土地は共同体所有であった。チナンパ農地の開発が進むと、個々の家族に決まった区域の耕作権が認められ、その権利は世襲された。土地使用者は耕作権の代償として税または貢納品を納め、使用者が土地を荒れたまま放置したり跡継ぎなしに死んだりした場合、その土地は別の使用者に委ねられた。こうした農民はマセワルティンと呼ばれ、メシカの自由な一般民であった。

メシカの指導者は近隣諸都市の貴族と姻戚関係を結びはじめた。これによりメシカの共同体内では、社会経済的な階層分化がますます進んだ。同じことは湖東側のアコルワ＝チチメカでも起こっていた。トラトアニとピルティン（貴族たち）は土地を所有し、所有地や戦争で獲得した土地から得られる収入をわがものとしていた。こうして彼らはカルプリから独立した経済力を得た。初期のテノチティトランでは土地の私的支配はほとんど見られなかったが、戦役が増えるにつれて、「土地」は台頭する戦士階級への主要な褒賞となり、また変化しつつある経済構造の中で大きな意味を持つ要因になっていった。こうして、十四世紀後半には新しい社会構造と新たな富の源泉とが発達していった。

第4章 帝国の誕生

テパネカの領土拡張

アカマピチトリがテノチティトランでトラトアニとなってから、テノチティトランは拡大しつつあったテパネカ族の都市国家に従属するようになる。一三七一年、テパネカの首都アツカポツァルコでひとりの卓越した支配者が権力の座についた。それがテソソモックである。冷徹な政治的策略の天才にして傑出した戦士・司令官であったテソソモックの力によって、約六百年前にテオティワカンが崩壊して以来初めて、メキシコ盆地に「国家」に近い形をした社会が生まれた。テソソモックの支配は五十年の長きにわたって続いた。彼が一四二六年に死んだ時、アツカポツァルコに貢納する町は盆地の内部にとどまらず、その外の北、南、西の地域にも広く存在していた。テソソモックが状況に応じてさまざまな相手と同盟を結び、他の支配者たちとの関係を築き、戦争を行い、絶えず策略をめぐらしていた様子は、スペイン植民地時代初期のディエゴ・ドゥラン、フェルナンド・デ・アルバ・イシュトリルショチトル、アルバラード・テソソモック、ドミンゴ・チマルパインらの筆で書き残されている（ただし当然ながらそれぞれの記録者は自分の視点から書いている）。口承歴史や絵入りの手稿本に基づいて書かれたこれらの記録を見る限り、テソソモックは抜け目ない軍事戦略家であり、またゴマすりや賄賂、暗殺や裏切りといったマキャベリさながらの権謀術数にたけた男であった。実利的な政治目的のためには理想主義は脇へおき、まして道徳倫理などかえりみもしないという、ルネサンス期イタリア並みの状況が見られた。しかしまた、イタリアの諸国家においてそうであったように、支配者の業績と富の蓄積は、ひとつの文明のあり方が変化してゆく過程と分かちがたく結びついていた。メシカとアコルワの視点からすれば、テパネカ帝国の拡大は自国の歴史上決定的に重要な一段階であった。というのも、この経験を契機に、彼らは従属状態から独立した国家への脱皮を進め、同時に司法、行政、経済、宗教、軍事組織といったシステムを整備していったからである。

スペイン植民地時代初期の記録者たちが書き残した歴史上の政治事件の数々から、この文化変容の姿をおおまかに伝える枠組みを組み立てることができる。アカマピチトリの治世には、メシカはアツカポツァルコのテソソモックに貢納する義務を負っていた。貢納の一形態としてテソソモックの軍に兵員を供給するというものがあり、そのためメシカの人々はテパネカ軍に参加して何度も戦争を戦うことになった。やがてテパネカは、メシカが独自に出兵することを許可した。これにより、メシカは盆地南部のショチミルコ地区でいくつかのチナンパ集落を占領する。テパネカに同行した遠征では、南はクアウナワク、西はトルーカ盆地、北西は昔のトルテカの土地にまで侵入した。また、チャルコとの戦争も始まり、途中に休止期をはさみながら約二世代にわたって続いた。アカマピチトリの息子ウィツィリウィトルがテノチティトランのトラトアニになった一三九六年にも、この状態は続いていた。ウィツィリウィトルは古くからのしきたりどおり長老評議会で選出された。権力が自動的に父から子へ継承されることはなかった。ウィツィリウィトルはテソソモックの孫娘のひとりと結婚し、メシカにテパネカの従属都市群のなかでも特別な地位を確保した。テパネカに従って他地域の征服に赴く中で、メシカはシャルトカンとの大規模な戦争に参加し、褒美としてかなりの土地を得た。別の遠征軍はプエブラ盆地のクアウティチャンに派遣され、また別の戦争ではテツココのアコルワ族と対決した。

テツココを征服しようというテソソモックの野望は、テツココの新しい支配者イシュトリルショチトルの無茶な要求に挑発された部分もあった。イシュトリルショチトルはチチメカの首長ショロトルとノパルツィンの子孫にあたる。イシュトリルショチトルはテノチティトランの王女の一人――のちにメシカ族のトラトアニとなるチマルポポカの娘――を妻に娶っていた。彼は無謀にも自ら「チチメカの王」と称し、メシカ族に対し、自分と手を組んで独裁的なテソソモックに対抗するよう求めた。しかし一四一七年にテノチティトランのトラトアニの座についたチマルポポカは、アツカポツァルコに服従を続ける道を選んだ。その後、政治的駆け引きの末に軍事行動が起こされ、イシュトリルショチトルはあと少しでアツカポツァルコを包囲するところまでいったが、メシカ＝テパネカの同盟関係は揺るがず、一四一八年までにイシュトリルショチトルの軍勢は退却を余儀なくされて、ついには本拠地のテツココを放棄せざるを得ないところにまで追い込まれた。敗走したイシュトリルショチトルはトラロック山麓の谷で捕まって殺された。彼が殺されるところを木陰からじっと見ていた少年がいた。それが、後に古代メキシコで最も有名な人物のひとりとなる運命を背負った人物――イシュトリルショチトルの年若き息子、ネツァワルコヨトルであった。ネツァワルコヨトルは山中へ逃亡した。テツココ勢力は総崩れとなり、テツココは占領されてメシカに貢納取り立て地として与えられた。こうして、一四二六年までにメシカは貢物を納める側から取り立てる側に昇格し、事実上アツカポツァルコの同盟都市となっていた。彼らはいまや、自らのために貢納を集め、あくことなく権力を追求しはじめた。

その一四二六年、アツカポツァルコとメシカの同盟は決定的な転機を迎えた。高齢のテソソモックが没し、息子のマシュトラがライバルである実の兄弟一人を殺して、後継者の座についたのである。この事件を引き金として起こった一連の謀略と権力闘争は、ついにメシカのトラトアニであるチマルポポカの暗殺まで引き起こす。チマルポポカの死により、テノチティトランでは新支配者イツコアトルが選出された。有能な戦士だったイツコアトルには、優れた補佐官が二人いた。ひとりはモテクソマ・イウィルカミナという百戦錬磨の司令官で、やがては自身がトラトアニの座につくことになる人物である。もうひとりはその弟のトラカエレルで、並はずれた豪胆さで知られる戦士だっただけでなく、テソソモックにも匹敵する政治手腕を持つ戦略家であった。この辣腕の行動派三人組は、アツカポツァルコのテパネカ族に対するメシカの従属という従来の関係の残滓を一掃する機会が到来したのを見てとった。メシカの中でも慎重派と目される人々までが、恐怖で人を支配するテパネカへの懸念を表明する演説を始め、次第に緊張は高まっていった。テパネカの兵士がテノチティトランへ通ずる堤道を封鎖し、マシュトラはアツカポツァルコに臨戦態勢を敷いた。しかし彼には父親のような外交能力や知性はなく、またその暴力的性格も災いして、憤激や怨恨を直接的にメシカにぶつける以外の方法を知らなかった。怒りにまかせて彼は、メシカは服従のしるしとしてあらためて貢納を行うように、と要求した。

危機の雰囲気が高まると、テノチティトランに動揺が広がった。一般の平民たちは妥協の道を探ろうとし、服従のしるしにウィツィロポチトリ像を「人質」としてアツカポツァルコへ送ろうと提案する人々も現れた。代表団が島と本土の間を何度も行き来した。その代表団のひとつを率いて相手方都市へ赴いたトラカエレルは、マシュトラに向かって儀礼上の宣戦布告を行うことに成功した。この危険な任務を果たして島に戻ったトラカエレルは、戦争をためらうメシカの人々を鼓舞した。熱のこもった議論が戦わされた。公式のメシカ歴史物語によれば、このとき戦士たちは平民にひとつの約束をしたという。いわく、「もしもわれわれの作戦行動が失敗に終わったら、われわれはこの身を諸君にゆだねよう。諸君はわれわれの死体を食って糧とすることもできる。われわれに復讐し、壊れた汚い壺の中にわれわれを放り込むこともできる」。人々はそれに対しこう応じた。「ならばわれわれも誓おう、もし諸君の行動が成功したなら、われわれは諸君に奉仕し、貢物を納め、労働者となって諸君の家を建て、諸君を真の王と認めて仕えよう」。

転換点

そこへ新たな役者が劇的に登場する。ネツァワルコヨトル、すなわち殺されたテツココの支配者イシュトリルショチトルの息子である。一四一八年のテソソモックとの戦いの際、まだ少年だった彼は父が殺されるのを目撃した。若き王子は山を越えて南東のウェショツィンゴ〔現在のウェホツィンゴ〕へ逃れた後、一四二二年に親類を頼ってテノチティトランに来てそこに住んでいた。テノチティトランで成人し戦士となった彼は、戦争で捕えた捕虜をテソソモックその人に献上したことがあるとも伝えられる。マシュトラがアツカポツァルコで即位して間もなく、ネツァワルコヨトルは父祖の治めたテツココの支配者に返り咲いた。するとアツカポツァルコからの代表団が彼のもとへやってきた。表向きは外交使節団の表敬訪問だが、その実彼らはマシュトラからネツァワルコヨトル暗殺指令を受けていた。だがネツァワルコヨトルの従者がこのたくらみを見破り、王子は再び故郷を脱出して山越えをし、ウェショツィンゴの友人たちのもとへ身を寄せた。じきに彼の耳には、マシュトラとメシカのトラトアニ・イツコアトル（ネツァワルコヨトルのおじにあたる）との間に不穏な空気が流れているという話が伝わってきた。テノチティトランからウェショツィンゴに同盟を求める使者たちが到着した時、ネツァワルコヨトルは機を逃さず自分の請願をもって進み出た。

イツコアトルの支援要求は受け入れられた。ネツァワルコヨトルは同盟勢力軍の指揮官としてテツココへ戻り、マシュトラ配下のテパネカ軍団を追い出した。テツココには、対アツカポツァルコ戦の作戦基地が作られた。次いでネツァワルコヨトルとウェショツィンゴ出身の兵士たちはカヌーを連ねて湖を渡り、上陸地点から南下してアツカポツァルコを包囲した。同時に、メシカと、同じくテパネカに叛旗を翻した町・トラコパン（タクバともいう）の連合軍が逆の方向からマシュトラのいる首都アツカポツァルコを攻撃した。テノチティトラン、テツココ、トラコパンのこの同盟は、戦いに勝利した後に正式に三市同盟として確立されることになる。シャルトカンとトラシュカラの部隊も攻撃に加わり、百十四日間の攻防の末にアツカポツァルコの防衛線は破られた。テツココの視点から叙述した歴史家のフェルナンド・デ・アルバ・イシュトリルショチトルによれば、最後の攻撃軍はネツァワルコヨトル自らが率いたという[2]。マシュトラは儀式用の蒸し風呂に隠れていたが、彼に失望したテパネカの民に見つかって引きずり出され、公式の「捕獲者」ネツァワルコヨトルに引き渡された。

これに続く儀式の場面は、古代メキシコ文化において支配権と戦争と人間の生贄がいかに分かちがたく結びついていたかを端的に物語る。戦士の最大の目標は、戦闘の中で敵を捕え、生贄の儀式に供することであった。マシュトラを捕虜にしたネツァワルコヨトルは、勝利の人身供犠のためにアツカポツァルコに壇（プラットフォー

38 テツココ帝国建国の父、英雄ネツァワルコヨトル。17世紀前半の『イシュトリルショチトル絵文書』より。

ム）を築かせた。勝者側の戦士たちは盛装で集まるよう命じられた。ジャガー戦士は黒い斑点模様の服を着て、歯をむいたジャガーのヘルメットをかぶり、鷲の戦士はくちばしのついたヘルメットと羽毛やカギ爪で飾った服を身につけていた。それぞれの集団には旗手がおり、軍団の紋章を取り付けた枝編み細工の旗架を背負っていた。高く掲げられた紋章の旗は長方形で、幾何学模様や、翼を広げた大きな鳥や、花が咲き蝶がとまった木のような形の図案や、その他さまざまな抽象的模様が、熱帯の鳥の羽根を使って描かれていた。多くの戦士が手にしている盾にも、階段柄や格子柄、同心円、縞模様や棒状模様、動物・植物柄などの紋章風のデザインが描かれていた。指揮官は、黒曜石やヒスイや水晶でできた耳飾り、鼻飾り、唇飾りをつけている。そんな中、テツココの代表団だけは白い下帯と飾りのないマント姿でこの華やかな列から離れた場所に立っていた。やがてマシュトラが、地位や権威を示す一切のものをはぎとられて引き出された。彼は生贄の台に横たえられ、四人の従者がそれを押さえつける。ネツァワルコヨトル自らが黒曜石のナイフを振るってマシュトラの胸郭を切り開き、心臓を取り出して四方へ血を振りまいた。遺体はトラトアニにふさわしい葬送の儀礼を行って処理された。

この儀式が、テパネカ族の権力の終焉を告げた。この儀式は一面ではネツァワルコヨトル個人の復讐の表現であり、またトラトアニとしての地位を満天下に示す（とはいえ、実際に彼がテツココの支配者に就任するのは一四三一年であるが）ものであるといえる。しかし殺した敵の王の血を四方に撒いて奉納するという行為には、もっとずっと深い、大地と生命の源にまでかかわる意味が含まれていた。生贄の人間の血は儀礼で捧げる供物のなかで最高の滋養物とみなされ、とりわけ乾季から雨季への移行期という重要な時期において、植物の生育サイクルや雨水の恵みといった大地の再生力を保証する力を持つとされた。同様に、戦争と生贄は即位儀礼における国家の更新、つまり一旦解体された社会が再統合され生産力を取り戻すことと結びついていた。こうしてマシュトラの生贄は、死を生に変え、新たに獲得された領土の豊穣を予告し、テノチティトランとテツココという都市国家による支配権確立という政治的、経済的な転換点を画した。

三市同盟

アツカポツァルコの崩壊は、勝者たちの手にこれまで体験したこともない広さの土地と大量の貢納をもたらし、社会的・政治的組織構造の変化を決定的なものとした。ウェショツィンゴをはじめとして遠くから出征してきた軍が――おそらくは満足すべき量の戦利品を得て――故郷へ帰った後、盆地の同盟三都市はテパネカの領土を山分けにした。同盟の中でも下位のトラコパンは、テパネカ族の町を含む盆地西側部分を支配地とした。テツココは盆地の東部とそこにあるチチメカの町多数を得た。そしてテノチティトランとトラテロルコは盆地南部と北部の広い土地を獲得した。この領土分配が、その後の拡大のパターンを決定した。同盟三都市がどういう方法で土地を分配したのかはつまびらかでないが、歴史家のフェルナンド・デ・アルバ・イシュトリルショチトルは、トラカエレルとモテクソマがそれぞれ一〇パーセル（パーセルは土地の広さの単位）を取り、その下の軍指揮官は二パーセル、各カルプリ（氏族）はそれぞれの神殿の維持用に一パーセルを与えられたと記している。この記述から、経済構造が劇的に変化して、支配者や仲長著しい戦士階級が有利になったことがわかる。支配者や戦士たちは、個人的な威信や地位や富の源泉を手にしたのである。ナイジェル・デイヴィスが言うように、「支配者の所領以外の土地の私有制度は、それ以前から存在はしていたが、それほど盛んではなかった。しかし今や、テパネカなどの領土を征服したことで、バランスが急激に崩れた。個人の所有地の割合が突出して増えていった」[3]。

経済開発が始まり、それは約百年後にスペイン人が到着した時もなお続いていた。その頃には私有地の保有形態は大きく分けて二種類あった。ひとつは、トラトアニおよびピピルティン（一握りの貴族階級で、その多くは支配者と直接的な血縁関係を有する）が支配する広大な土地である。この土地は、法によって土地に縛りつけられた農奴が耕していた。もうひとつの所有形態は、建前上は支配者の所有だが、高位の戦士に使用権が与えられた土地である。ちょうどカルプリの土地を個々の使用者が耕作したのと似た形だと考えればよい。功績をあげた戦士は褒章として土地の権利を得、実際上その権利は世襲されることが多かった。共同体全体のための土地は王宮（テクパントラリ）と神殿（テオパントラリ）が保有し、またカルプリも社会秩序の一番基礎の部分で土地を所有していた。このような社会構造の変化は、まず間違いなく対テパネカ戦争に入る前から、テパネカの例を見本として進行していたと思われる。戦争での勝利はそれをさらに押し進め、戦争を主たる手段として土地や貢納を獲得し、軍事力で社会内部の統制を保つという社会経済的組織構造を発展させた。

社会のしくみの点から言うと、一四二七―二八年頃には、外務担当の首長が戦争指導者として圧倒的優位に立っていた。外務首長はまた、太陽と雨への崇敬や祖先英雄崇拝に関する重要な宗教的責務も果たしていた。イツコアトルとネツァワルコヨトルはどちらも、それぞれ自分の都市において、このタイプの外務指導者つまりウェイ・トラトアニ（「偉大な指揮官」）であった。しかしそれでも、内務担当首長のシワコアトル（「女・ヘビ」）がなお重要な役割を担っていたことを示す証拠が多数ある。テノチティトランでシワコアトルの地位にあったのはトラカエレルであった。やがてトラトアニとなるモテクソマ一世の弟である。マーシャル・ベッカーはシワコアトルの役職について、内務の首長シワコアトルはめったに市を離れず、主に内政顧問として働き、トラトアニが戦争で町を留守にしている時には都市を統治して、外部から訪れた高官に応対したり、複雑な儀礼のサイクルを運営したり、エリート層の犯罪を裁いたりしたと書いている。つまり、二元的支配制度は単なる権力の分割ではなかったわけである。ふたつの役割はそれぞれ独自性を持ち、互恵的に働いていた。実際、指導権の区分はそれほど厳密に定められていたわけではなく、シワコアトルが政治戦略や戦争の問題に関して中心的な助言者となることもあった。このあいまいさは宗教面でも見られ、特に、女神シワコアトルの性格や属性の複雑さという形で現れている。宗教史学者ケイ・リードは、女神シワコアトルの属性は主に大地、分娩、農耕だが、戦士や征服にも結びついていたとしている。アステカの他の複合的な神の場合と同じく、それらの属性の力は状況に応じて使い分けられた。リードによれば、政治的地位としての「シワコアトル」という役職には、トラカエレルの長い在任期間中はまだ強い権限が付与されていたが、この大立者の死後に弱体化したらしい。一五〇二年にモテクソマ二世がトラトアニになった時、トラトアニの地位は明らかに格が上がって権限も拡大されていたが、一方シワコアトルの地位はもはや尊敬される戦略家でも共同統治者でもなく、上から職務を与えられる家臣のひとりになり下がっていた。コルテスが到着した時、外務の長トラトアニは内外に権力を行使する専制君主以外のなにものでもなかった。だからスペイン人はモテクソマ二世を絶対君主とみなしたのである。

共同体内の伝統的な統治機構によるチェックを受けることなしに、支配者は遠隔地まで遠征を行いはじめた。戦争をおしすすめ、規律や力の誇示を強調することは、内部対立の抑止と反乱防止にも役立った。社会の結束は強まり、共通の目的意識が生まれた。モテクソマ二世が一五〇二年に即位した時、トラトアニの地位は実質的に至高の政治・経済・軍事的権威の中心であった。人間を生贄に捧げる人身供犠が、権力のひとつの道具としてますます重要な役割を果たすようになっていた。というのも、テノチティトラン、テツココ、トラコパンで行われるこの恐ろしい儀式を見ているうちに、人々は暴力や流血に慣れっこになり、また一方で、他の共同体を征服して貢納を得ることと、生命の源である土地を支配することの関係を深く心に刻み込んだからである。

ここまで見てきたことからわかるように、アツカポツァルコとの戦争は、十五世紀から十六世紀初頭にかけてのアステカ帝国の興隆の直接的な引き金だったといえる。ここでアステカ帝国というのは、独立した都市国家であるテノチティトラン、テツココ、トラコパンがそれぞれの支配域（貢納を取り立てる地域）を保持した形で同盟を組んだ状態を指す。彼らは決して政治的に統一され中央集権化された単一の国家を形成しはしなかった。メシカ族が最大の社会集団で、テノチティトランは最も重要な都市であった。それに次ぐ第二の都市はアコルワ族の首都テツココで、ネツァワルコヨトルのもとで学問と文化の中心地としても栄えた。トラコパンは明らかに格下で、盆地西部の旧テパネカ中心地には支配権を及ぼしていたものの、他地域を征服しに行く遠征では主に兵站業務を割り当てられていた。

テノチティトランにイツコアトルとモテクソマ一世、テツココにネツァワルコヨトルが君臨していた時代から、帝国の建設は戦士国家路線で進められていった。これはトルテカ史の繰り返し、トゥーラの遺跡が示していたものすべての復興だったのだろうか？　いや、アステカはトルテカの記憶に崇敬の念を抱いてはいたが、アステカの国づくりは早い段階から基本的な面でトゥーラとは違う性格を帯びはじめた。

メキシコ高原では、社会的・政治的な状況は、多様な政体の存在を基礎にして成り立っていた。そこには都市国家もあれば首長制社会もあり、小さな農業共同体や半文明状態の狩猟採集民集団も存在していた。多くの共同体には長い歴史があったが、新しい共同体もあった。同盟関係ネットワークを結んだ強い共同体もあれば、遠い山岳地帯に孤立した小規模な集落もあった。しかしメキシコ盆地の国々を除いて、どれひとつとして統合された大きな集団の形成には成功しなかった。おおむね一四二五年から五〇年頃にかけて、アステカの同盟は盆地内部での支配力を強化し、外部へ進出しはじめる。軍事行動が拡大するに従って、帝国の権威を維持するには強制や威圧だけでは足りないことが明らかになった。テパネカの支配者たちがたどった道は示唆に富んでいた――彼らは社会を結束させる共通の基盤を築くことができなかったために、もともと脆弱だった彼らの帝国は反乱を起した属領や封臣に倒されてしまったのである。従って、もっと効果的な統治システムが必要であった。そのための新たな戦略がいくつか考案され、根底には軍事的な精神と政策を置きながらも、アステカ人はより複雑な社会・行政・宗教的インフラストラクチャーを作りはじめた。次の第三部では、彼らの帝国建設の手法について考察することにしよう。

第3部 帝国の隆盛

第5章 新たな征服、新たな戦略

テパネカ族の都市アツカポツァルコとその帝国が短命に終わったことは、勝者であるアステカ人にとっては学ぶべき教訓であり、トルテカのトゥーラの記憶と比較せずにはいられない事象だった。この問題がアステカの国家評議会で考察されたことは間違いない。というのも、アステカ帝国の成立後ほどなくして新しい政策傾向が現れたからである。武力による征服や、反乱には報復を行うという威嚇だけでなく、姻戚関係のネットワークを築いたり、新しい法制を作ったり、貢納や農業生産システムを組織化したり、多民族社会を統合し運営してゆく手段として宗教儀礼や祭礼をさかんにする工夫がなされたりと、あれこれの手段が講じられるようになった。十五世紀半ばには、この方針を満天下に示すべく、強烈な印象を与える記念建造物の建設が花盛りとなっていた。象

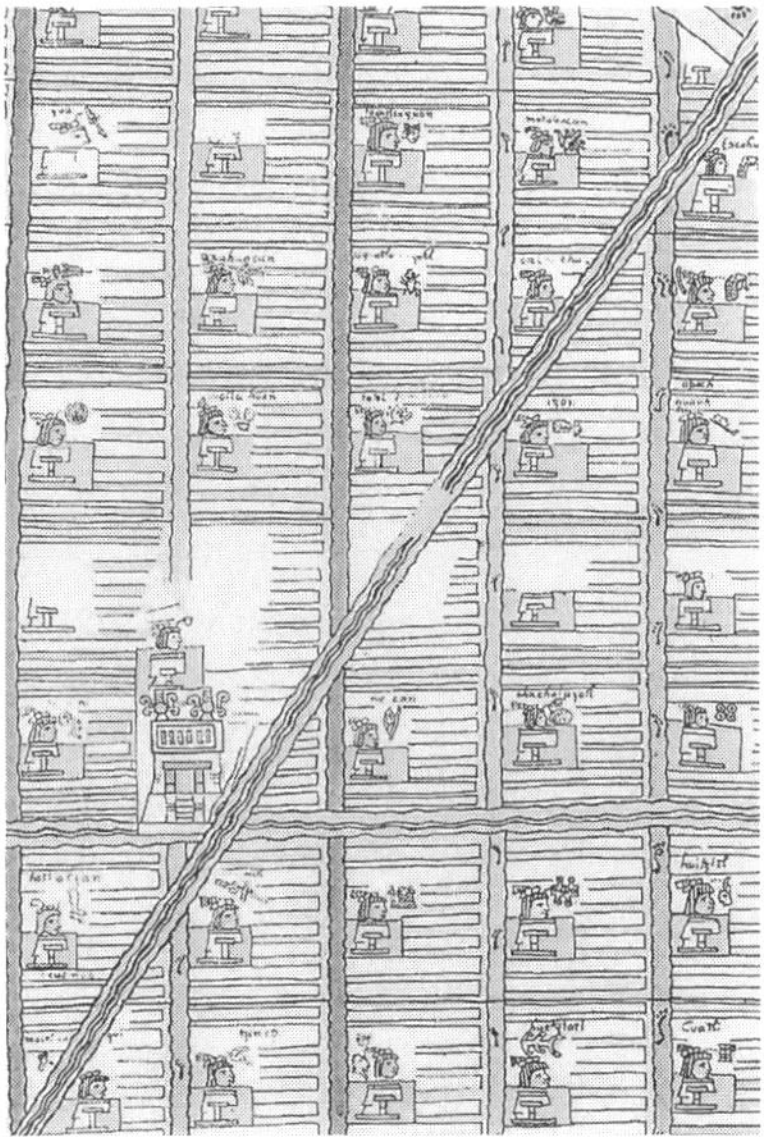

チナンパ農場

39-41 【上左】空から見たソチミルコ盆地。細長い農地はかつてのチナンパ農場の名残である。【上右】1523-25年頃の『リュウゼツランの紙に描かれた図』の一部。ここに描かれているチナンパ地区はテノチティトラン北西部の周縁に位置していたと見られる。家の絵の上に人の頭部の絵と名前の絵文字があり、これが土地所有者を表している。【下】現代のソチミルコ（昔のショチミルコ）のチナンパ地区で平底舟を操る子供。

徴的な彫刻や建物、農業祭礼や国家儀式の舞台装置として設計された祭祀センターなどは、トルテカの美術や建築の単調な表現とはまったく対照的であった。こうした大規模プロジェクトは、テオティワカン以降、メキシコ盆地でついぞ見られなかったものだった。

チナンパ地域

一四二八年にテパネカ帝国を倒したイツコアトルが最初に心がけたのは、テノチティトランの政治的・経済的な力を固めることであった。そのための手段が、南の湖周辺にあるチナンパ地域の町に対する支配権を揺るぎないものとして確立し、場合によっては再征服することであった。ネツァワルコヨトル（テツココの未来のトラトアニだが、当時はまだテノチティトランに住んでいた）およびトトキルワストリ（メシカと同盟しているテパネカ族の町トラコパンのトラトアニ）の助力を得て、メシカの指導者イツコアトルはクルワカン、ショチミルコ、クイトラワク、ミシュクイクやその他中小の属領を攻め、いずれも勝利を収めた。こうした主要な農業地域を押さえたことは、メシカが三市同盟内部で優位に立つ大きな要因となった。

今日、ソチミルコ〔昔の読み方ではショチミルコ〕周辺では平底カヌーに乗って狭く静かな水路を遊覧することができる。しかしこの「浮き畑」を訪れる客のうちで、その一帯がかつて湖岸の土地を広く覆っていたチナンパ・システムのほんの一部分にすぎないことを意識する人はごくわずかである。古《いにしえ》の盛り土農地では今も耕作が行われ、野菜や花卉《かき》の大農場がメキシコシティーの市場に新鮮な野菜や観賞用植物を供給している。航空写真を見ると、昔と変わらない細長い農地がチャルコからソチミルコにかけての旧湖沼地帯に広がっているのが見え、かつての農地の範囲が一目瞭然である（図39、41、112、113、114）。整然とした土地の配置や地表層から出土した大量の十五世紀の土器片から、考古学者たちは、本格的な土地改良事業でここにあった大湿地帯が集約農業用地に作り変えられたこととテノチティトランが二十―三十万の人口を持つ大都市へ変貌したこととの間には、深い関係があると考えている。いつごろどの部分が開発されたといった土地改良の歴史はまだ詳しくわかっていないが、イツコアトルが占領した一四二八年からスペイン人が訪れた一五一九年までの間に、チナンパ地域は首都テノチティトランに供給される食料のうち少なくとも半分を生産できるまでになっていた。

イツコアトルは「クルワ・テクートリ」（「クルワの主」）の称号を名乗るようになった。これはトルテカとのつながりを示す名称である。トラコパンの支配者トトキルワストリは「テパネカ・テクートリ」（「テパネカの主」）となったが、これは間違いなくかつて偉大なテソソモックが保持していた称号であった。ネツァワルコヨトルの地位はまだ明示されていなかった。彼はアツカポツァルコ撃破の後もすぐにはテツココに戻らなかったのである。彼の故郷の町々はいずれも独立心の強い共同体であったため、彼が思い描く領土統一のためには、それらの共同体を叩く必要があった。ネツァワルコヨトルはイツコアトルの支援を得て、まず古いチチメカの町ウェショトラを攻撃して勝利を収め、続いてその近くのコアトリンチャンを服従させた。湖の北西岸にある他の町々も順次攻め落としていった。そのうえでネツァワルコヨトルは一四三一年にテノチティトランで戴冠し、「アコルワ・テクートリ」と「チチメカ・テクートリ」を兼ねることとなったが、正式にテツココに移り住んだのは一四三三年になってからであった。その後すぐ、彼は軍を率いて伝統的なアコルワ支配地域の外にあるトリャンツィンコの征服に出かけた。新たな軍事拡張段階の幕開けを予感させる行動であった。

同盟三都市は、共同で部隊を組織してアフスコ山脈の端を越え、南のトラウィカ族の土地へ遠征する計画を立てた。クアウナワク（現在のクエルナバカ）の町を中心とするこの南の盆地は、温暖で生産性が高く、テパネカ族が以前に一度ここを支配圏にしたことがあった。アフスコ山脈越えは、政治的境界を越えることであると同時に、一種の精神的な壁を越えることでもあった。つまりアステカ人はついに、テパネカの業績を超えはしないまでも、それと肩を並べる道へ踏み出したのである。数千人の戦士が召集されて部隊が編成された。それぞれの部隊には羽根で飾られた紋章があり、それを隊長が高く掲げていた。出征する戦士たちが身につけていたのは下帯とサンダルだけで、武器や戦闘服や装身具の包みは負い革で背負っていた。食糧などの重い荷物を入れた籠は輜重兵が背負った。

彼らの進む道は湖岸のショチミルコからテウトリ火山を通り、段丘状になった傾斜地に点在する町や村を結ぶように伸びていた。アフスコ山脈は今日もカシ、マツ、モミ、シーダーなどの林に覆われて涼しく、標高の高い部分では火山灰地に草原が広がっている。山々の尾根に沿ってもはや火を吹くことのない噴石丘が並び、そこから大昔の溶岩流の跡が木々の間を縫って流れている。道は分水界から樹木の繁る険しい渓谷を下ってゆく。小川の流れが滝となって谷へ流れくだり、両側を崖で切り取られた縦長の景観の中に下流の広い平原が見える。その土地の表面には深い小峡谷の刻み目がいくつも走っている。クアウナワクの町は戦略上の理由からふたつの刻み目にはさまれた高台に作られていた。現在のクエルナバカの下町にあるコルテス宮殿前の広場では、考古学者が発掘したクアウナワク時代の建物の基礎部分を見ることができる。盆地の中ほどには低い丘陵が横たわり、その先は肥沃な沖積低地を利用した農地になっている。シエラマドレ山脈の青白い稜線が西と南の地平線を描いている。この後背地はアステカより千五百年も古いオルメカ時代から貴重な宝石や鉱物の産地として知られ、そこへの進出はアステカのもうひとつの目標であった。

この遠征の成功と、続いて行われた何度もの出征の成果とについては、フェルナンド・デ・アルバ・イシュトリルショチトルとディエゴ・ドゥランが書き記している。絵入り手稿本にはさらに詳しい情報が書かれており、なかでも特筆すべきなのが『メンドーサ絵文書』である。アステカ帝国の発展を記録したこのすばらしい絵文書は、一五二五年頃に最初のスペイン人副王ドン・アントニオ・デ・メンドーサの命で作られた。副王の目的は、アステカの領土の範囲、歴史、資源、そして生活や文化について知ることであった。名もないインディオの芸術家によって描かれスペイン人書記が注釈をつけた『メンドーサ絵文書』は、それ以前の絵入り手稿本の題材・内容をまとめ上げたものだが、先住民の伝統的な屏風だたみ形式ではなくヨーロッパの書物と同じ綴じ方で作られている。この絵文書と『貢納簿』、そしてさまざまな民族歴史学テキストを駆使して、ロバート・バーロウは一九四九年にアステカの貢納ネットワークに関する第一級の研究を出版した。[2] バーロウの研究はアステカの征服・貢納リストに載っている町を地図上に記そうとした最初の総合的な試みであった。それ以来多くの研究者が彼の研究路線を発展させており、とりわけ個々の遠征ルートを特定したロス・ハッシグが有名である。[3]

貢納ネットワーク

『メンドーサ絵文書』の第一部はサボテンにとまった鷲が中央に描かれたテノチティトラン建都の場面（図37）で幕を開け、その後にテノチティトランの支配者のリスト、彼らの在位年、彼らの征服した町の名前が記される（図42）。それぞれの支配者には名前を表す絵文字が頭の後ろにつき、口の前には「トラトア」（「話すこと」または「指揮すること」）のしるしである先の丸まった小さなフキダシがある。また、「征服」を表す盾と投げ矢が描かれている。彼らが征服した町の名は、地名の絵文字（およびスペイン人書記が書いたラテン文字）からわかり、炎上する神殿の絵はその町が占領されたことを表している。『メンドーサ絵文書』第二部にはこれらの町に要求された貢納について記されており、スペイン人到着の時点でアステカによって定められていた貢納地域別に町々がリストアップされている。地名はやはり絵文字で書かれ、その後ろにその町が定期的にテノチティトランに送らねばならなかった品物が並んでいる。たとえば、クアウナワクはマント、下帯、腰巻布を納めるよう要求されていた十六の町の最上段に位置している。品物の絵の上に立つ羽根は、「四〇〇」という数を表す（図43）。この貢納は年に二回行なわれた。加えて、色鮮やかな盾と戦闘服を年一回納めることになっていた。他のページには、アステカ帝国後期の皇帝が征服した土地について、同様のリストが作られている。

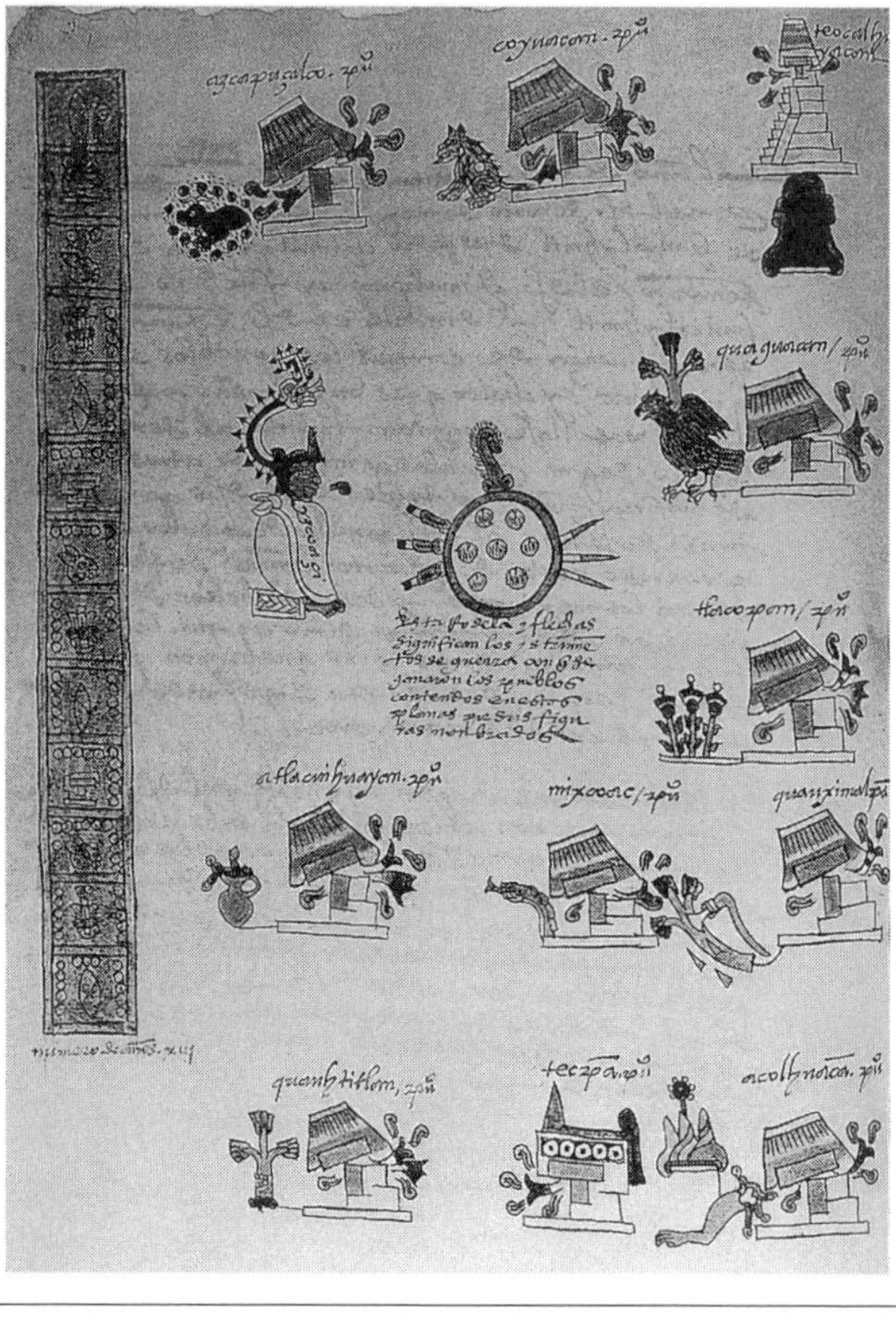

『メンドーサ絵文書』はテノチティトランの皇帝への貢納だけを扱っているが、他の資料には同盟三都市が共同で遠征を行った際に戦利品がどのように分配されたかが記録されている。一般的には、テノチティトランとテツココが戦利品の四割ずつを取り、トラコパンが残りの二割を得た。しかし、三都市がそれぞれの直接的支配地内外に複雑な貢納ネットワークを発達させるに従い、この基本パターンにもさまざまなバリエーションが生まれ

た。[4] 三都市の支配者は三地域内のどこの町の征服にも参加できることになっていたが、遠征隊の最高司令官になれるのは攻略対象の町がある地域の支配者と決まっていた。一人の支配者だけが遠征軍を送った場合、戦利品と貢納はすべてその者の取り分となった。しかし共同遠征軍が組織されると、その結果、ある都市の支配者が他都市の支配地域にある町から貢納を受けることも往々にして生じた。たとえば、アコルワカン内の再征服戦争の際にメシカ族がネツァワルコヨトルを支援した見返りとして、テノチティトランはテツココ支配地域内の町からも貢納を受け取っていた。『メンドーサ絵文書』にもこのことは描写されており、テツココから数マイルしか離れていないテペトラオストクが、テノチティトランに貢納する町として記されている。同様にネツァワルコヨトルも、クアウナワク征服に参加したかわりに、地理的にはテノチティトラン領内にあるクアウナワクやその他の町から貢納を得ていた。

42 【右頁】イツコアトルによる各地の征服を描いた『メンドーサ絵文書』のページ。支配者イツコアトルはマットに座っており、彼の名前を表す絵文字（黒曜石ヘビ）が頭の後方についている。盾と投げ矢と槍発射器の組み合わさった図柄は、征服のしるしである。征服されて貢納を課されることになった町々は、炎上する神殿に地名の絵文字をつけて描かれており、スペイン語でも地名が記されている。

43 【下】『メンドーサ絵文書』の貢納リストのページ。左端から下にかけて、クアウナワクを先頭に周辺地域の地名が並んでいる。貢納品として、マント、戦争用の装束、盾、黄金の装身具、ヒスイのビーズ、唇飾り、カカオの袋、羽根の束などが描かれている。

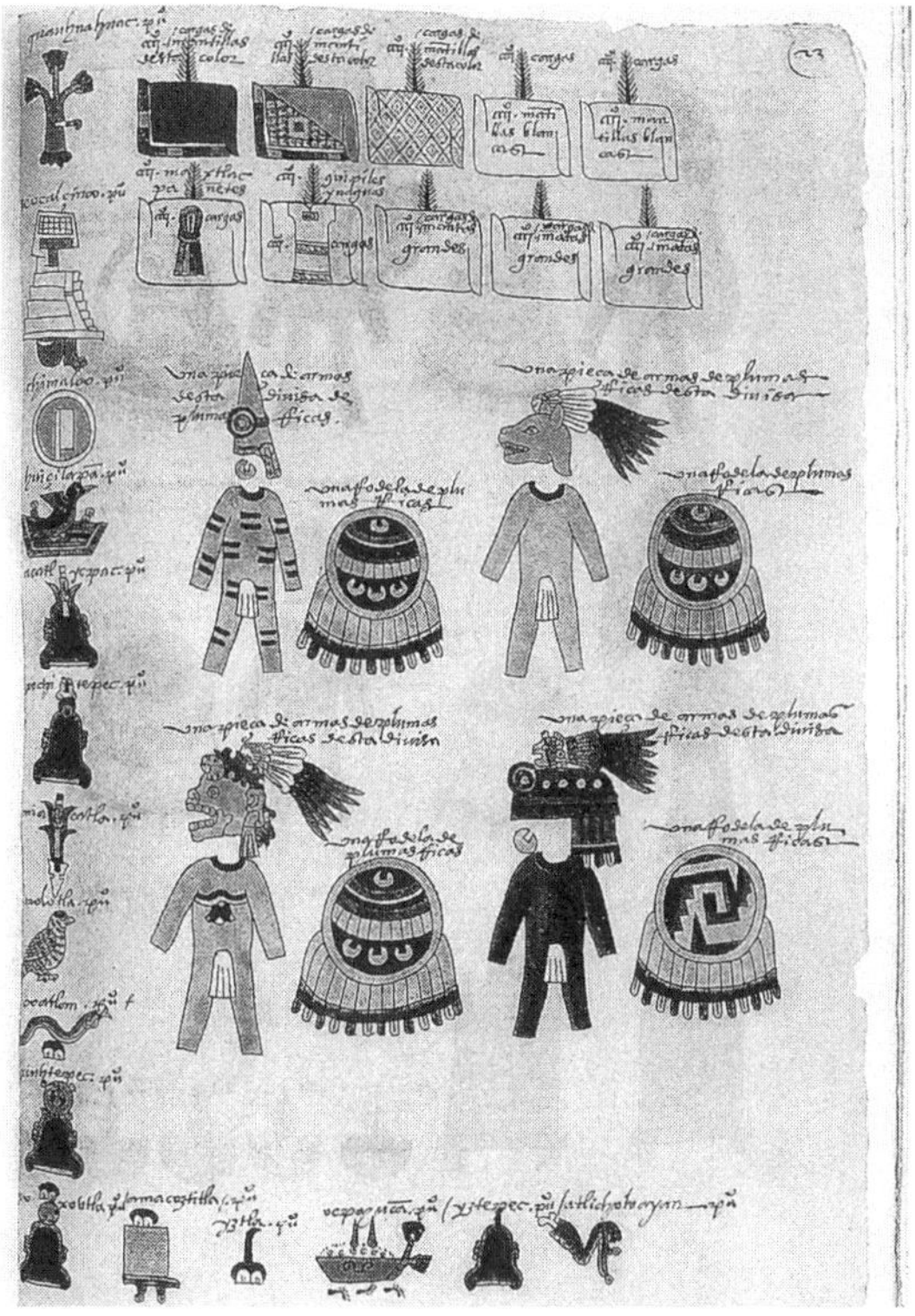

同盟関係にある都市国家間での貢納の分配に加えて、個々の支配者が同盟者や友人に忠誠の返礼として収入や土地を与えることもあった。主要な町の首長の多くは、これにより自分の町の直轄地域外の遠い場所からも収入を得ていた。貢納システムという面から見れば、ある町がアステカの三大都市のどれかに貢納義務を負いながら、その町の一部の土地や一部の層が、別の個人に特別の貢納を行っていることになる。[5] 共同軍による征服の場合は、貢納の品はすべてテノチティトランに送られて、その後テノチティトランで遠征参加都市に分配される習慣だったようである（ただし常にそうであったわけではない）。

テツココの貢納システムがどのように機能していたかは、ジェローム・オフナーによって研究されている。[6] それによれば、ネツァワルコヨトルは領地を八つの地区に分け、それぞれに貢納取り立て官を置いて、テツココの行政府宮殿に食料と薪を供給する責任を負わせていた。一部の地区は王の居住する宮殿に品物を納め、他の地区はその他の王族の館や神殿に輪番制で薪を供給した。テツココで発達したこの輪番システムに関するオフナーの研究の中心は、『キナツィン地図』と呼ばれる植民地時代初期の絵入り手稿本のとあるページに見られる場面である（図44）。そこには、テツココの宮殿複合（現在のテスココ市中心部にある下町広場の下に、この宮殿複合の基礎部分の遺跡が埋まっている）の内部にある、ネツァワルコヨトルの行政区画が描かれている。中庭を囲んで開放柱廊式の部屋が並んでおり（これは一九三八年にテスココ近郊のチコナウトラで発掘されたアステカの邸宅と似た設計である）、中庭には主要な町の指導者たちが序列と年齢の順に並んで座っている。会議を取り仕切るのはネツァワルコヨトルと息子のネツァワルピリで、上部中央の部屋にその姿が見える。

中庭で燃えているふたつの焚き火は、宮殿で薪が必需品であったことを示す。薪の供給は、太陽年と儀式年の両方を通して、それぞれ十三の町からなる二組のグループが担当していた。中庭の会合に出席しているのはその町々の首長である。オフナーは「これは一種の輪番制貢納であり、長い年月の間に貢納する町の入れ替わりや数の変化があったことはほぼ確実だが、それでも帝国にとって、テツココを中心に『うまく回っている』システムであった[7]」と述べている。テツココ支配地では、この他に重要な貢納義務として、戦争時の兵役と神殿の建設・維持のための労働力提供があった。ほとんどの町は、一年のうち異なる時期に行う複数の貢納義務を負っていたため、貢納品を運搬する長い列や、貢納取り立て官をはじめとする行政官が、テツココと町々の間を絶えず行き来していた。この活発な往来によって地方の情報が宮廷に伝わり、逆にテツココを訪れた人々は都の文化と軍事力と政治権力に深く感銘を受けた。こうして貢納ネットワークは、行政上、経済上、社会上大きな影響を及ぼし、結束力の強化に貢献した。

　アステカの支配者たちは貢納地区からの収入で壮大な宮殿を建てたり、大規模建築

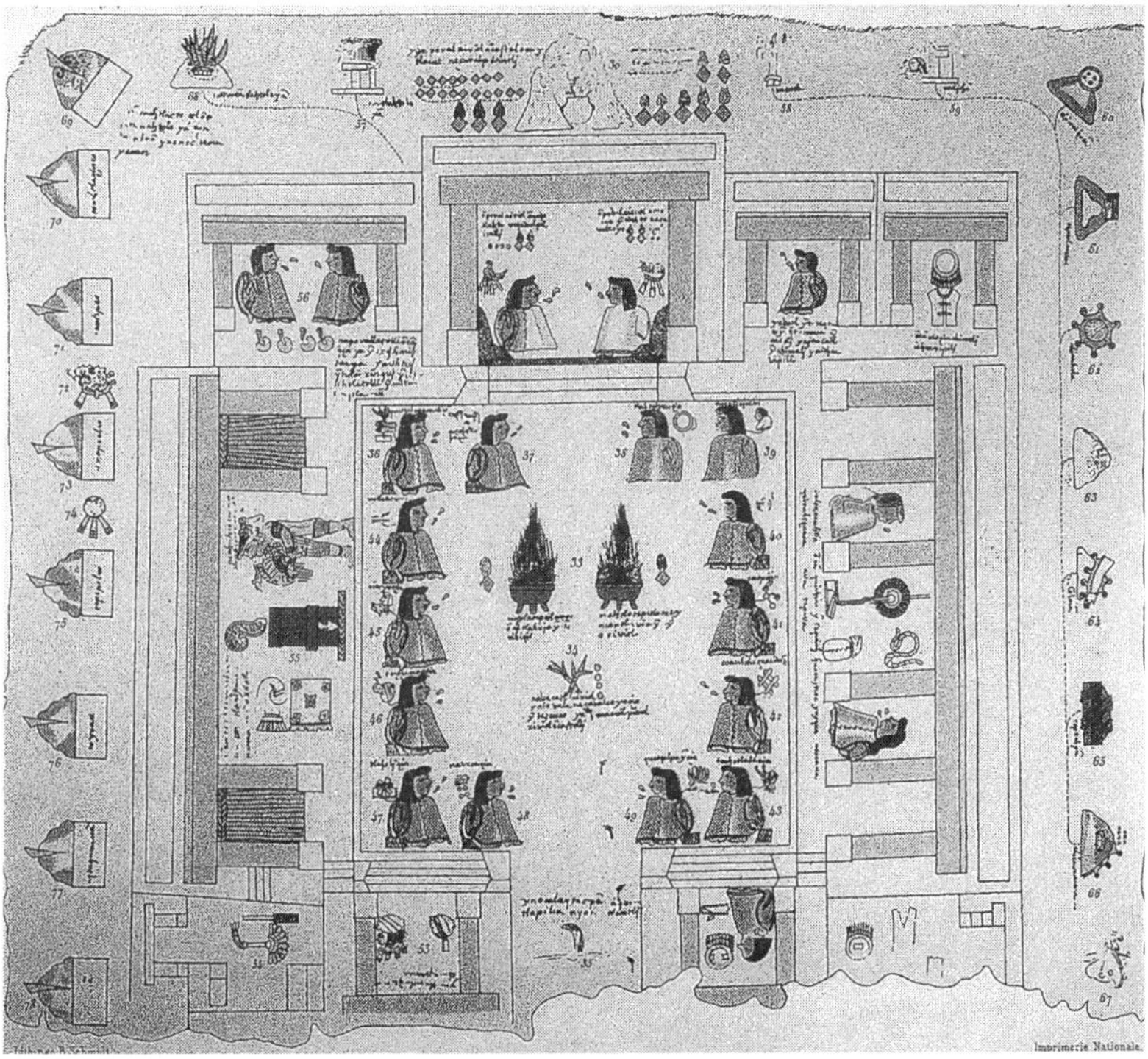

44　テツココのネツァワルコヨトルの宮殿。『キナツィン地図』より。アコルワカンのさまざまな共同体の長老が中庭に座って会議を開いている。中央上部に大きな部屋があり、その一段高いポーチに座って会議を司っているのがネツァワルコヨトル（右）と息子のネツァワルピリ（左）である。

事業のために労働力や資材を調達したりした。コルテスの書簡やベルナル・ディアス・デル・カスティリョの記録には、テノチティトランの大トラトケ〔トラトケ＝トラトアニの複数形〕の宮殿は広大な建物で、中庭を囲んで評議会の間、謁見の間《ま》、裁きの間といった部屋が並び、そこで行政統治業務の多くが行われていた、と記されている。また、私的な居住区画や厨房には食料と薪が行き渡り、王家の宝物をはじめさまざまな品物を納めた広い倉庫もあった。アシャヤカトルの宮殿はスペイン軍とトラシュカラ戦士団の全員を収容できる広さがあり、彼らの食料や薪などの必需品は、この宮殿を担当する貢納ネットワークによって供給されていた。フェルナンド・デ・アルバ・イシュトリルショチトルは、テツココにあったネツァワルコヨトルの王家専用区域について次のように描写している。敷地は一〇三二メートル×八一七メートル（三三五五フィート×二六八〇フィート）で、約二〇〇エーカーに相当する。日干しレンガの高い壁で囲まれたこの区画の内部には、多様な建物が建っていた。支配者の館、王妃専用の区画、召使の居住部分はもちろん、玉座の間、裁判官ら役人の執務室、外国から訪れた使節のための部屋などが作られていた。別の場所には戦士用の部屋や武器庫が作られ、詩人と歴史家のための区画も確保されていた。さらに公文書保管所と図書館、貢納品を蓄えておく大倉庫、そして庭園やピラミッド神殿もあった。しかし現在のテスココの下町には、そのいずれも残ってはいない。一方、モレロス盆地における発掘調査で、地方支配者の館が複数発見されている。たとえばヤウテペクでは、考古学者のオルテンシア・デ・ベガ・ノバの率いるチームが、トラトアニの宮殿跡で広さ約一・五エーカーの石造りの基壇を発掘した。[8] スロープ状の外壁は高さが四メートルあり、入口は西側の階段一カ所だけである。基壇の上部と内部にはたくさんの小さな中庭、部屋、通路が作られていた。石灰で上塗りした石壁には、かつては多彩色壁画が描かれていた。アステカに属するこのヤウテペクの支配者は、近隣の四つか五つの小さな町を統治していた。

これほど大規模な発掘ではないが、マイケル・スミスがクエシュコマテという村の遺跡で地方の大貴族の館を調査している。[9] 石を並べた低い基壇の上に、中庭を囲む形で部屋が配置され、祠堂の跡も発見された。すぐそばのごみ捨て場跡からは、普段使いの土器片や黒曜石の道具に加えて、遠くから交易でもたらされた上質な品々も出ている。この館は、テノチティトランやテツココの壮麗な宮殿は言うに及ばずヤウテペクの館跡と比べてもつつましいものだが、それでも地方の農民が暮らす日干しレンガに草葺き屋根の一部屋しかない家から見れば、はるかに立派である。スミスは、この館はおそらく地方の下級「ピリ」(貴族)の居宅で、そのピリはクエシュコマテに住む二百五十人ほどの民から貢納を受けていただろうと考えている。

戦略的緩衝地域の創設

人類学者フランシス・バーダンは、アステカ帝国の経済発展についてもうひとつの特徴を指摘している。[10] アステカ経済は一面では征服地の町からの定期的貢納に支えられていたが、もうひとつ重要な富の源泉として、遠距離交易と地域内交易、そして帝国の統制下で開かれる各地の定期市があった。そうなると、商人、市場、物資を敵対的諸国の略奪からいかにして守るかが重要な課題になってくる。たとえば、十五世紀の話であるが、アステカがついに征服に成功しなかったトラシュカラ族とタラスコ族は、境界を接するアステカ支配地に脅威を与える存在とみなされていた。そこでアステカ人は、一定の安全を確保するために、敵対国に隣接する従属地域を他所よりも寛容に扱った。つまり、規定どおりの貢納スケジュールをこなすかわりに、その地域に駐留するアステカの戦士と司令官に食糧を供給し、アステカの首都へは服従のしるしとして形ばかりの贈り物を送ればよいことにしたのである。こうしてアステカはさほどの代価を払わずに「戦略的」緩衝地域システムを作り上げ、交易、市場、その他の財源の中核地帯を守ったのだった。この政策は帝国の拡大と歩調を揃えて発展した。バーダンがアステカの貢納リストおよび関係する民族歴史学資料を調べ上げるという骨の折れる研究に取り組んでくれたおかげで、アステカの貢納地域、戦略地域、そして敵対国家の分布を記入したかなり詳細な地図が出来上がったのである。

要するに、イツコアトルやネツァワルコヨトルが統治した初期からすでに私有地や国家支配地の発達と貢納制度の組織化が進み、それらが絡み合って経済的・政治的関係の網の目が形成されていったといえる。こうした政治的・経済的関係はさまざまなレベルで機能し、それを利用してウェイ・トラトアニ（「大指揮官」）たちは広大な土地の資源や物資を支配したり、社会の階層構造内部で富の分配を行ったり、さらには国家の力だけでなく支配者個人の権力をも強化・拡大することができたのだった。

同盟、従属、血縁関係

モテクソマ・イウィルカミナ（モテクソマ一世、大モテクソマ）は一四四〇年にイツコアトルの後を継いだ。有能な支配者モテクソマは輝かしい戦績を誇った人物だが、同時に彼は、領土内での差し迫った行政上の問題に対応するためには、新規の大規模な軍事行動を先送りすべきことをよく理解していた。同様にネツァワルコヨトルも、アコルワカンの中心地域と辺縁地域の間の結びつきを強化する仕事に取り組みはじめた。このプロセスは明らかに、貢納による結びつきというシステムと密接に関係していた。再び『キナツィン地図』を見てみると、テツココ支配域内でネツァワルコヨトルが築き上げた同盟関係についての記述が目に入る。画面の端にそって町の名を表す絵文字が並んでいるが、そのうちいくつかは地区の中心地としてとくに重要な町で、その地区の多数の共同体を従属させていた。ジェローム・オフナーによれば、この絵の中庭に座っている人々は地方支配者であるが、自分の支配していた町が三都市同盟に征服された後に、再び首長の座についた人々で、中にはネツァワルコヨトル自身に任命された者もいたという。テノチティトランのイツコアトルは最初ネツァワルコヨトルに対して、征服後にそれまでの地方支配者を復権させることには反対であると忠告した。しかしネツァワルコヨトルはテパネカの暴君の下で暮らした個人的経験から、権力の座を追われた指導者がどれほどの怨恨や野心を抱き、どれだけ危険な策略をめぐらせるかをよく知っていた。彼はその脅威を最小限に抑えようと決意し、独自の任命戦略を取ったのである。そうやってネツァワルコヨトルが成功したのを見て、イツコアトルもすぐに自領内の九人の支配者を復位させ、またトトキルワストリもネツァワルコヨトルの助言を受けて旧テパネカ王国内で七人を復権させた。ある時点で、三都市同盟は三人の中心的トラトアニを頂上に戴き、彼らが任命した三十人の下位支配者が各地域を統括するという構造になっていた。

現時点ではまだ、アステカ人が征服した広大な土地の統治構造は十分に解明されていない。メキシコ中部では、異なる民族的・文化的背景を持つ多様な人々を相手に、さまざまな形態の組織が利用されていたことは疑いない。十六世紀のスペイン人法律家アロンソ・デ・ソリタはメキシコ高原を旅行して、鋭い観察眼で古くからの法律や統治システムを記録に残した。マトラシンカ族の首都マリナルコはアシャヤカトルによってメシカに併合された町だが、そのマリナルコで併合前に行われていた行政評議会の姿を、ソリタは次のように記している。

　アシャヤカトルが(…)マトラルシンゴの人々に戦争を仕掛ける前、マトラルシンゴには三人の首長がいた。ひとりは主席の首長、二番目はそれよりやや格下、三番目はさらにその下に位置していた。主席首長はその品格と支配権力のゆえに「トラトゥアン」と呼ばれていたが、この者が死ぬと、「トラカテカトレ」と呼ばれる二番目の首長が主席の地位に昇格し、三番目の「トラクシュカルカトル」が二番目になった（…）。各首長にはいくつかの町と「カルプレス〔カルプリ〕」と呼ばれる郊外の地区とが所領として割り当てられており、町やカルプルは首長に物資や奉仕を提供していた。各町やカルプルには首長が任命した長官、すなわち終身の統治官が置かれた（…）。最高権力者である首長たちはそれぞれ自分の町と郊外地区と司法管轄区域を持っていたが、たいして重要でない問題は二番目ないし三番目の首長のところへ持ち込まれ、そのうちのひとりか両方によって処理された。彼らは、深刻な問題や重要な案件の場合は主席首長に諮り、三人が共同で解決にあたった。[11]

このような最高評議会は、本質的な点でテノチティトランの軍事統治システムと通じるものがある。テノチティトランではトラトアニの下に二人の副官（トラッカテカトルとトラコチカルカトル）がおり、さらに第三ランクの者（エツワンワンコ）がいた。これらの上級指揮官は主に軍事的性格の任務を担った。第四番目の「ティリャンカルキ」という地位があったとする記録もある。地方の中核都市であるマリナルコでの発掘調査からは、アステカ人が軍事政権を作り上げる際に、この地方で発達していた応用性の高いシステムを利用したことを示す証拠が見つかっている。マリナルコにある有名な岩を掘って造られた神殿では、円形の神殿の内部に、統治を担う評議会の座であるジャガーと鷲の彫刻された座所がある（図57―62）。この神殿内に座れるのは、地方の軍人知事や裁判官であった。[12] 彼らは以前からのその地方の大貴族であったかもしれないし、アステカ人によって任命された者であったかもしれないが、いずれにしてもテノチティトランの大支配者（ウェイ・トラトアニ）の代理人だった。

ネツァワルコヨトル、トトキルワストリ、イツコアトル、そして後のモテクソマ・イウィルカミナらは、下位首長たちとの結婚を縁組みしたり、下位首長本人または子弟が首都の宮廷に出仕するよう命じたりした。これは、反乱を起こそうという考えを防止するためであった。下位首長はまた、大きな国家行事に際して支配者を礼讃し、戦争の時には人員や物資を出すように求められた。ネツァワルコヨトルには多くの息子や娘がおり、重要な町の指導者一族はたいてい縁組みによってネツァワルコヨトルとつながっていた。トラコパンやテノチティトランでも同様に姻戚関係が利用されていたと信じるに足る理由は多い。領内各地の首長の子弟と縁組みできるように、王の「ハーレム」で多数の王子や王女が産み落とされた。こうしてアステカの支配者たちは、拡大家族という絆をも使って権力の維持をはかったのである。

ネツァワルコヨトルの法治システム

テツココとテノチティトランにおける中央集権をさらに強化したのは、「法治」システムの公布であった。このシステムは、標準化された厳格な法律による一律の統治を全領土内で進めるために導入され、国家の支配を確立するのに役立った。ネツァワルコヨトルが創設したとされるこの有効性の高いシステムは、人々の行動規範やそれぞれの責任を規定して帝国内の秩序を整え、刑罰は厳密な公平性をもって執行するよう求めていた。法規には争いごとのタイプに応じて排他的かつ具体的な解決策が示され、それらのルールは情状酌量の余地なく一律に機械的に適用された。

このシステムがテツココでどのように機能していたかの概要を明らかにしたジェローム・オフナーは、『キナツィン地図』の二枚のページに注目している。そのうち一ページには、いろいろな犯罪（盗み）と、それに対する刑罰（縛り首）が描かれている。同じページの二番目のコラムは、首長の息子が財産を軽率に扱ったかどで罰せられる場面を示している。その下方の欄は支配者に対する犯罪を扱っており、反乱を起こした首長の処遇が描かれている。それによれば、まずテツココのとある代表者が反乱を起こした共同体の長老メンバー（おそらくは賢者）に向かって話しかける。次に反乱側の指導者自身に対し、特別な意味を象徴する頭飾りを渡すことで警告が発せられる。最後に、戦士たちとの協議の上でテツココの代表者は反乱派首長を棍棒で殴って処刑するように命じるのである。『キナツィン地図』のもうひとつのページでは、その他の犯罪（姦通など）の罰として投獄、火あぶり、縛り首、投石などがあげられている（図45）。腐敗した不適格な裁判官を裁く場面もある。まず裁判官たちはネツァワルコヨトルとネツァワルピリの名前の絵文字が付いた建物の中に座っ

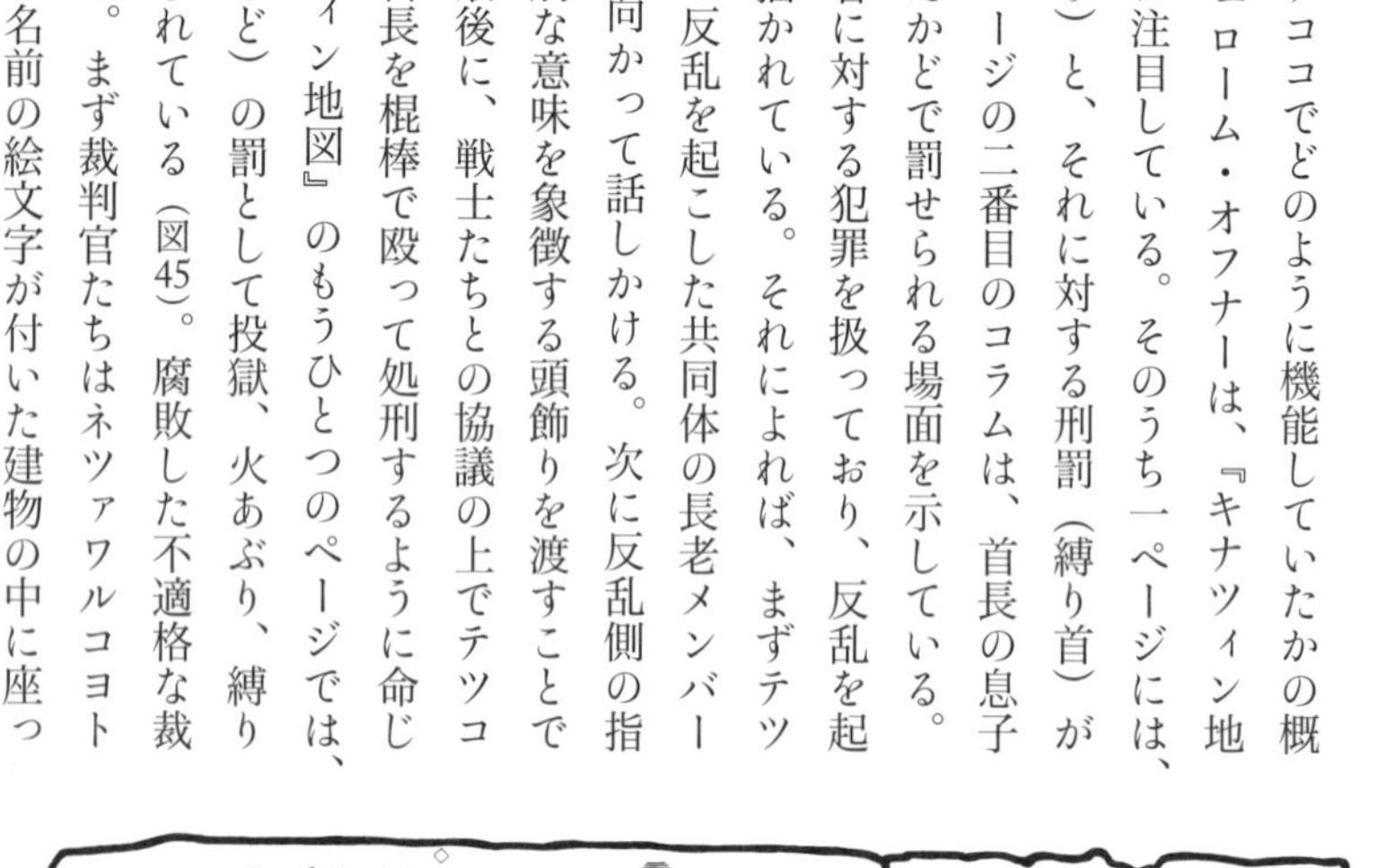

45　犯罪に対する罰を定めたネツァワルコヨトルの掟を描く『キナツィン地図』の一部分。

て登場する。次に彼らは下の方に縛り首になった姿で描かれる。これは彼らが、法律の定める王宮内の執務室ではなく自宅で裁判を行った（賄賂をもらったことを意味する）ためであった。これらのページの絵を見ると、犯罪にはそれぞれ特定の罰が決められていたが、裁判官による犯罪には必ずしも法律が適用されず、先例を考慮に入れつつケースバイケースで判断されたことがわかる。

『メンドーサ絵文書』の第二部は、同様のシステムがテノチティトランでも機能していたことを示している（図47）。そこで描写されているのは、次のような場面である。アステカの商人が遠方の首長の家臣によって瀕死の重傷を負わされる。そこでアステカの代表者たちがその首長の譴責に赴いて、いずれ裁きが下されることを示す頭飾りを渡す。最後にアステカの治安官が判決（「トゲの言葉」）を言い渡し、首長は絞首刑となり、その妻と子は奴隷用の首枷をはめられる。

テツココの法典には八十の法律が記されていたが、実際は何でもかんでも厳格な「法治主義」で裁いたわけではなかった。アステカの国家が成立するはるか以前から通用していた部族の慣習に基づく、まったく別の正義の概念が通用する領域も存在した。この「別の正義」の核となっていたのは「道理をわきまえた男」という概念で、この考え方が支配する領域では犯罪と罰則に関する厳密な規定がなく、かわりに道理をわきまえた行動として一般的・文化的に認められたモデルに従って裁きが行われた。つまりテツココでは、慣習に根ざした「道理をわきまえた男」という文化要素が帝国の法制の厳しさをある程度緩和していたのである。

アステカの法体系のこうした側面を考慮に入れて、オフナーは次のように述べている。世界の歴史上、法治システムが発達した例は非常に少なく、アステカ以外の主な例はヨーロッパと中国の秦王朝くらいである[13]。法治主義は騒乱と変化の時代に発達するように見える。これは、そうした時期にはさまざまな民族集団や社会が戦争や移住や都市化などによって接触・交流するためであろう。アステカにおける厳格な法治主義は、その源流をそれ以前のメソアメリカの伝統の中に持っている可能性はある。しかしそれでも、ネツァワルコヨトルが帝国内の政治システムを再編成した際に、異なる民族や都市住民のすべてを包含した国をまとめるためには厳しい罰則を伴う法典を一律に課すことが必要だ、と考えていたことは明らかである。新しい法典は多様な集団を統治するための法律を全支配地の標準として定めただけでなく、裁判官の不正や権力濫用を防ぐためにも重要な役割を果たし、法廷の意義や効力を高めて反対派首長の影響力をそいだ。この面で法治システムは古い部族社会の解体に大きく貢献するとともに、中央の権威への服従度を高め、中央統制を強化することに役立ったのだった。

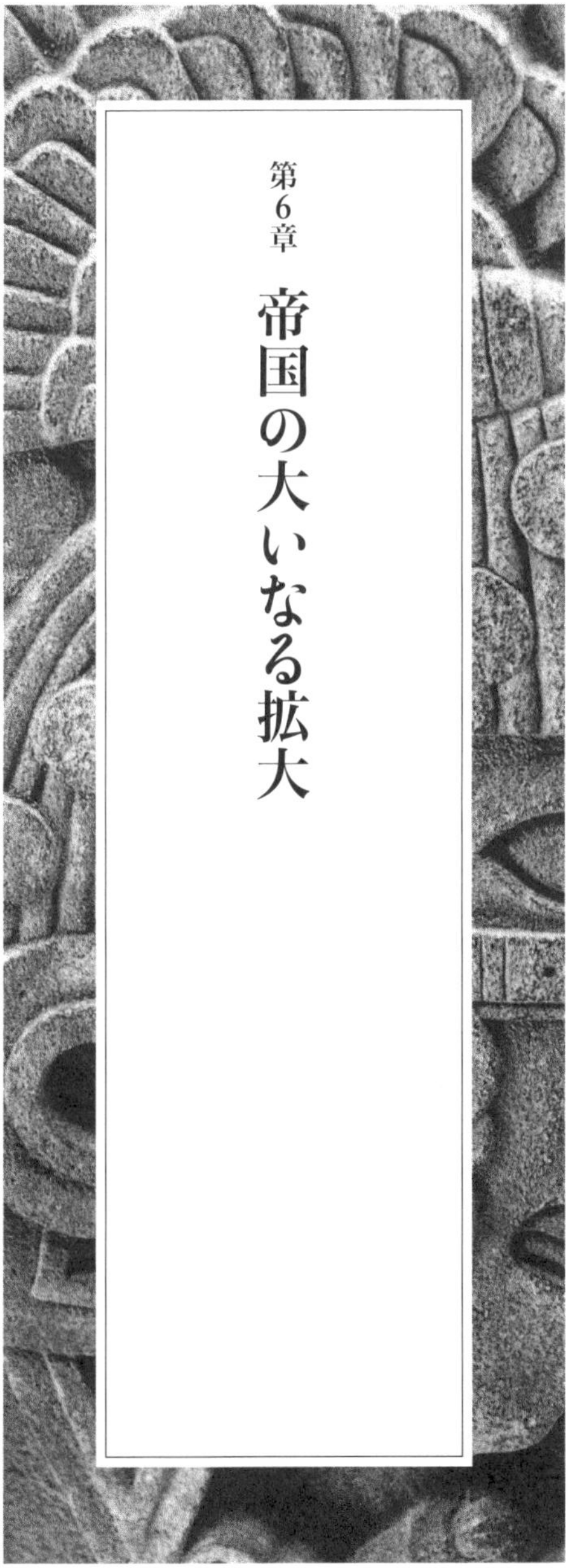

第6章 帝国の大いなる拡大

モテクソマ一世の治世

モテクソマ・イウィルカミナが一四四〇年の即位後最初に取り組んだのは、前任者イツコアトルが征服したメキシコ盆地の町々に対して自身の支配を再確認させ、それによってアステカの支配を磐石にすることであった。領土内の服従が保証されると、次に彼は大ピラミッドの増築を口実に、域外の都市に支援を求めた。ピラミッド建設に労働力や物資を「寄進する」ことは、事実上貢納と同じであったため、これに応じた都市は暗黙のうちにテノチティトラン支配を認めたことになった。チャルコだけは「寄進」を拒否し、一四五〇年代半ばまで折々に火を吹き続ける長い敵対関係の種を蒔いた。モテクソマの次なるステップは、モレロス地方とゲレロ地方の町々を確保すべく遠征隊を送ることだった。両地方は大部分が旧テパネカ支配域に入っており、すでに貢納を行っている町が多かった。

モテクソマはやがて、さらに遠い地方に向けて計画的な遠征を始める。治世の最初の十八年間で、彼は同盟を組むテツココおよびトラコパンの支配者との結束を強化し、野心的な拡張政策に向けてしっかりした足場を築いていた。チャルコやその同盟者たちとの戦争が決着を見ていなかったことと、一四五二—五四年の大飢饉の影響により、征服計画は遅滞していた。そこでモテクソマはまずチャルコとその同盟者を完全に服従させることから始めた。対チャルコ戦に勝利すると、ついに一連の大規模遠征への道が開け、メキシコ盆地からはるかに離れた地方まで軍隊が送られることになる。モテクソマの遠征の順序については現代の研究者の間で論争が続いているが、本書ではロス・ハッシグが『アステカの戦争』[1]で述べている順序に従うことにする。最初に遠征の目的地となったのは、ベラクルスの北部から中央部に位置するワシュテカ族の地域であった。戦争の名目としては、トチパンとその近隣の町でアステカの商人が虐待され殺されたことに対する報復が掲げられた。作戦の舞台にこの地域が選ばれたのは、テツココのネツァワルコヨトルがすでにワシュテカ地域へ向かう途中の町々を征服しており、同盟軍の進軍に際して利用できる兵站基地が確保されているという理由もあった。アステカ戦士は、退却すると見せかけてワシュテカ族をおびき寄せ罠にはめるという見事な作戦で、ワシュテカを撃破した。豊かなメキシコ湾沿岸地方の征服は、新たな貢納供給源をもたらすとともに、これまでになかった大規模かつ長距離の軍事行動を成功させることが可能であるという事実を敵にも味方にも思い知らせた。

同盟軍は次に、起伏の多いミシュテカ族の土地に侵攻した。標的はコイシュトラワカである。コイシュトラワカは主要な道路や物資が集まる古くからの交易中心地で、豊かなオアハカとその南に広がる土地に向かう重要な中継点でもあった。遠征はおそらく一四五八年秋の乾季に入ってから行われたとみられる。宣戦布告は乾季になされるならわしであった。戦争の動機は略奪と貢納獲得だったが、今度もやはりアステカ商人がコイシュトラワカで襲われたとの口実がもうけられた。今や慣例と化しつつあった手続きに従って、この被害への賠償を要求する使者が送られ、その後に宣戦が布告された。

ミシュテカ族については、この時期にアステカに征服された他のいかなる集団よりも詳しく知られている。[2] ミシュテカは、山々で隔てられたいくつもの谷のあちこちに、古くからの共同体として散在していた（今もそれは変わらない）。十五世紀にはそれぞれの谷が自治的な「王国」としてひ

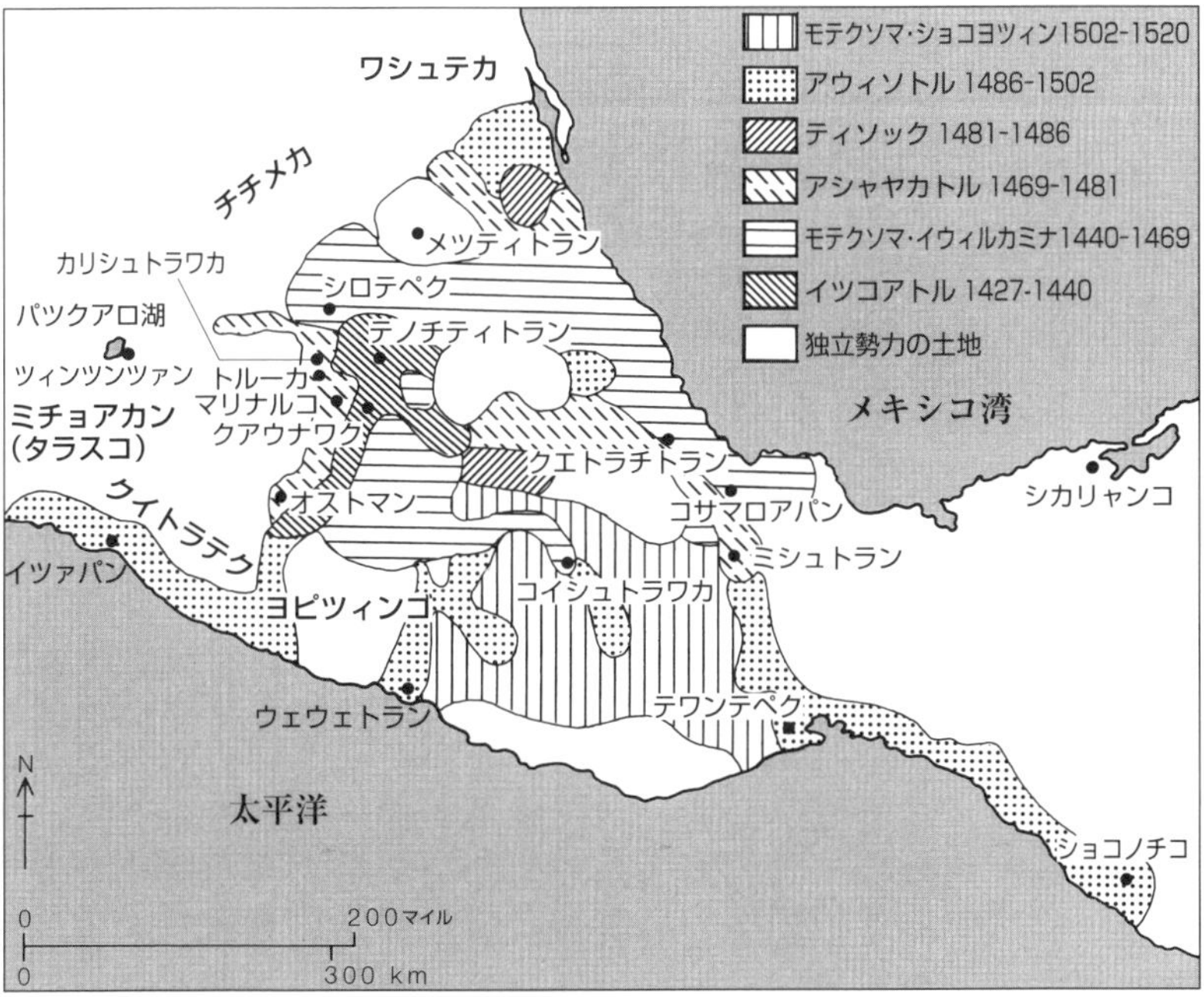

46　アステカ帝国の拡大。イツコアトル以降の主な征服地。

とりの地方支配者の下にまとめられ、この支配者が武力や策略を用いて近隣のライバル国家から自領を守っていた。ミシュテカ族は折にふれて同じ民族内で抗争していた。ただ、短期間の同盟を結んでよその土地へ軍事遠征を行った記録も残っているし、外敵から攻撃されれば、彼らはその場限りながら相当数の共同防衛軍を集めることができた。しかし、ミシュテカの首長たちは、広い地域を長期にわたって統治する体制を作り上げることはできなかった。

コイシュトラワカのように人口が多く勢力も強いミシュテカの町々は、階級制構造になっていた。一番上に町の支配者とその一族がおり、次に少数の世襲貴族が行政官、顧問、実業家として働き、その下に多数の農民、商人、職人からなる層があって、最下層は貴族の土地や館で働く小作農、召使、奴隷であった。ミシュテカ地域は腕のいい工芸品職人がいることで知られた。「アステカの」金細工や宝石加工品、織物、絵入り手稿本、土器などは、実際はテノチティトランに連れてこられたミシュテカの職人の作品であった。ミシュテカの町は洗練された場所だったが、メキシコ中央盆地の都市のような複雑な機構や社会組織や高い人口密度は持たなかった。ミシュテカ族は、国家に近い社会に発展する可能性のあるレベルの政治的統一を達成することはなかった。アステカ軍を指揮していた士官のような職業戦士階級がミシュテカに存在した形跡もほとんどない。そんなミシュテカが、彼らの歴史上かつてなかったほどの脅威——アステカの侵攻——に直面したのである。

テノチティトランでは、コイシュトラワカ攻略の第一段階として、市の四つの区域および同盟都市の支配者や属領首長に、戦士の徴募要請が発せられた。大量の軍需品が徴発され、食糧や武器や装備を運ぶ人々が長い列をなして到着しはじめた。戦士は各地区や町ごとに集められてから集結点へ移動した。出発前の大軍の維持管理や定期的な食糧供給は大変な兵站業務であったが、ここでもアステカの貢納調達と行政管理能力の優秀さが証明された。

アステカの進軍の隊形については第十章で詳しく扱うので、ここでは一般的な部隊の出陣順序を述べることにしよう。先頭は特別編成の斥候隊または先遣襲撃部隊で、いずれも一部隊が四―八人の戦士からなる。次に、もっと人数の多い部隊が間隔を置きながら順次出発する。この軍の総勢は二十万人で、加えて輜重兵十万人が物資運搬にあたる。プエブラ盆地へ向けて彼らが取ったルートは、イツヨカン（現在のイスカル）の町の近くを通ってから大平原を抜け、古くからの交易路をたどって南の山岳地帯に入るルートだったと考えられている。

アステカ先遣隊の動きは、ミシュテカの支配者アトナルの耳にも届いた。情報を届けたのは、アステカを共通の敵と考えてミシュテカと手を組んでいたウェショツィンゴとトラシュカラである。次々に到着する伝令は、輜重兵を引き連れた大部隊が後から後から現れ、いつ尽きるとも知れぬ隊列が何時間も行進を続けてコイシュトラワカ盆地に流れ込んでくる、という恐ろしい報告をもたらした。最初に姿を見せたアステカ戦士は斥候で、白い木綿の「シコリ」と呼ばれる短い上衣を着て黄土の顔料を顔に塗り、長い黒髪を頭頂部でまとめて厚みのある赤色のリボンでしばっていた。彼らは下帯を締めていたが脚はむきだしだった。全員が槍を手にしており、何人かは黒曜石の刃物を携帯し、他の者は地位と権威の象徴である羽根のついた扇を持ち、かかとからくるぶしあたりまで覆う形のサンダルを履いていた。本隊に合図を送るための、ほら貝のトランペットもあった。その後からやって来たのが戦士たちで、この時点ではまだ行軍用の軽装である。一般兵は武器（投げ矢、投石器、棍棒、彩色した盾、羽根のついた道具など）と戦闘服を入れた包みを負い革で背負っている。指揮官は輜重兵に全身用の戦闘服を運ばせている。緑、赤、黄など色鮮やかな戦闘服には、皮革製のものや羽根を織り込んで作ったものがあり、あるものは斑点や縞模様で動物に似せ、またあるものは抽象的な紋章状の柄を描いたり織り込んだりしてあった。この部隊がコイシュトラワカの前面に展開すると、ミシュテカの戦士たちも遠方の町や地方から駆けつけた。しかし、トラシュカラやウェショツィンゴの援軍を加えても、ミシュテカ側にとって侵略者をくいとめるに十分な防衛体制を敷くことは容易ではなかった。なにしろ侵略軍は、何万という戦士を地平線の向こうから送り込む力を持っていたのである。たとえ侵略軍の方が人数が少なかったとしても（その可能性も否定はできない）、彼らは経験豊富で勇猛果敢な指揮官に率いられた、規律を守り命令に従う集団であった。

実際の戦いについては詳しい記録はほとんど残っていないが、他のさまざまな遠征の物語から得られる情報を集めると、戦闘の概要を摑むことは十分にできる。戦闘の基本として重視されたのは、突撃による衝突、一対一の戦い、優れた戦士同士の決闘であり、その昔のトロイアの城壁下の乱戦を思わせる。戦士たちは集まって隊列を組み、開けた戦場で向かい合う。全員が、きらめく羽根飾りや動物をかたどったヘルメット、全身を覆う戦闘服などに身を包み、各部隊の指揮官が背負う部隊の記章が山あいの明るい日の光に輝いている。敵への嘲り、自己顕示、挑発が飛び交い、ここかしこで血気にはやる若者が列を飛び出しては侮辱的なポーズで敵を馬鹿にし、同時に仲間たちにいいところを見せようとする。緊張が高まるにつれ、数千人の戦士の声が低音の波となってうねり漂う。ほら貝が高らかに吹き鳴らされると、たちまちあたりは口笛、甲高い雄叫び、鬨の声、怒号の入り乱れた喧騒に包まれ、双方の隊列は相手に向かって土ぼこりをあげながら突進する。一斉投石の応酬が両軍に大きな損害を与え、近距離に近づくと、アトラトル〔投げ矢器〕から発射される無数の投げ矢がうなりをあげて飛ぶ。隊列はぶつかり合い、戦士たちは黒曜石の刃を埋め込んだ重い棍棒を振りかざして戦い、敵を打ち倒したり捕虜にしたりする。捕虜は戦利品として後で生贄にするのである。

アステカ人はローマ軍やスペイン軍のような密集隊形の戦いはしなかったが、アステカ軍の猛襲ぶりや規律や闘争心は、ミシュテカがいまだかつて経験したことのないものであった。アステカ軍は防衛軍の隊列を突破し、ミシュテカとその同盟軍が町の中へ退却すると、市街地で追撃戦を繰り広げた。アステカの戦士たちは司令官の命令を受けて町の中心にあるピラミッドへと向かった。勝利を確信した彼らは敵を蹴散らしてピラミッドの階段を駆け上がり、頂上の神殿の草葺き屋根に火を放った。これは伝統的な勝利のしるしであった。炎と煙が立ちのぼるのを見て残った敵兵は総崩れとなり、乾燥したトウモロコシ畑を抜けて丘陵地へ敗走した。勝者のアステカ人は略奪にとりかかり、捕虜、負傷兵、戦死者から戦闘服を剥ぎ取っていく。じきにコイシュトラワカの通りという通りは壊された日用品——土器、箱、布——で埋め尽くされ、その中で腹をすかせた戦士が犬や七面鳥を追いかけまわした。

山中に隠れて戦争の成り行きを見守っていた女子供や長老たちにも、ミシュテカとその同盟軍が敗れたことは明白にわかった。ミシュテカは大きな代価を払って和平を受け入れざるを得なかった。コイシュトラワカの大貴族からなる代表団がアステカの指揮官のもとを訪れ、降伏交渉が行われた。慣例に従い、敗れた首長たちは、所領から定期的に貢納することを条件に従来どおりの地位に留まることを許された。支配者アトナルの命だけは助

47　コイシュトラワカ近くでアステカ商人が襲われた場面（左下）と、その結果としての審判、そしてミシュテカ指導者アトナルの処刑（上）。『メンドーサ絵文書』より。

からなかった。彼は縛り首にされ、家族は奴隷となった（図47）。『メンドーサ絵文書』はコイシュトラワカとその周辺から取り立てられた貢納を次のように記している。上質な織りの毛布二〇〇〇枚、極上の軍装二揃い、緑色岩製のビーズの首飾り（数量不明）、緑色の羽根八〇〇束、アステカの首長が身につけていたような羽根で飾られた紋章一点、貴重なコチニール染料（コチニールカイガラムシを乾燥させて採る赤色色素）四〇袋、そしてボウル二〇杯分の砂金。別の記録文書では、大量の木綿、トウガラシ、塩が貢納品として挙げられている。こうした品物が定期的に届けられるよう、アステカは貢納取り立て官を任命した。ミシュテカの首長たちはこの貢納に加えて、豪勢な宴会でアステカ人をもてなすことと、侮辱的言辞や屈辱的な罵倒をじっと聞いていることを強要された。アステカ軍は山のような貢納品と略奪品を持って帰路についた。略奪品の中には、焼け落ちた神殿から奪った宗教用の品々もあった。重要な宗教的意味を持つこの品々は、テノチティトランの中央祭祀区域にあるコアテオカリと呼ばれる特別な建物に送られ、精神的質草として留め置かれることになっていた。帰還する軍には、打ちひしがれた捕虜の長い列も付き従っていた。捕虜を待っているのは、儀式で生贄にされる運命であった。

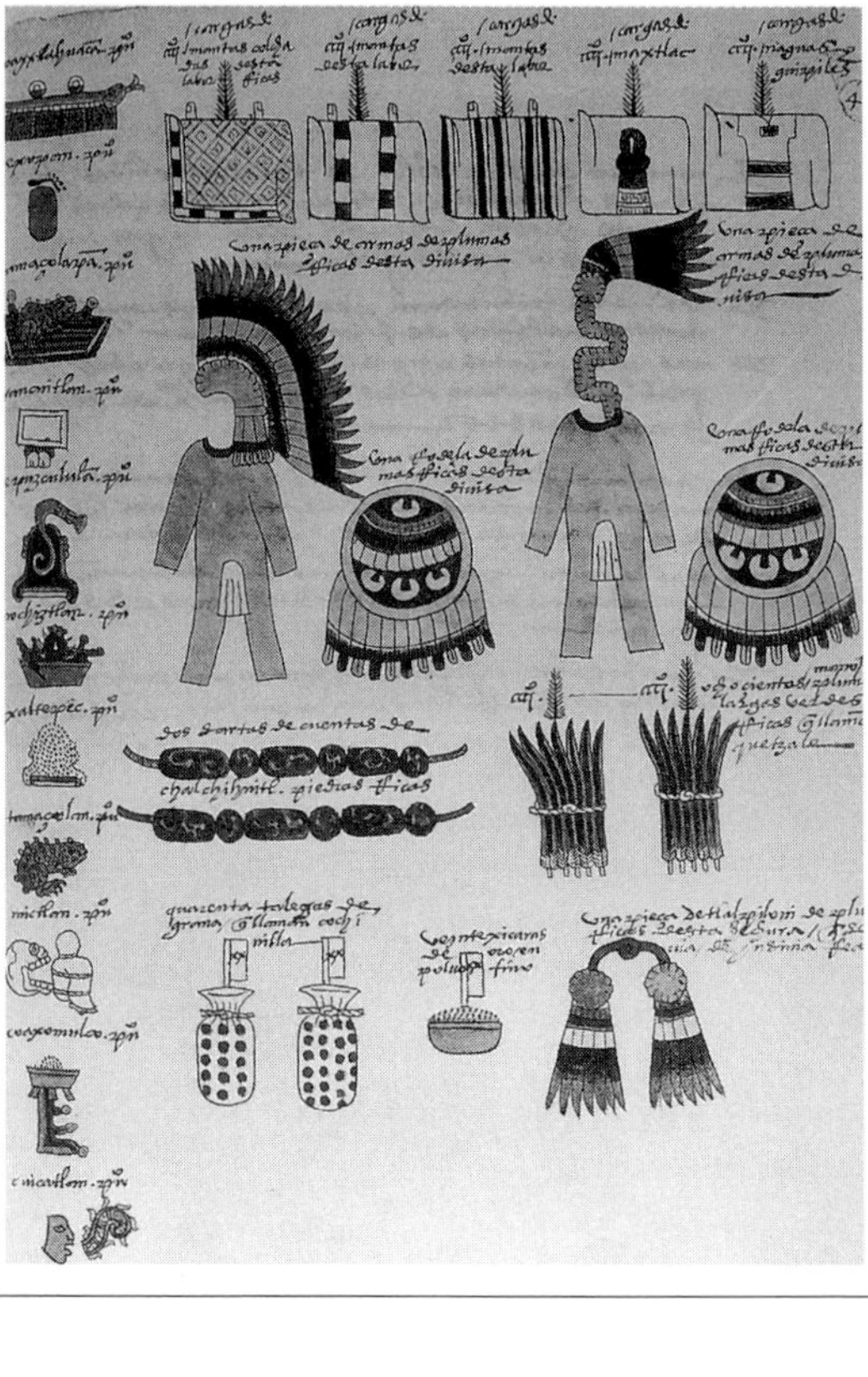

48　モテクソマ1世の貢納リスト。『メンドーサ絵文書』より。コイシュトラワカが左の一番上にある。

アステカ本拠地の諸都市では、喜びにあふれた群衆が凱旋戦士を出迎えた。勝利を祝う祭典がテノチティトランで開かれ、得意満面のアステカ人は大ピラミッドの踊り場で捕虜を見せびらかした。捕虜は香の煙がたちこめる階段を上り、生贄台の上に寝かされる。ピラミッドの階段を血が流れ下り、犠牲者の死体が投げ落とされる。落ちた死体は、四肢と首を切断される。これは、ウィツィロポチトリがコヨルシャウキとセンツォン・ウィツナワ（四百人の兄弟）を破った神話（第三章参照）を再現する儀礼であった。切り落とされた首は、公的な戦勝記念品（トロフィー）として頭蓋骨台（ツォンパントリ）に架けられ、一方、捕虜を捕えた戦士には捕虜から切り落とした腕または太腿が与えられる。サアグンによれば、思わず目をそむけたくなるようなこの「骨付き肉」を戦士たちは大喜びで家に持ち帰り、トウガラシとトマトと一緒に煮込んで塩味をつけ、儀式食にしたという。だが、アステカの人々が空腹を満たすための主食として人肉を食べたわけではない。むしろ人肉食は本質的に象徴的聖餐の行為で、戦士は敵の肉と血を摂取することで、ピラミッド＝山の上にある神殿でウィツィロポチトリに捧げられた供物を共に分かち持つことになるのであった。さて、勝利には、獲得した富の誇示と贈り物の分配がつきものであった。これには、勝者の地位を高め、他の共同体からやってきた代表団に感銘を与える効果があった。

コイシュトラワカ遠征と同様のパターンは他の場所でも繰り返された。モテクソマが軍を率いて一四五九年にコサマロアパンに赴いて勝利を収め、次いで長い遠征を行ってアウィリサパン（現在のオリサバ）とベラクルスのクエトラシュトラを破ったことなどがその例である。こうした遠征では、一筋縄ではことが運ばず激戦が繰り広げられた。ロス・ハッシグが指摘しているように、標的の共同体にはアステカに敵対するトラシュカラ、ウェショツィンゴ、チョロリャンから相当数の援軍が送られていたからである。[3]

モテクソマ一世の時代、アステカ人は一連の重要な征服を成功させた。これによって精力的な軍事拡張路線が敷かれることとなった。そしてその路線はスペイン人が到着するまでずっとアステカの政治の基本だったのである。モテクソマの死（一四六九年）とネツァワルコヨトルの死（一四七二年）の頃には、アステカへの納貢地域は南はオアハカ、東はメキシコ湾岸に沿ってトトナカのコサマロアパンからワシュテカのトゥシュパンまで、高原地帯ではトゥーラ北東の広い土地からシロテペクまでを含んでいた。貢納取り立て官の活動や軍事報復の脅しによって、熱帯低地や高原から帝国の諸都市へと莫大な富が定期的に流れ込んだ。姻戚同盟と政治的属領化を基本とするアステカのシステムは、徐々に征服地にも浸透していった。しかし、貢納品の流れを保証していたのは、つねに武力による懲罰への恐怖であった。

帝国初期のモニュメント

アステカ軍が遠隔地へ到達するに従って、帝国の概念に強烈な儀礼形式と美術表現が与えられていった。テノチティトランでは、上面に日輪を刻んだ平たい円筒形の石製モニュメントが作られた。石の中央には取っ手が彫りこまれており、

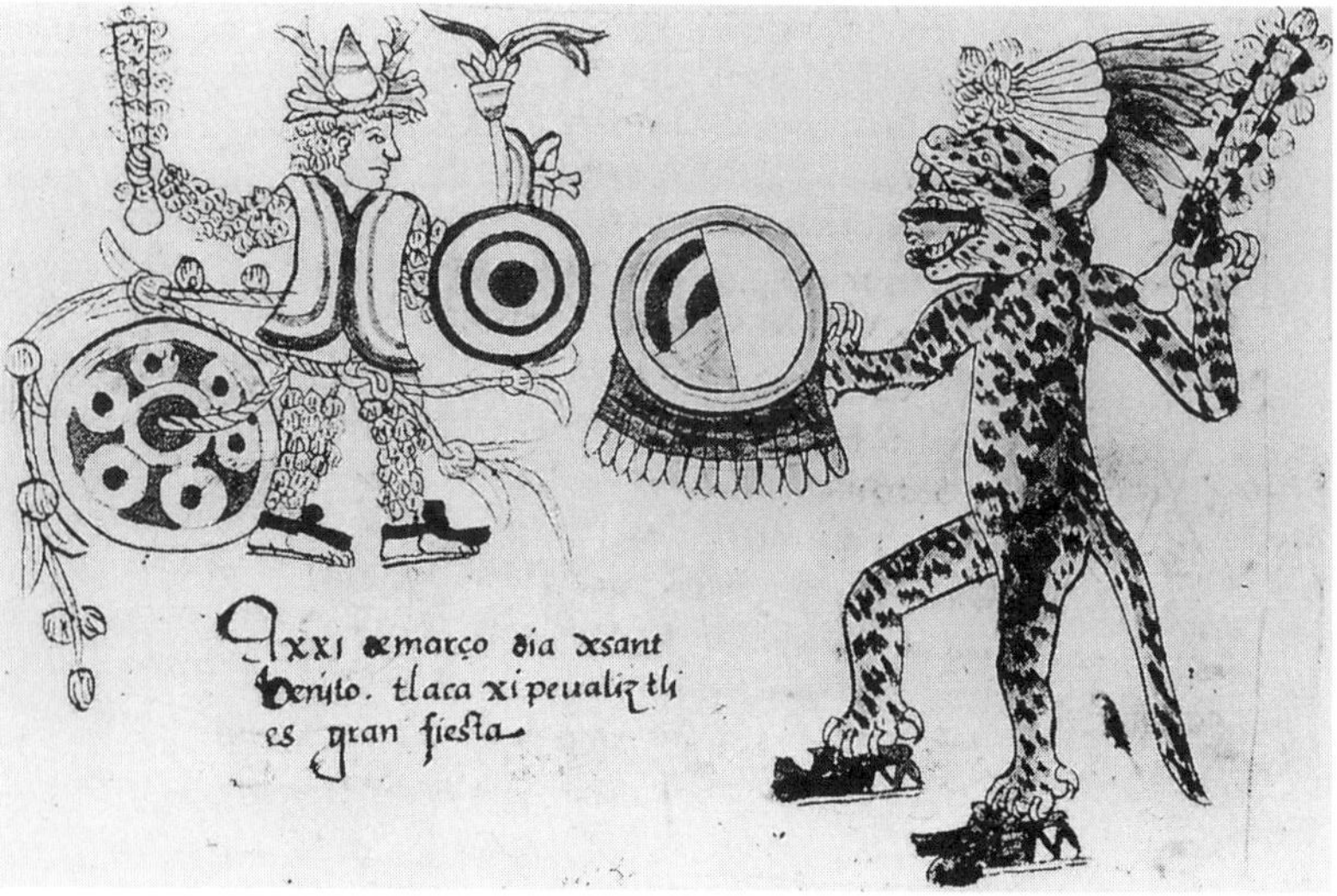

49　剣闘による生贄。『マリアベッキア絵文書』より。シペ・トテク神の扮装をさせられた戦争捕虜（左）は羽根のついた棍棒しか持っておらず、片足を円形の石につながれている。対するアステカのジャガー戦士は黒曜石の刃を埋め込んだ棍棒を振りかざしている。

そこに生贄の戦士が縄で繋がれた。ディエゴ・ドゥランの『儀礼の書』に収められた一枚の絵には、戦争で捕虜となった敵の戦士がその種のモニュメントに足首を縛り付けられ、身を守る武器として羽根を貼り付けた棍棒だけを持たされている姿が描かれている。この捕虜は、黒曜石の刃を埋め込んだ棍棒で武装したアステカ人戦士と一対一の決闘をさせられ、仮に一人に勝ったとしても次のアステカ戦士と戦わねばならなかった。こうして敵の戦士は太陽への生贄となった。アステカの戦士軍団にとって太陽崇拝は極めて重要であり、このモニュメントはその祭壇だったのである。

この太陽の祭壇は、別のふたつの有名な円筒形記念彫刻のさきがけであった。そのひとつは一九八九年に大ピラミッド跡のすぐ南側、旧スペイン大司教館の中庭地下から発掘されたもので、おそらくモテクソマ・イウィルカミナ時代後期に作られたとみられる。もうひとつは一七九〇年にプラサ・マヨールの地下から発見されたものである。後者は「ティソックの石」(図50、51)と呼ばれて長年研究されており、トラトアニのティソックの治世(一四八一―一四八六)に作られたことが確実視されている。両者のデザインは似ており、テノチティトランの帝国を宇宙論的な図として描いている。ティソックの石では、円筒形の平らな上面に日輪が彫刻され、四方位へ向けて四本の主光線が放たれている。側面の一番上には、夜の「目」、つまり星が並んだ帯があって、上面の日輪とともに天界を形作っている。一方、側面下部にはフリント(燧石《ひうちいし》)製の尖頭器多数と抽象化されたトラルテクートリ神のマスク四つが彫られており、大地を表している。天と地の間には、同一のポーズをしたアステカの戦士が他の町々の神の髪をつかんで従属させている場面がいくつも並び、上方にそれぞれの町の名前が絵文字で刻まれている。トラトアニ・ティソックはこの列の先頭におり、ウィツィロポチトリ神とテスカトリポカ神を模したひときわ壮麗な装束を身につけている。敵を捕えているアステカ人はみな右向きで、円筒側面に反時計回りに並んで世界を囲い込み、そこが神聖な領土であることを宣言している。アステカ人は征服の様子を儀礼上の出来事

ティソックの石

50,51 【上、中】上面には日輪、側面の上端には星の帯が彫られ、天上界をあらわしている。側面下端の尖頭器〔石器〕の模様と、底の面(この図版では見えない）に彫られた4つの「大地の怪物」のマスクは、大地の表面を象徴している。【下】石の側面には、儀礼的な「捕虜にする」場面を並べて、アステカによる征服をあらわしている。ティソック（左端）と部下たちが敵の町の神々を捕えているところである。

として描き、テノチティトランを中心とする秩序立った宇宙観の中に他民族の共同体を組み込んだ。第七章で詳しく述べるように、一四五二―五四年の大飢饉の時期はまた、宗教活動が強化された時代でもあった。この時期にテノチティトランでは大ピラミッドが拡張されて、強烈な印象を与える新しい彫刻で飾られ、テツココでもネツァワルコヨトルが新しい祭祀センターや記念建造物を造らせた。

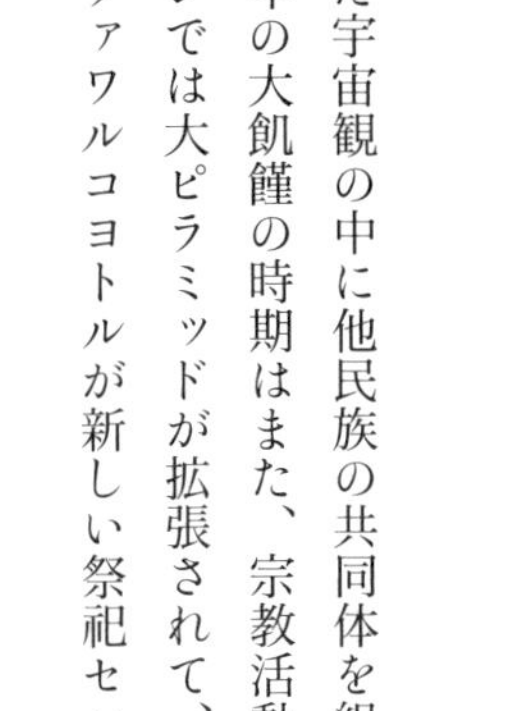

アシャヤカトルの治世――拡張と敗北

モテクソマとネツァワルコヨトルの治世における拡張政策は、後継のトラトアニたちに受け継がれた。代々のトラトアニは征服に力を注ぎ、大成功を収めたり苦杯をなめたりした。

モテクソマの死後トラトアニに選ばれたのは、十九歳の王子アシャヤカトルである。若年の身でありながら彼はすでにモテクソマ時代の遠征で重要な部隊の指揮を執った経験があり、勇猛果敢な戦士にして優れた指導者として知られていた。彼は一四六九年から一四八一年まで十三年間統治する。ロス・ハッシグは、アシャヤカトルの軍事的業績を時系列にそって描写している。王はまず、即位戦争でテワンテペク地峡を襲い、続いてプエブラ盆地、メキシコ湾岸、トルーカ盆地、ゲレロ、メキシコ盆地の北方へと順次遠征隊を送った。[4] 彼の時代にはまた、長年続いていたテノチティトランと「姉妹都市」トラテロルコの間の緊張関係がついに火を吹いて、島での内戦に発展した。この内戦は短期間で終了し、トラテロルコは一四七三年以降テノチティトランに服従した。

アシャヤカトルは一四七五―七六年のトルーカとの戦いで大勝し、余勢をかって一四七六―七七年と一四七七―七八年に西の辺境へ遠征を行った。こうして兵站基地を確保してから、彼はタラスコ領への攻撃に乗り出した。おそらく一四七八―七九年の乾季のことと考えられている。タラスコ人は今でも先祖伝来の土地（現在のミチョアカン州を中心とする一帯）に住んでいる。タラスコのかつての首都ツィンツンツァンの遺跡は、同名の植民地都市に近い崖の上にあって、パツクアロ湖を見下ろしている。十五世紀のタラスコ人は、メソアメリカの他の地域と同様の都市国家同盟を組織していた。タラスコがアステカに対抗しうるほど強い勢力だったと考えている研究者もいる。アシャヤカトルのタラスコ侵攻については資料によって歴史記述に大きな違いが見られるが、アステカ軍が予想外の敗北に見舞われた点だけは一致している。タシマロヤン（現在のチャロ）の近くにアステカ軍は約三万二千人の戦士を集結させ、五万人の敵兵と対峙した。アシャヤカトルは戦争を中止する道を探ったものの、周囲に説き伏せられて攻撃にうって出る。この攻撃は失敗し、アステカ軍部隊は逃げ戻った。それでもなお指揮官たちは軍勢を立て直し、再び敵に向かう決意を固めた。そして翌日、彼らは壊滅的な大敗を喫したのである。あれほどの大軍団のメシカ族のうちで、テノチティトランに帰り着いたのは二百人だけだったと伝えられる。アシャヤカトルは、どうにか生きて帰ったひとりであった。テツココ人四百名、テパネカ人四百名、チャルコ人四百名、ショチミルコ人四百名、オトミ人三百名（上級戦士たち）も生き延びたという。アシャヤカトルの治世の最後を飾ったのは、メキシコ湾岸地域で反乱を起した町々を再征服するための遠征であった。征服と再征服というこのパターンは、スペイン人到来までずっと帝国の特徴として残った。

ティソックの失政と反乱

アシャヤカトルが一四八一年に没すると、それまで最高軍事評議会の一員を務めていた弟のティソックが後を継いだ。彼の治世はそもそもの最初から戦闘での不運につきまとわれた。まず、即位戦争（トラトアニが位に就くにあたってのさまざまな手続きのひとつで、軍を率いて出征し、即位確認儀礼で生贄にするための捕虜を連れ帰ることが要求されていた）で彼はつまづいた。アステカは攻撃対象として、北東約一二五マイル（約二〇〇キロメートル）の山岳地帯にあるメツティトランを選んだ。ところがアステカの予期しなかったことに、メツティトランの人々は狭い谷間でアステカ軍を迎え撃った。このような戦場では取れる戦術が限られ、アステカ軍の数的優位はあまり役に立たない。総崩れになりかけたアステカ軍の前に、たまたま十代の少年たちからなる敵部隊が現れ、かろうじてアステカは四十人の捕虜を得ることができた。屈辱にまみれたアステカ軍が故郷へ持ち帰った勝利のしるしはそれだけであった。即位式は行われたが、ティソックの失態は好ましからざる予兆としてとらえられた。

それ以後、ティソックの企てる戦争は、すでに征服した地域内での反乱を鎮圧するためのものに限られ、大部分はアステカ軍が兵站基地を確保できる範囲内で行われた。先代までのトラトアニが獲得した地域のさらに外へ遠征するといった冒険は、ほとんど見られなかった。ティソックは攻めの姿勢を失い、彼の統治が続くにしたがって帝国内では対立抗争、煽動、反乱などが増えていった。戦争指揮官として失格とみなされたティソックは、一四八六年に毒殺された。殺害を命じたのは弟のアウィソトルと見られる。アウィソトルは、最高軍事評議会の中で、通常は「王位継承者」のポストとされているトラッカテカトルという地位に就いていた。ティソックが死んで四日後に後継者選定評議会が公式に開かれ、この野心的な若き王子が次のトラトアニに選ばれた。

アウィソトルの治世――領土の拡張と刷新

アウィソトルはテノチティトラン史上最も傑出した軍事指導者であることが明らかになる。彼は生まれながらの戦士で冒険家、征服者であった。タフで恐れを知らず、自ら戦士たちと生活を共にして戦い、勇猛果敢な行動で部下を鼓舞した。アウィソトルの遠征は、迅速な作戦行動と敵に対する容赦ない報復で知られた。最初の戦争――即位戦争――で彼は同盟軍を率いてトルーカ盆地を一巡し、北のシロテペクまで行き、そこからメキシコ盆地北部へと戻った。この略奪行は反抗的な共同体を押さえつけるのに大きな効果があったし、士気の下がっていた軍に対しては王の強い指導力を印象づけた。戦利品と捕虜の獲得は、このふたつの目的の達成を一層はっきりと示して見せた。大勝利に彩られたアウィソトルの即位礼の締めくくりには、かつてないほどの贈り物の下賜が行われ、派手な祝宴が開かれた。その規模は一年分の貢納に匹敵するといわれたほどであった。慣習どおりに捕虜は即位儀礼の最後に生贄にされた。

こうして自らの目標を明確に示したアウィソトルは、続いてメキシコ湾岸地域への懲罰遠征に出発した。この地域の多くの町が貢納を拒否していたためである。アステカ軍はまたも戦果をあげて凱旋し、今回はまた別の大式典を計画した。それがテノチティトランの大ピラミッドの再奉献式である。第七章で見るように、ピラミッドは歴代の支配者によって何度も拡大されてきた。テノチティトランの指導者たちは、幾世紀も前の高原の都市にあったものと同じくらい荘厳な祭祀センターを建造することに心血を注いだのである。大ピラミッドの改修はモテクソマ一世の時代にも行われていたが、一四八七年のアウィソトル時代に新たな拡張工事が完了する。巨大な姿で不気味にそびえるピラミッドの再奉献式を、アウィソトルは帝国の使命を再確認する場として演出した。テノチティトランの儀式史上最も恐ろしい例として永遠に語り継がれる人身供犠を執り行ったのである。戦争で生け捕った捕虜が、市に入る堤道の上いっぱいに列をなして並べられ、前代未聞の人数を生贄にする儀式は四日間続いた。他民族の使節たちは恐るべき殺戮をしっかり見るようにと招集され、テノチティトランの住民はピラミッド前の広場に立って畏怖に駆られていた。鮮血が奔流となってピラミッドの階段や側面を流れ下り、白いしっくいを塗った歩道に巨大な血の池を作った。五十年後にスペイン人修道士や歴史家が聞き書きしたアステカの古老たちの語りは、五十年を経てもなお恐怖の色をにじませていた。アウィソトルはこの人身供犠を強烈な政治的教訓として人々に示し、敵の心に恐怖心を植えつけるとともに、自国民を暴力の新しい基準に「慣れ」させた。ピラミッドの増築と、かつてない規模の儀式によって太陽と大地に滋養を捧げるという考え方は、今やテノチティトランがあらためて戦争へ向けた意志を持ったことを満天下に示すものであった。

死体の数、ピラミッドを流れ落ちる大量の血、数千の血まみれの戦勝記念品――すなわち首級――が頭蓋骨台《ツォンパントリ》に並ぶ光景。これらはアウィソトルのもとでアステカの支配者のあり方が大きく変わったことを意味した。アウィソトルは行政官兼戦士というモテクソマ一世のモデルを離れ、神格化された戦士首長ウィツィロポチトリに近い役割を自ら担ったのである。この方法でアウィソトルは征服への意志を人々に浸透させようとした。帝国の領土拡張は絶え間なく続いた。毎年毎年アステカ軍は出陣し、ゲレロやオアハカの山岳地帯やテワンテペク地峡へ

52-54　人身供犠は、神々に滋養を与える手段であると同時に政治権力の道具でもあった。【上】神殿の踊り場で捕虜の身体が切り裂かれ、心臓が取り出されているところ。『マリアベッキア絵文書』より。【右】生贄用のナイフ。柄の部分は鷲の戦士の形をしており、トルコ石、ヒスイ、貝殻で象嵌がほどこされている。【下】ジャガーの形をした容器。生贄の心臓をこの中に入れた。

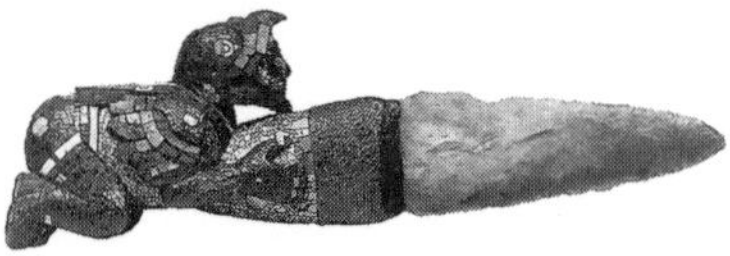

人身供犠と頭蓋骨台

55,56　【上】右半分に描かれているのは、テノチティトランの祭祀区域にあったツォンパントリと呼ばれる頭蓋骨台。左半分は、大ピラミッドの上にあるトラロック（左）とウィツィロポチトリ（右）を祀るふたつの神殿。ディエゴ・ドゥランの『ヌエバ・エスパーニャの歴史』より。【下】小型のツォンパントリの基壇。メキシコシティーの大ピラミッド基部のそばで発掘された。

と軍を進めては人々を服従させ、貢納を要求した。しかしナイジェル・デイヴィスが記しているように、この帝国は広大な領土に防衛線と軍事拠点を配したもの、つまり点と線の支配に近かった。アステカ軍には征服した町の後背地まで侵入する時間などなかったためである。[5] さらに、アステカ人は中国に見られるような中央集権化した行政を司る帝国官僚機構を作らなかった。婚姻や同盟や政治的つながりのネットワークを基盤とした支配は、つねに不安定要素を含んでいた。遠隔地や、地形的特徴ゆえに孤立性が高い地域の存在、そして貢納を送っている限り地方首長の権限には手をつけないという政策は、帝国の弱点であり、いつでも反乱が起きる可能性をはらんでいた。しかしアウィソトルの時代にアステカは支配権を強化する別の方法を発達させた。それをこれから見ることにしよう。

神殿と公共建造物

国の後押しによる公共事業や神殿建設はモテクソマ一世とネツァワルコヨトル以来の長い伝統であったが、アウィソトルの時代にはこれが地方でも進められた。そうした遺跡のいくつかが一九三〇年代から四〇年代にかけて発掘・復元されている。テポストラン、マリナルコ、カリシュトラワカではさまざまな考古学上の発見があり、文書記録を補完するとともに、宗教の役割、再植民、征服地の恒常的占領などを別の角度から照らす新たな情報が得られた。

テポストランは山岳地域の共同体で、モレロス盆地を見下ろす崖の上にある。ここでは、岩山の上に新しい神殿が威容を誇っていた。神殿の内部には絵文字の碑文があり、そこにはアウィソトルの名前も書かれている。この神殿は、一帯に恒常的な支配権を及ぼそうとするアステカ人の活動の一環であり、またテポステコ族のプルケ神崇拝のような地方的信仰を、テノチティトランで行われる農業祭という大きなサイクルと結びつけようという意向の現れであった[6]〔プルケはリュウゼツランの汁を発酵させて作るアルコール飲料〕。

マリナルコの遺跡は、メキシコシティー南西の森林に覆われた高山にある。ここは今でも先住民マトラシンカ族が住む土地である。昔のマリナルコの町は防御に適した高い崖の上にあり、下方の小さな谷と植民地時代に作られた今のマリナルコの町を見下ろしている。一九三〇年代にホセ・ガルシア・パヨンがここを発掘し、急峻な丘の斜面を利用して作られたアステカの祭祀センターを発見した。その建物の一部はもともとそこにあった岩を穿《うが》って造られ、他の部分は壇を積み上げて造られていた[7]。一九八〇年代後半にメキシコ国立人類学歴史学研究所（ＩＮＡＨ）が頂上部分で行った新たな発掘からは、もともとのマトラシンカ族の集落の広がりや、祭祀センターの規模が明らかになった。マリナルコをはじめとするマトラシンカ地域の町は、一四七六年にアシャヤカトルに服従した。ティソック時代に数ヶ所が叛旗を翻したが、マリナルコはその中に入っていなかった。反乱はすぐに鎮圧されたものの、アウィソトルはこの地に再び出向いてアステカの支配を確実なものとする必要があったのである。マリナルコに近いオストマンとアラウィスタンに情容赦ない攻撃を仕掛け、住民のすべてを虐殺したアウィソトルは、この地域における帝国の支配権を再び確立した。アステカにとってマリナルコは、作戦行動や後方支援のための基地という戦略上の重要性に加えて、伝説的・歴史的な意味をも持つ町であった。というのも、伝説上の遍歴時代にマリナルショチトルがウィツィロポチトリ一行から離れた後に住み着いたのがマリナルコだとされていたからである。アウィソトルは治世の一年目にマリナルコを訪問し、地元の首長から忠誠の誓いを受けている。しかし、アステカ式の記念建造物が造られはじめたのは彼の人生最後の年になってからであった。『オーバン絵文書』には、この建築プロジェクトと一五〇一年の強制労働について特に述べたくだりがある。一五〇三年にもこの祭祀センターは「彼らが岩を掘りに行った」場所として言及されている。さらに、一五一五年にウエショツィンゴの人々が労働力として連れて来られたとの記述があることから、建設作業はモテクソマ二世の時代まで続いていたことになる。

岩を掘り削って造られたマリナルコの円形の神殿（第五章でも言及）は、スペインによる征服時代に破壊されずに残ったアステカの記念建造物の中で、最も印象的なもののひとつである（図57—62）。神殿内の部屋への入口は、「洞窟」の象徴である大きく口を開けたヘビの頭部の彫刻になっている。内部の奥の壁に沿って半円形にベンチが作られており、そこには二羽の鷲と一匹のネコ科動物が浮き出すように彫られている。床の上にも鷲の彫刻がひとつある。これらはアステカの権力者の座所——「鷲の座」と「ピューマの皮の座」であった。四つの座はそれぞれ、トラトアニ、トラッカテカトル、トラコチカルカトル、エツワンワンコ（またはティリャンカルキ）の四つの地位に呼応していた。この四つの役職と同じような役職分担は、地方や町のレベルでも採用されていた。この部屋を使ったのは、テノチティトランから来た軍人知事か、至高のトラトアニに任命された地元の貴族であったとみられる。つまり、岩の神殿は純然たる大地崇拝の神殿として宗教的な役割だけを担っていたわけではなく、宗教と国家の両方の問題を一緒に扱う場だったのである。この建物の宗教的側面は、中央の鷲の後ろの床に開いている小さな丸い穴から知ることができる。ここは、大地の生命力が宿るとされる「大地の心臓」ないし「山の心臓」と呼ばれる場所に対して供物を捧げる儀式の場だったのである。即位した支配者は自らの耳と脚を傷つけて血を流し、真実の証として、またこれから統治する大地との絆のしるしとして、その血を捧げなければならなかった。第十章のアステカの即位儀礼に関する部分で詳しく述べるように、この儀式はテノチティトランの祭祀区域内に作られた「洞窟」を模した建造物の中で行われた。マリナルコの神殿その他のアステカ式建造物はアステカ支配の恒久的な中心地であり、神聖な大地そのものがその支配を確認したのだという意味を表していた。

カリシュトラワカの考古遺跡は、トルーカの北方の低い丘の麓にある。ここはもともとはマトラシンカ族の集落で、八世紀頃にマトラシンカが占領した地域の一角である。この地をアステカが手に入れたのは一四七〇年代のアシャヤカトルの遠征の際であった。アウィソトル時代には、再入植・支配強化計画の一環としてメキシコ盆地からの入植が行われ、町はその入植者たちの手に委ねられた。マリナルコと同様にここでも、帝国の領有地であることを明示するため、建造物は首都地域の建築言語と象徴的記号体系を踏襲している。一九三〇年代のホセ・ガルシア・パヨンの発掘で祭祀センターが発見され、そこには祭司養成学校（テルポチカリまたはカルメカク）と思われる建物や、風ないし嵐の神エエカトル崇拝に関係した円形の基壇もあった。遺構から発見されたエエカトルの立像はアステカ彫刻の傑作のひとつで、下帯をつけサンダルを履いた男性の姿をしており、顔には鳥のくちばし型をしたエエカトル神のマスクをつけている。玄武岩製のこの像は、しかるべき祭事の際には立派な衣装や装身具で飾られたのだろう。首都の工房で作られたこのような質の高い像が運んでこられたり、儀礼用の建物が建設されたりしたことは、アステカがこの征服地に恒久的な入植地を築こうとしていたという説を後押しするものといえる。

こうした考古学上の発見から推測できるのは、アステカ帝国が政治的な結びつきや婚姻関係や地方首長との従属＝保護関係に基づいた国家運営を行っただけでなく、アウィソトルの時代には恒常的植民地化という概念も発達させていたということである。

新たな領土を求め、そこを領有しようというアステカの傾向は、タラスコの国境でも強まっていった。タラスコ族はアステカと接する境界線に沿って、北から南へ一連の砦を築いた。これが砦の遺跡であるということは、ダン・スタニスラウスキが一九四七年に発表したタラスコの政治地理学の研究の中で確定された。[8] 遺跡からは文字資料を補完する考古学遺物が多数発見されている。砦は敵の侵入路となりそうな峡谷を見渡せる場所に置かれた、戦略的防衛拠点であった。[9] タラスコ族はまた、地元のマトラシンカ族の首長に代えて自ら任命した者を現地

マリナルコの儀式センター

57,58 【上】マリナルコの遺跡と、その向こうに広がるメキシコ盆地。もともとの集落は丘の上にあった。そこから右へ半分ほど丘を下ったところに、復元された草葺き屋根の神殿が見える。ここがアステカの記念建造物遺跡である。【右】発掘されたマリナルコのアステカ建造物遺跡の見取り図。左の方に、岩を穿って造った円形の神殿がある（図で I と記してある場所）。

左頁

59–62 【中左】岩を掘り削って造られた神殿の正面。【中右】マリナルコのものと似た円形の神殿に向かって歩むテペヨリョトル神（山の心臓）。『ボルジア絵文書』より。【下左、下右】神殿の内部。鷲とネコ科動物の形をした座所にはアステカの軍人知事が座ったとされる。中央の鷲の後ろの床に見える穴は、瀉血儀礼の際に血の供物を捧げた場所。

の支配者にし、国境地帯での防衛力を強化した。敵の攻撃を防ぐ防御用の建築というものがあまり発達しなかったメソアメリカにあって、アステカの脅威に対するタラスコの対抗措置はかなり珍しい存在であった。段丘の上の建物、攻めにくく守りやすい自然の崖の上や島に築かれた町、それに加えて、市街地では宮殿や祭祀区域が攻撃に耐えるように補強されていた。タラスコの砦は、敵の接近情報を伝えるとともに、侵入軍を邪魔したり足止めしたりする防衛拠点として機能し、前線の町を占拠して敵の領地にくさびを打ち込んで侵略するというアステカの常套手段を封じた。この砦のラインによって、タラスコは固定的な前線に沿った地域でかなりの安定状態を確保した。そこでは、領土の支配権が政治的圧力、王朝同士の関係、軍事行動の脅しといった伝統的な方法ではなく、軍隊の常駐によって守られていた。

この前線の南にあるアラウィスタンとオストマンの要塞遺跡は、アステカ人自らが造ったとされる。それを示す考古学的な証拠が見つかっており、歴史文献でも裏付けられているためである。オストティクパクもアステカの占領地で、一九四〇年台にモエダノによって部分的に発掘調査された。[10] これらの町とその周辺地区は、アウィソトルの一四八八―八九年の遠征でひどく破壊された。住民の大人は全員殺され、約四万人の子供は帝国全域に分散移住させられた。その後この地域には、テノチティトラン、テツココ、トラコパン、そしてその周辺都市から九千組の夫婦が入植した。

アウィソトルは一四九〇―九一年にはゲレロ方面に遠征し、太平洋岸を北上した。その地域に貢納都市を確保し、いずれタラスコの要塞ラインの側面に回りこんでタラスコ地域を包囲する際には兵站基地として使おうという目論見あっての行動であった。強大なトラトアニ・アウィソトルの晩年の遠征では、はるか南方へ兵が送られた――まずは一四九七年にテワンテペク地峡へ、次いで一四九九年または一五〇〇年には、遠征隊はグァテマラの太平洋岸にあって豊富なカカオ生産を誇るショコノチコ〔現在のソコヌスコ〕にまでたどり着いた。後者の遠征を率いたのはモテクソマ・ショコヨツィン、二年後に新たなトラトアニとなる人物であった。

なぜアステカ人は別の方向、つまりユカタン半島からグアテマラにかけてのマヤ地域やトルテカ・マヤ地域に進軍しなかったのか、という疑問はこれまでも何度か取り上げられてきた（もっとも、スペイン人による征服の頃には湾岸地域南部のシカリャンコにアステカ勢力が存在しており、これが次にユカタンへ侵攻する前段階だったと考えることはできる）。ナイジェル・デイヴィスはこれについてひとつの大胆な仮説を提示している。彼によれば、メキシコ湾岸のラグナ・デ・テルミノスに面したシカリャンコ〔現在のシカリャンコ〕は広域貿易の中心地であり、その交易ネットワークによって、メソアメリカで珍重されたヒスイ（グアテマラの高地やさらにその先で産出する）が得られた。むやみに征服するとこの交易ネットワークが分断されるため、アウィソトルにしても極めて貴重なヒスイの供給源には手をつけないようにしていたのだという[11]。ともかく、アウィソトルはその在位中、遠征によって帝国に活力を取り戻させ、領土を安定させ、新たに重要な征服地を増やしたということができる。

モテクソマ二世——最後の独立した支配者

アステカ支配の最後の時代は、一五〇二年のモテクソマ・ショコヨツィンの即位で幕を開けた。宗教的伝統のとおり、彼の最初の遠征は儀式の生贄用捕虜を獲得する戦争であった。続いて、新支配者は貴族の懐柔に力を注ぎはじめた。陰謀が企てられる危険はつねにあったからである。奢侈禁止法が公布され、貴族と下層階級の間にこれまで以上にはっきりした差がつけられた。人類学者のパトリシア・アナウォルトは、伝統的にアステカでは異なる社会階層や民族集団が服装によって識別されていたことを明らかにしている（図122－124）。そのアステカで、服装の決まりごとがより一層重要視されるようになり、それに関する規定が厳しくなった。平民の古参戦士はそれまで下位の者たちと違う服装や記章を身につけていても良かったのだが、もはやそれは許されなくなった。モテクソマは、高い地位に昇った平民の特権を廃止しないように気を配ったが、その陰では平民の昇進を以前より困難にした。宮殿内ではこみいった宮廷作法が強制されて新しい階層構造を強化し、さまざまな儀式的手続きが新しいトラトアニを何層にも包み込んだ。スペイン人はモテクソマ・ショコヨツィンの宮廷で入念な恭順の表現や極端なまでの敬意の表明を目撃したが、それらのしきたりは彼の即位後最初の数年間に始められたものであった。

新しいトラトアニはまた、先代のアウィソトルに仕えていた行政官や支持者が自分にも忠誠を尽くすかどうかを疑い、すみやかに彼らを排除して自分の支持者を代わりに据えた。一部の説によれば、排除された人々の大半は殺されたという。同時に彼は宮廷の廷吏も総入れ替えした。新たに廷吏となったのは、地方の町の貴族の子弟である。こうして宮廷に連れて来られた若い貴族は、トラトアニに奉仕するだけでなく、トラトアニの思想で教化され、また一種の人質として彼らの親や親族の協力をつなぎとめる役も果たした。ここに至って、内務の長であるシワコアトルはウェイ・トラトアニの命令に従う存在となり、旧来の二元統治システムは実質的に消滅した。

モテクソマ二世は優れた戦士であり、遠征によって着々と貢納地域を広げるとともに、前任者たちの征服地への支配力も固めていった。頑強に抵抗して最後まで屈しなかったのはタラスコとトラシュカラだけである。モテクソマ・ショコヨツィンの治世、アステカはトラシュカラ族やウェショツィンゴ族と四回以上戦った。一五一五年に起きた最後の戦いは悲惨なものだった。コルテスが到着した一五一九年には、アステカとトラシュカラの間にはもはや和解不可能な激しい憎悪が存在していた。スペイン人はたちまちそれを見抜き、利用したのである。モテクソマの遠征軍はオアハカ、プエブラ、ゲレロ、旧チチメカ領へ向かい、南では再びショコノチコとテワンテペク地峡に進軍して、あらゆる方面でアステカの地歩を固めた。帝国は拡大し、テノチティトランとその同盟諸都市の力に衰えの兆候はほとんどなかった。帝国の経済的、社会的、思想的な統合の背後にはいくつかの要因があったが、主な求心力のひとつはアステカの派手な儀礼生活であった。そこで、次の第四部ではアステカの象徴世界に目を向けることにしよう。

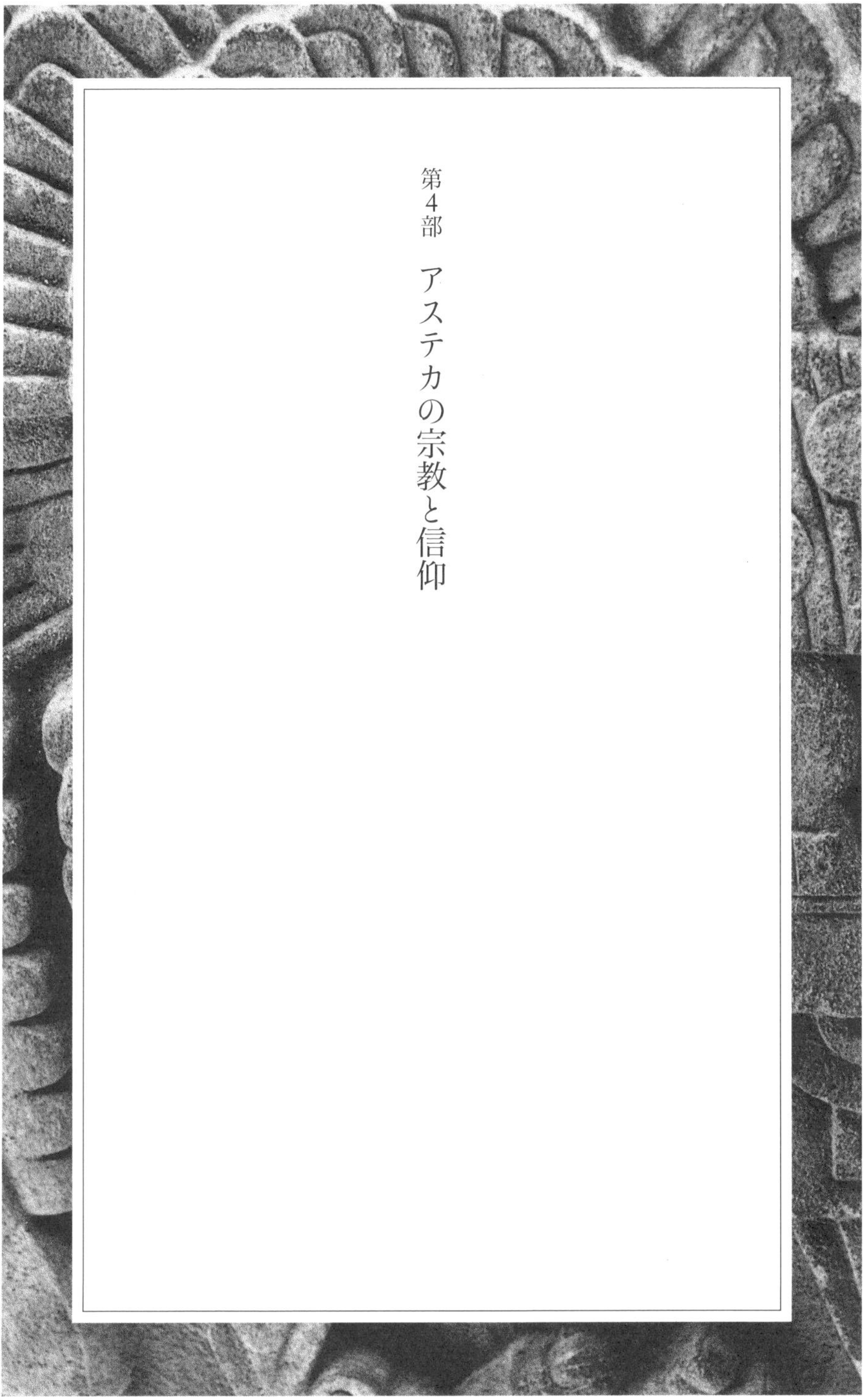

第4部　アステカの宗教と信仰

第7章 アステカの象徴世界

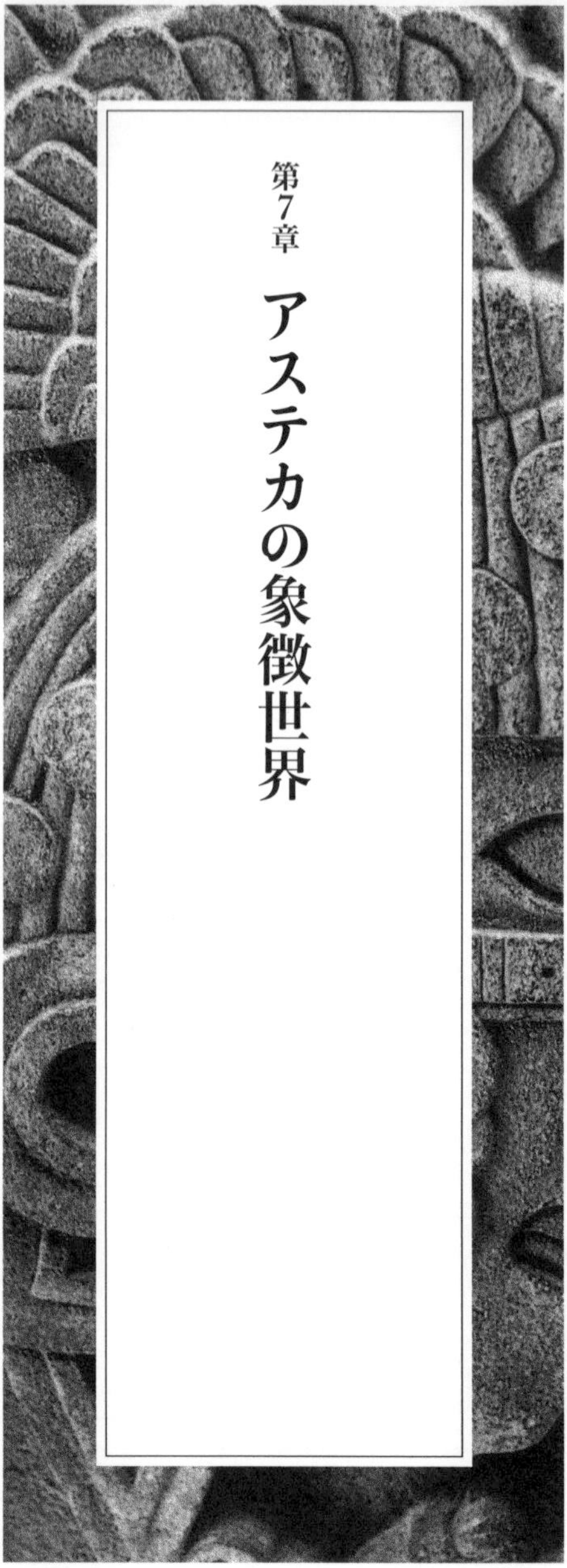

　はるかな昔から、メキシコ高原の生活のリズムは大地に深く根ざし、季節変化に強く影響されていた。農耕民の、そしてそれ以前の狩猟採集民の生活のサイクルを決定したのは、毎年繰り返される雨季と乾季の——生命の時と死の時の——交替であった。食糧入手という即物的な問題が、周期性、リズム、循環といった感覚や、大地への帰属という概念と切っても切れない関係にあったのである。アステカ人にとって、人間と自然の相互関係はこのうえなく重要なものであり、年中行事として行われる祭礼によって彼らはつねにその関係を確認していた。祝祭儀礼は都市内や自然の中のあちこちにネットワーク状に存在する聖地で行われた。こうした人間と自然の関係において中核的な役割を担っていたのが、支配者の宗教的な立場や機能であった。アステカのトラトアニと彼に従

う祭司たちには、伝統的な儀式を挙行して、正しい季節変化、土地の生産力維持、農作物の収穫や動物の猟果を保証する義務があった。

アステカの神々

チチメカ族がはじめてメキシコ盆地に入ったとき、先住者の町々にはすでにそれぞれの宗教信仰があり、信仰の中心には大自然の神々や神格化された祖先、伝説的な英雄などがいた。古代地中海文明に見られたような「神々の家族関係」はなかったが、宇宙のさまざまな面を体現した多数の神がいた。十六世紀のスペイン人歴史家ファン・バウティスタ・ポマルは、「彼らはたくさんの偶像を持っており、あまりにも多いので、あらゆるものについてそれぞれ偶像があるかのようだ」と書いている。アステカ帝国が拡大するにつれ、征服された共同体の主神がアステカの神々の大系《パンテオン》に組み込まれていった。実際、征服自体が敵の町の守護神を「捕える」こととして描写されている。第六章で見た「ティソックの石」（図50、51）には、アステカのトラトアニであるティソックがウィツィロポチトリとテスカトリポカの紋章を身につけて、配下の武将たちの先頭に立って敵の神を捕える様子が彫られており、神々にはそれぞれの町の名前の文字が付されている。テノチティトランの大祭祀区域には、コアテオカリと呼ばれる特別な建物がひとつあった。そこは、アステカが征服した共同体から奪ってきた宗教用具や崇拝対象物を納めておく場所だった。捕えられた神々はじつに多種多様だったが、基本的性格においては非常に似通っていることがよくあった。神々はつまるところ大地や天空や偉大な祖先英雄と結びついていたからである。スペイン人修道士がアステカの指導的な祭司を集めてアステカ人の古い宗教を放棄せよと迫った時、祭司長は次のように答えた。この言葉は彼らの神々についての最も根本的な考え方を端的に物語っている。

彼ら（祖先たち）は言った
聖なる精霊によって
すべてのものは生きるのだと。
精霊たちがわれらに
日々の糧を、
われらの飲み物のすべて、
食べ物のすべて
我らの滋養物、
トウモロコシ、マメ、
アマランサス、チア〔サルビア科の草で実を食用にする〕を
与えるのだと。
地上のすべてを
栄えさせる
水を
雨を
われらは精霊たちに

こいねがう。

アステカの宗教システムの網羅的な研究はまだ行われていないが、人類学者ヘンリー・ニコルソンの研究によって、アステカの神々の崇拝については多くのことが明らかにされている。ニコルソンは、すべてではないにせよほとんどの崇拝は基本的に共通する特徴を持つグループに分けられると指摘し、それぞれのグループを中心的な神の名をとって呼ぶことを提案した[1]（次ページの主神と崇拝の一覧表を参照）。問題を面倒にしているのは、神の名前が同時に人間世界の役職名にもなっていることで、トルテカのトゥーラにおけるケツァルコアトルとテスカトリポカがその良い例である。以下の議論はニコルソンのアプローチに若干の修正を加えたものである。

「煙立つ鏡」ことテスカトリポカはしばしば最も強力な最高神であり、運命の概念と結びついていた。この神はおそらく、マナ〔自然界に内在し、そこから発現して宇宙の秩序を維持する超自然的な力〕に似た力、すなわち万物の中に本来的に宿る神秘的な力を体現しているとみられる。この神の真髄を示す象徴である黒曜石の鏡は卜占と関係し、シャーマニズム的な起源との関連を示しているが、この神が特に王権と同一視されていたことにはほとんど疑いの余地がない。テスカトリポカは王権に関係した儀礼で唱えられる最も長く敬虔な祈りの主題になっている。

トナティウ（「太陽」）も古代メキシコで崇められた至高の力のひとつであった。トナティウの表象は日輪である。儀礼の際にこの神に扮する者はしばしば日輪を背負っていたし、それ以上に彫刻モニュメントによく彫られている。太陽は生命の主たる源と考えられ、戦士は特に太陽を崇拝した。戦士たちは太陽に生贄を供給する任務を帯びていた。即位儀礼の人身供犠では、太陽に捧げる特別な祭壇が使われた。これは、戦士の長たるトラトアニにとって太陽崇拝がいかに重要だったかを物語っている。

「年老いた、年老いた神」ウェウェテオトルの名前は、火の崇拝と結びついている。火の崇拝は、メソアメリ

✣アステカの主な神とその崇拝

	名前	意味	主な属性
始原の創造者	**オメテクートリ** **オメシワトル** 別名 **トナカテクートリ** **トナカシワトル**	二の王 二の女王 われらの生きる糧の王と女王	始原の男性的・女性的な創造原理
運命	**テスカトリポカ**	煙立つ鏡（黒曜石の鏡）	全能の神。運命（幸運・不運の両方）と結びついている。別の隠喩的称号として、**モヨコヤニ**（彼自身を作る者）、**ティトラカワン**（われらは彼の奴隷）、**ヤオトル**（敵）、**イパルネモアニ**（近くのものの王）、**トロケ・ナワケ**（夜・風）がある。**テスカトリポカ**は即位の時に語られる言葉や祈りの中でひときわ多く言及されると支配権と特別な関係を持つと考えられていたに違いない。
空	**トナティウ** **メッツトリ** **トラウィスカルパンテクートリ**	日を作る者 月 暁の王	太陽 金星（明けの明星）
風	**ケツァルコアトル** **エエカトル**	ケツァル（羽毛を持つ）ヘビ 風	雨をもたらす暴風（神格化された英雄と祖先神の欄も参照のこと）
火	**ウェウェテオトル** **チャンティコ** **シウテクートリ**	年老いた、年老いた神 家の中 トルコ石の王	火 かまどの火 火

大地	ポポカテペトル	煙山	聖山。これらの山への崇拝は、大地、雨、地下水、草木と関係した他の崇拝を包含していた。
	イシュタクシワトル	白い女	
	トラロック山とトラロカン	雨（の神）の場所	
	テツコツィンゴ	裸岩の高貴な場所（?）	
	マトラルクエイエ	青いスカート	
	テペヨリョトル	山の心臓	大地の再生力の中心
	トシ	われらの祖母	大地や豊穣とさまざまな形で結びついた女神たち
	テテオインナン	神々の母	
	トナンツィン	光栄ある母	
	コアトリクエ	ヘビのスカート	
	シワコアトル	女・ヘビ	
	イツパパロトル	黒曜石の蝶	
	トラルテクートリ	大地の王または女王	
	トラソルテオトル	聖なる汚物食い	
	イラマテクートリ	老いた母神	
雨、水	トラロック	大地の体現者	雨神。大地の豊穣とも関係していた。古風な名前は、この神が大地と地下水の神として太古から信仰されていたことを示している。
	トラロケ	小さなトラロックたち	
	テピクトトン	小さな古い丘々	
	チャルチウトリクエ	ヒスイのスカートの女	泉、川、湖、海の神
	イストラコリウキ	黒曜石の刃の渦巻	霜、雪、寒さの神。冠雪した山の頂と関係している。
	ウィシュトシワトル	ウィシュトティンの女王	塩の神

トウモロコシ、草木	**シロネン**	若いトウモロコシの穂	最初の柔らかいトウモロコシの神
	センテオトル	神格化されたトウモロコシ、または聖なるトウモロコシの穂	遅い時期の、熟したトウモロコシ
	チコメコアトル	七のヘビ	種蒔き用トウモロコシ
	シペ・トテク	皮を剥がれたわれらの王	草木の神（特に、種）
	マヤウェル	リュウゼツラン	リュウゼツランの神
	オクトリの神々		プルケ（リュウゼツランの汁を発酵させた飲料）の神々。さまざまな名前で登場する。
	ショチピリ	花の王子	花と植物の神、歌と踊りの守護神
	ショチケツァル	花のケツァル	花と穀物の女神、織工の守護神
	マクイルショチトル	五の花	花、植物、歌、踊り、ゲームの神
死者の国	**ミクトランテクートリ**	ミクトラン(死者の国)の王	死、暗闇、地下世界の神
	ミクトランテカシワトル	ミクトランの女王	**ミクトランテクートリ**の女性版
神格化された英雄と祖先神	**ウィツィロポチトリ**	左のハチドリ	メシカ＝アステカの始祖の守護神。戦争の守護者で太陽と結びついている。
	ケツァルコアトル	羽毛のあるヘビ	古代の風と嵐の神。この名前は支配者の称号でもある。歴史的に、トルテカのトゥーラにいたひとりの名高い支配者と結びつけられてきた。スペインによる征服時、崇拝の中心はチョロリャンにあった。
	ヤカテクートリ	鼻の王	商人の守護神
	ミシュコアトル	雲・ヘビ	狩猟の神。古代の部族神で、特にトラシュカラ、ウェショツィンゴ、その他のプエブラ盆地の町で崇拝された。
	カマシュトリ	追跡の王	チチメカの神で、崇拝の中心地はウェショツィンゴ。

カで最も古い信仰のひとつである。聖なる火の概念は、最も基本的な火のはたらきである家内のかまどと、そのかまどで調理用の器を支える三つの石につながっている。火鉢を背負った老人の姿をした土製や石製のウェウェテオトル像がテオティワカンで発見されており、またクイクイルコの円形ピラミッド（紀元前三〇〇年頃）からも発掘されている。アステカでは、神殿内の聖なる火の維持は祭司の重要な義務であり、後述するように、町中のすべての火が消されるのは一年の終わりの数時間だけであった。古い火を消して新しい火をおこすこと、すなわち火の更新は、時間そのものの更新と同一視されていた。

雨神トラロック崇拝も、古代メソアメリカで最も古く最も広く見られた信仰のひとつである。トラロックという名はアステカのものらしいが、生命を与える雨の概念や山頂の祠堂と特定的に結びついた嵐の神という概念自体は、テオティワカンと同じくらい古い。千年後のテノチティトランでそうだったように、トラロックのぎょろ目のマスクはテオティワカンでも随所で見られた。トラロック（Tlaloc・古い綴りではTlalloc）は、「大地の体現者」を意味する。ここから、この古い神は、山頂の雨神に進化する前には大地と地下水の神だったのではないかと考えられる。実際、地下のトラロック祠堂がテオティワカンで発見されている。このことは、谷底から雲が次第にわき上がって山頂の周りに集まるという、雨季によく見られる景色を暗示している。儀式の際にトラロックに扮する者は特徴的なマスクとサギの羽根の頭飾りをかぶり、しばしばトウモロコシの茎または稲妻を象徴する杖を手にしている。儀礼用の水差しもトラロックの象徴であった。複数のトラロックの祠堂跡で、この神が玉石の形で表現されている。メキシコ盆地では、この神の最も重要な祠堂はトラロック山頂にあった。

「ヒスイのスカートの女」チャルチウトリクエは、地下水崇拝に関係した神である。そのため彼女の祠堂は、湧き水や小川、灌漑用水路や導水路のそばに作られていた。その中で最も重要な場所はパンティトランといい、テツココ湖の中心にあった。彼女は時にトラロックの「姉妹」と称される。儀礼の際にチャルチウトリクエに扮

アステカの神々の大系《パンテオン》

63-65 【右】火の神ウェウェテオトル（「年老いた、年老いた神」）。大ピラミッドで出土。【下右】ケツァルコアトル。緑色で虹のように輝くケツァル鳥の羽根は、古代において王権と天空の象徴であった。【下左】右の写真のとぐろを巻いたケツァルコアトルの彫刻の底面。雨神トラロックが描かれている。彫像全体は、山からわき起こって雨季の降雨をもたらす嵐の形になっている。

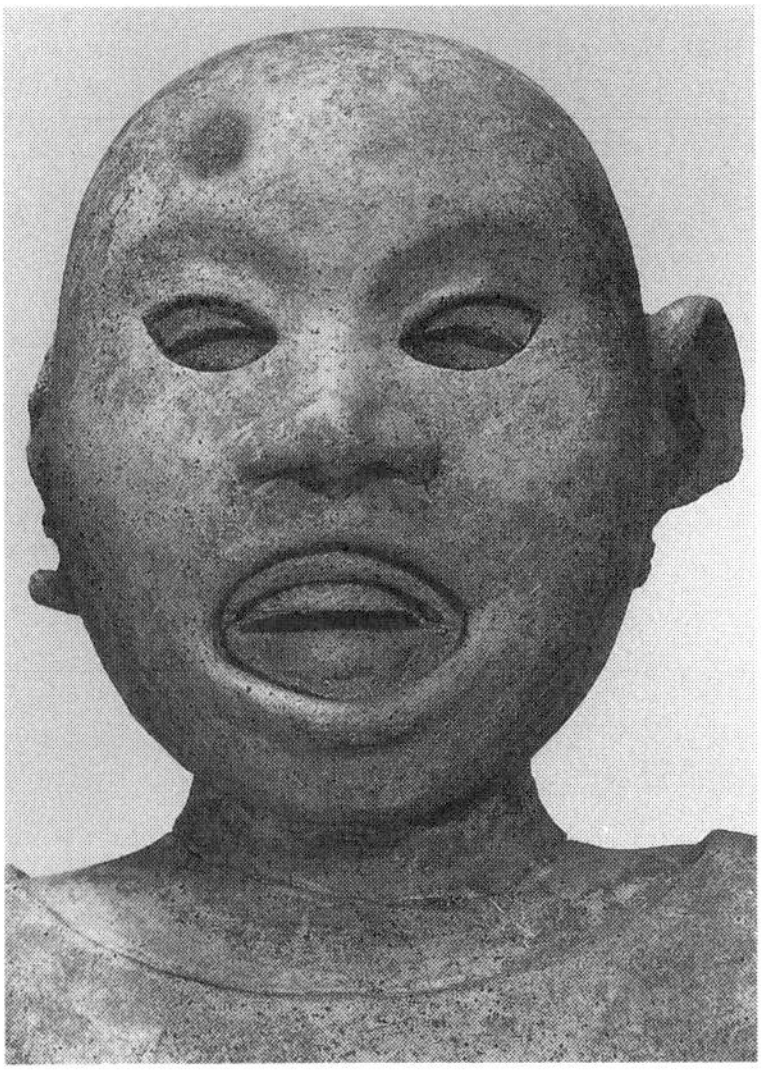

66-69 【上右】トラロックに扮した体現者。『イシュトリルショチトル絵文書』より。【上左】リュウゼツランの女神マヤウェル。リュウゼツランは利用価値の高い繊維と汁が取れたので大切に扱われた。【中左】ウィツィロポチトリ。神格化されたアステカの英雄戦士であり、テノチティトランの守護神。ハチドリの頭飾りをかぶり、盾と投げ矢を持っている。【下右】草木の神シペ・トテクのマスク。生贄の人間からはいだ生皮を、シペ・トテクに扮する者がかぶっているところを表現したもの。生皮のマスクは、生命を宿した種を覆っている乾いた種皮をあらわしていた。

する人間は、この神の目印である緑色のスカートをはいた。トラロック崇拝と同様にチャルチウトリクエ崇拝も、大地、豊穣、自然の再生と深く結びついていた。

「ケツァル（羽毛を持つ）ヘビ」を意味するケツァルコアトルという名前は、さまざまなものと関連していた。「ケツァルコアトル」は大自然の神の名前であり、王の称号であり、トルテカ時代には軍事的な称号にして象徴的表象であり、伝説的な祭司王の名前であり、高位の祭司の称号であり、第八章で述べるカルメカクという学校を守護する信仰であった。ケツァルコアトル崇拝はきわめて強く、それだけに複雑な現れ方をしていた。そのため、それをいちいち検討することはやめにして、ここではこの崇拝の最も根本的な重要性を物語るひとつの像を見てみよう。それは羽毛を持つヘビが円柱状にとぐろを巻いて台座から上へ昇っている像で、台座の裏面には大地の神のシンボルとトラロックが彫られている（図64、65）。尾に水を蓄えて大地から立ち昇るヘビのイメージは、サアグンが残したケツァルコアトルの描写の中にも脈打っている。サアグンのテキストでは、雨の前に激しい雷と嵐が起こり、風が吹き荒れて土埃を巻き上げる、と記されているのである。[2]

大地崇拝は天空崇拝と同じくらい変幻自在であった。最も基本的な形では、大地はトラルテクートリ（大地の王、または大地の女王）として言及される。トラルテクートリの外見は歯をむいて顔を上へ向け、しゃがんだ格好で、しばしば生贄のシンボルや頭蓋骨を背中に負っている。ヘビ、クモ、ムカデなども大地に近い生き物ということでこの神と結びつけられていた。大地は生命の与え手であるだけでなく、地上で育ち活動するものすべてが最終的に還る場所でもある。大地の再生力をあらわす他の図像としては、よく大地の子宮が描かれる。『トルテカ・チチメカの歴史』の中の有名なチコモストクのページ（図34）がその見本である。儀礼の際に地母神に扮する体現者は、特に出産や豊作と一体視された。地母神の名前であるテテオ・インナン、トラソルテオトル、トナンツィン、イツパパロトル、シワテテオなどは、大地のさまざまな力を表している。地母神とトウモロコシの神の間には、衣装やその他の象徴要素の面で多くのつながりが見られる。

トウモロコシは女性として描かれ、とりわけ三人の女神が主要神であった。「若いトウモロコシ」であるシロネンは雨季の最初の収穫で採れた柔らかいトウモロコシを頭飾りにつけた思春期の少女の姿をしている。「七のヘビ」チコメコアトルは、収穫後に翌年のために干してとっておく播種用トウモロコシの称号である。植え付け開始時期には、女性祭司がこの播種用トウモロコシの穂を持って登場した。「聖なるトウモロコシの穂」ことシンテオトルは、秋の収穫が終わった後に食用にされるトウモロコシをさす、より一般的な名前であった。

他の主な栽培植物もアステカの神々の中に姿を見せる。中でも特に重要なのがリュウゼツランである。メキシコ中部ではこの大型のサボテンの仲間が畑の縁に生えているのが見られる。リュウゼツランの汁を発酵させたビール風の飲料であるプルケは、適量を飲んでいる限り、高原の食生活に欠かせない一品であった。また、リュウゼツランから取れる繊維は布、網、ロープ、袋、その他多くの有用な品々の材料となった。

神格化された祖先への崇拝のうち、ウィツィロポチトリ崇拝はテノチティトランで特に顕著だった。伝説的英雄ウィツィロポチトリの物語は本書第三章で述べられている。メシカ族がやって来る前からメキシコ盆地の町々には類似の物語がいくつもあり、メシカ族がそれらの話をつぎはぎして作った合成像がウィツィロポチトリである可能性もすでに論じた。英雄や傑出した支配者を神格化する風習はテツココでも見られる。たとえばネツァワルコヨトルは死後テツコツィンゴで崇拝対象となり、他の自然界の神々の祠堂と並んで、彼の像も岩に彫られ崇められていた。「建国の父」の像が人々の間で次第に古代の英雄神と同等の地位を獲得していった例といえよう。

「テオトル」の概念

アステカの宗教思想の基本概念のひとつを示すのが「テオ teo-」という語根である。この語はしばしば接尾辞 tl を伴って「テオトル teotl」と書かれる。翻訳困難なこの単語を、スペイン人は「神」、「聖人」、ときには「魔物《デーモン》」として記録した。「テオ」という語の研究からは、これがナワトル語テキストにおいてさまざまな文脈で現れることが明らかになった。自然界の神の名前とともに使われるときもあれば、それらの神に扮した人間をさして使われることもある。また、神の聖なるマスクや関連した儀式用品（木製、石製、穀物粉に水を加えてこねた生地製の神像など）と結びつけて使われもする。「マナ」「神秘的」「神聖」などの言葉が用いられて、「テオ」の重要性を暗示している。「テオ」は、およそ神秘的で強い力を持つものや、通常の経験を超えるものすべてを修飾するために使えるようである。たとえば、非常に大きな狩猟動物、遠くにあって畏怖を抱かせる冠雪した山、太陽の光や稲妻など恐ろしい力を持つ自然現象、生命の源である大地、水、トウモロコシ、さらには偉大なトラトアニまでが対象に含まれた。善いものや倫理にかなったものに限らず、有害な現象にも「テオ」の語が付くことがあった。

「テオ」の語が多様な文脈で用いられることは、アステカ人の次のような世界観をあらわしているのかも知れない。つまり、アステカ人は、自分たちの住む世界に存在するものは――永続的なものもそうでないものも――本来的に多かれ少なかれ生命の力を内に持っていると考えていた。これは、「前近代的」世界の人々に広く存在する「周囲の物には意思があり、場合によっては一種の人格さえ持っている」という見解を反映している。アステカの儀礼はこの考え方の例をいくつも提供してくれる。たとえば、十五世紀末のアウィソトルの治世に、チャプルテペクからテノチティトランの中心部まで水を引く新しい導水路が完成して、王が除幕式を行ったことがある。このとき祭司たちは水の女神チャルチウトリクエ（「ヒスイのスカート」）の服装をしていた。女神に扮した祭司たちは水路の脇に待機し、最初の水の流れを出迎えた。水が流れてくると、彼らはその「生命を与える要素」に手を差し出して、香、トルコ石、ウズラを捧げ、水に向かってあたかも生きている者に対するように話しかけた。この儀礼は、神と、神に扮した体現者と、祭司と、自然界の要素の間の、不思議で複雑な等価性を――近代西洋思想とはまったく別種の関係性の連なりを――よく物語っている。

創世神話

アステカの創世神話は、形こそいくらか違えども互いに関連したいくつかのバージョンが十六世紀に収集されている。記録したのは、スペイン人修道士や、メキシコ盆地とその周辺地域のあちこちの先住民知識人であった。それらの天地創造神話は始原の世界の始まりを描き、それに続いていくつかの時代が交替して、やがて現在の大地と動物と人間が出来たと説く。神話によって、彼らは大地の起源や太陽、月、雨季といった自然の理、植物の生育サイクル、人間のはじまりを説明することができた。神話はまた、聖なる歴史や、宇宙と社会の全存在を統べる原理を学ぶ手段であった。神話はさまざまに変化する意味レベルごとに主題を確立し、アステカ人はそれらの主題によって社会の秩序と自然の秩序が基本的に統合された状態を保ったのだった。

始原の男性的・女性的な力

ある重要なテキストによれば、世界が出来る前には始原の男性的創造力と女性的創造力があって、それぞれオメ・テクートリ（「二の王」）とオメ・シワトル（「二の女王」）という名を持っていた。彼らはオメヨカン（「二の場所」）に住んでいた（なお、オメヨカンはしばしば「二元性の場所」と訳されているが、これから見ていくように、対立する二元的な力という概念はアステカの宇宙論思考で

70 『ボルボニクス絵文書』のページのひとつ。創造主である男女の神、オメテクートリとオメシワトルが中央に描かれている。ふたりが座っている聖なる囲い地からは水が流れ出している。その周囲を、日の記号（絵文字）とそれぞれの日を司る神が囲んでいる。

はそれほど強い特徴ではない）。男性的な力と女性的な力はトナカテクートリとトナカシワトル、つまり「われらの肉体と生きる糧の王と女王」とも呼ばれた。この名前は、それらの力が食物の創造と密接に関係していることを示している。『ボルボニクス絵文書』に、始原のカップルが長方形の区画に座り、周囲を暦の文字が囲んでいる絵の描かれたページがある。ふたりは互いに向かって、時について語っている。擬人化された始原の力には四人の息子がいた。息子たちはそれぞれ四方位〔東西南北〕のひとつと一体視され、方位に従って赤、黒、青、白の色をしていた。世界の表面は水平で、そこには生きた創造の中心があり、その周囲が正確に四分割されている、と規定されていたのである。宇宙論を扱った別の物語では、宇宙の垂直方向の構造が述べられている。そこでは地上世界と上方の天上界、下方の地下世界が、概念的な中心軸にそって重なっていると考えられている。天上界は複数の層に分かれており――十三層とする物語もあれば九層とするものもある――、地下世界も同様に何層にもなっている。この宇宙構造においては、天国対地獄といった対置はない。天上界のレベルにも地下世界のレベルにも、倫理的な価値は関係ないからである。世界の外辺は円形と考えられ（一部に正方形とするものもある）、そこで大地の周囲を囲む海「イルウィカ・アトル」が、半球を伏せた形の天の端と出会っているとされた。アステカ人が保持していた最古の宇宙論のひとつでは、大地は太古の海に浮かぶワニにたとえられ、ワニの背中の鱗《うろこ》や突起が山や谷だとされていた。

五つの時代

最初の大地の創造の後、その大地は破壊された。不完全な創造と破壊が四回繰り返された後、現在の五番目の時代に至った。[3] 数回にわたる不完全な創造という概念はメソアメリカでは非常に古くからあり、かつ広範囲で見られる。たとえばキチェー・マヤ族の聖典『ポポル・ウフ』にも似た話が記録されている。[4] アステカのテキストでは、五回の創造のそれぞれで「太陽」と呼ばれる時代が作られたとされている。「太陽の伝説」の完全なテキストは十六世紀の『チマルポポカ絵文書』にあり、ジョン・ビアホーストがナワトル語から英語に翻訳している。テノチティトランで公式に採用されていた五つの時代の順番は、「五つの太陽の石」（以前は「アステカの暦」と呼ばれていた）（図71、72）や「モテクソマ二世の即位の石」（図106、107）といった有名なモニュメントに記録されている。アステカ人は第一の時代を「四のジャガー」と呼んでいた。この時代には巨人が地上を闊歩していたが、彼らは土地を耕すこともトウモロコシを蒔くこともせず、野生の果実や根菜を採って生きるだけであった。この不完全な時代は、一四のジャガーが巨人たちを飲み込んで終わった。そのため、この時代をあらわす文字はネコ科動物の頭である。第二の時代「四の風」にもやはり欠陥があり、暴風によって破壊された。暴風は、魔法の力で人間を

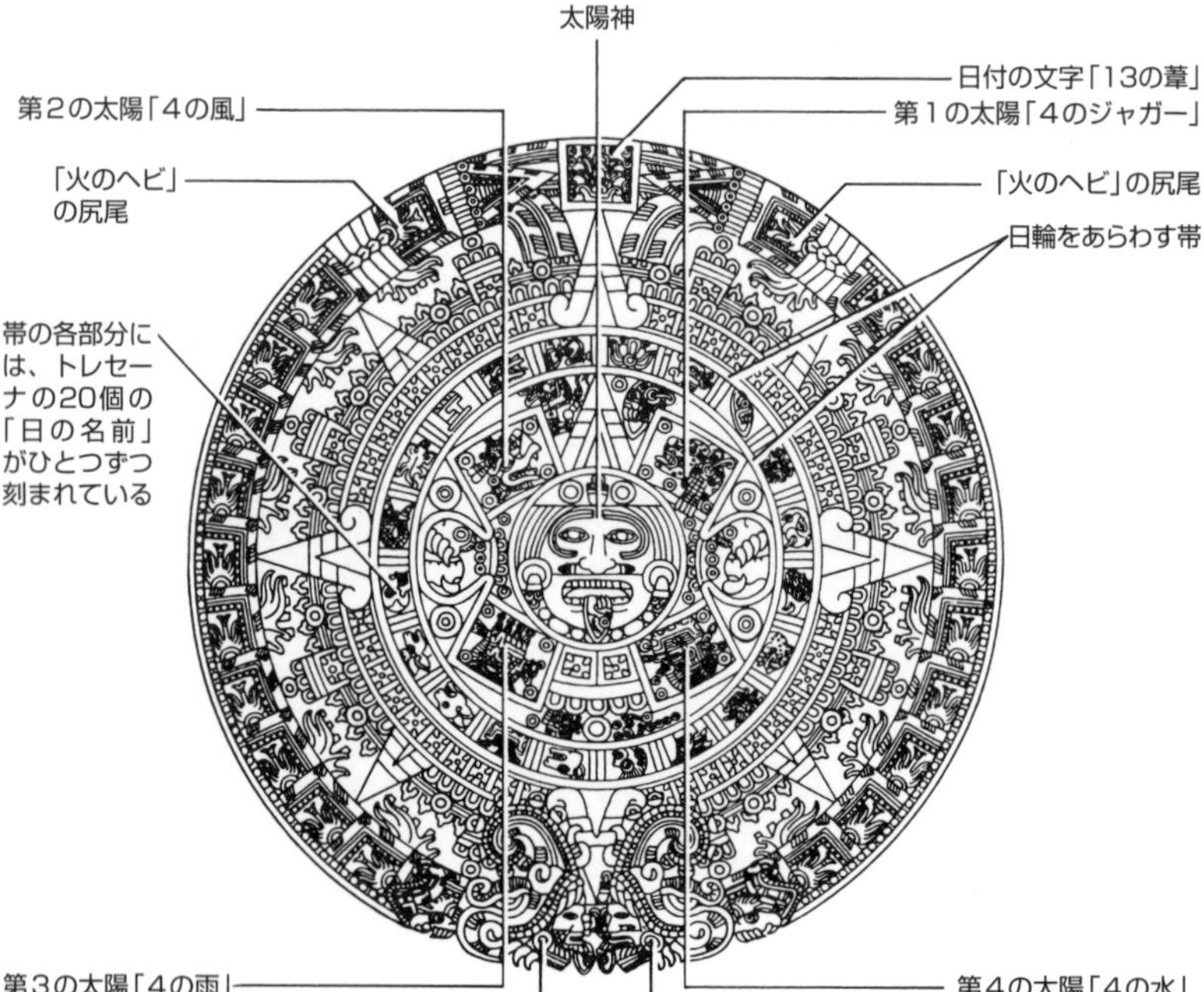

71,72 【上、右頁】アステカの「太陽の石」。18世紀末にメキシコシティーの中央広場の下から掘り出された。中央に彫られているのは太陽の顔、または大地の怪物トラルテクートリの顔とされる。この石は完全な暦の機能を果たすものではなく、神話上の５回の世界の創造（第１の「太陽」〈＝時代〉から第５の「太陽」まで）を記念するためのモニュメントである。一番上の四角い枠で囲まれた日付文字「13の葦」は、現在の太陽の神話的な始まりの日付であるが、同時にイツコアトルが即位した1427年も「13の葦」であった。歴史的な年と神聖な日付が一致したことで、アステカの支配者たちの権威は神聖性を帯び、宇宙の秩序と人間社会の間に確固たるつながりが成立したのだった。

猿に——人間に似ているが人間ではない生き物に——変えてしまった。この時代をあらわす文字は風の王ケツァルコアトルのマスクであった。第三の不完全な時代は炎の雨で滅び、その時代の人間は死ぬか鳥に変えられるかしてしまった。この事件は「四の雨」の日に起こったので、この太陽（＝時代）をあらわす文字は雨の王トラロックのマスクである。第四の時代は雨の時代で、頻繁に大雨が降ったため、地上は大洪水になり人間は魚に変えられた。この時代をあらわす文字が、湖、川、泉、海の神である「ヒスイのスカート」ことチャルチウトリクエの頭なのはそのためである。第五の、つまり今の時代は、地震で終わると予言されている。この時代を示す文字は「オリン」つまり「動き」（大地の動き）という絵文字である。現在の太陽、月、人間は、この時代の初めに創造された。

高名なメキシコの学者アルフォンソ・カソが指摘しているように、上述のような「時代の連なり」は、ユダヤ＝キリスト教的な概念、すなわち最初に楽園があって次に堕落が起き、最初の人間が放逐されたという筋立てとはまったく異質のものである。[5] 創造の力や神々が、より完成度の高い世界と人間の定式を見つけるために邁進する、というアステカの創造神話のイメージは、世界の進化のイメージである。よりよい食物を次々に求めるという意味合いもある。第一の時代の巨人たちは根菜や野生の果実を食べていた。第二の時代にはアコセントリ（松の実）が加わった。第三の時代にはアセ・セントリ（雑穀）、第四の時代にはセンココピまたはテオセントリという、原始的なトウモロコシに似た実のつく野生の草の名があげられている。

太陽と月の創造

第五の時代の最初に太陽がどのように創造されたかの物語を、ベルナルディノ・サアグンが記録している。

まだすべてが闇だった時、まだ太陽は輝かず夜明けが始まらなかった時のことだと伝えられる。神々が集まってテオティワカンで会議を開いたという。彼らは話した。彼らは仲間同士で言い交わした。「来たれ、神々よ！　誰が荷を背負う？　夜明けをもたらすため、誰が太陽となる役をその身に引き受ける？」[6]

これに応えて、二人の神が太陽になるために自ら生贄の役を買って出た。その一人であるテクシステカトルは、生贄の準備として高価な材料で出来た供犠用具を並べてみせた。彼が差し出したモミの枝はケツァルの羽根で出来ており、草を丸めた玉は黄金、リュウゼツランのトゲは緑色岩、赤い血のついたトゲ〔瀉血用具〕と見えたのは珊瑚だった。そのうえ、彼の香は最高級品だった。一方、もう一人の志願者であるナナワツィンは貧しくてみすぼらしく、緑のイグサ、松の葉、本物のリュウゼツランのトゲ、自分自身の血しか差し出すものがなく、香は彼自身の傷口に出来たカサブタであった。テオティワカンの月のピラミッドと太陽のピラミッドの頂上で四夜にわたって改悛の苦行が行われた。五日目の夜、二人の志願者は儀式用の装束に着替えて大きな炉床の前へと導かれた。そこでは焚き火があかあかと燃えていた。真夜中になり、集まった神々はテクシステカトルに言った――「勇気を示せ、テクシステカトルよ。火の中へ身を投ずるのだ！」。しかし燃えさかる巨大な炭の山と怒り狂う炎の発する耐えがたい熱に気おされて、テクシステカトルは四度身を投げようと試みながらそのたびに引き返した。そこでナナワツィンが呼ばれた。ナナワツィンは勇気をふるってさっと火の中へ飛び込んだ。それを見てテクシステカトルも勇気を出し、後に続いた。

その後、二人とも炎の中に身を投げ終えた時、二人がもう燃えてしまった時、神々は座って、ナナワツィンが――最初に火の中に落ちた者が――（太陽として）輝くために、夜明けが始まるように、どこから出てくるかを見ようと待っていた。[7]

神々は四方八方を見、あたりを見回し続け、ついに東の方に最初の日の出を見つけた。前夜の生贄の焚き火の熱との詩的な並行表現はとりわけ印象深い。

そして太陽が昇ってきた時、彼が突然現れた時、彼は赤く見えた。彼は左右に揺れ続けた。彼の顔をまともに見ることはできなかった。彼はその光でひとりの神を盲《めしい》にした。彼は強烈に輝いていた。彼は自身の中から光線を発していた。彼の光線はあらゆる方向へ届いた。彼の輝ける光線はあらゆる場所へ差し込んだ。[8]

やがてテクシステカトルも月となって昇ってきた。最初は月も明るく輝いていたので、それを暗くするためにひとりの神がテクシステカトルの顔めがけてウサギを投げた。古代メキシコで月にウサギの刻印があると考えられていたのはそのためである。しかしこの時はまだ太陽と月は静止していた。残るすべての神々が自身を生贄にし、エエカトル（風の王、ケツァルコアトルの別名）がおおいに風を吹かせた後、ようやく太陽と月はそれぞれ昼と夜の道へ送り込まれたのだった。

人間の創造

創世神話の最後のエピソードは、ヘロニモ・デ・メンディエタ修道士による別の記録の中に残っている。[9] それによれば、ケツァルコアトルが地下世界の死者の領域へ降りて行き、過去の世代の人間たちの骨を大量に集めてきたという。そしてケツァルコアトルはその骨に自分の血を振りかけてすりつぶし、それで新たな人間を作った。

ここで考慮しなくてはならないのは、このような神話は聞く者を楽しませたり、語り手の空想をはばたかせたりするために語られたという点である。神話には、宇宙や人間の出来事を合理的で客観的で一貫性のある形で説明するという意図はあまりない。物語は、人間の生活や経験を裏で支える真理や原則を隠喩的に表現してみせる。始原の男女がひとつの囲い地の中に座っているイメージは、どちらも同じように不可欠なふたつの「生命を生み出す力」が始原において統一されたところから生じた二元性を示唆している。創造と破壊の繰り返しを描く神話は、死がその次に必ず起こる再生のための一条件にすぎないことを示す。太陽と月になるため燃えさかる焚き火に自ら身を投じる神の姿は、新しい生命の形をもたらすための犠牲の必要性を説いている。同様に、自分の血を提供して祖先の骨と混ぜる創造神の話は、価値あるものを差し出さない限り、より大きな価値は作れないことを物語っている。これらの神話上の出来事が起きたのは神聖な時代であり、そこで以後の行動の規範が形づくられた。日の出は、最初の犠牲と同一視されたゆえに神聖なものとみなされた。暗闇が陽光に満ちた空間に変化した物語のように、自然界で経験される他のあまたの変化も、その原型は神話的な創世の時代に求められる。毎年決まってやってくる乾季と雨季の交替、植物の再生、人間が人生において誕生、成年、結婚、死といったいくつもの段階をくぐっていくこと、大首長の即位、低い社会的地位から高い地位への昇進などは、いずれも、もとの姿から別の何かに変わる過程に焦点をあわせる傾向を持つアステカの世界観の根本的側面を反映している。

アステカの宇宙観は古代メソポタミアのそれと対照的である。古代メソポタミアは、光と闇、秩序と混沌、生と死、善と悪といったふたつの力の闘争を強調した。ところが古代メキシコの神話は、目に見える季節的変化——誕生、成長、成熟、死、それに続く犠牲で再生と更新が保証されること——を見失っていないように思われる。

後述するようにアステカでは、新しい生命をもたらすために必要不可欠な供物を捧げる儀礼の責任者は王であった。アステカ神話に描かれる宇宙の森羅万象の壮大な図式の中では、人間はほんの小さな一部分でしかない。しかしそれにもかかわらず人間は、季節の移り変わり、天体の運行、自然や共同体生活の定期的な更新が確実に起こるように保証するうえで決定的な役割を担っていた。アステカの思想に宇宙の二元性があっても、それは延々と続く変化のプロセスの中に存在する相互補完的なふたつの力という意味での二元性であり、互いに相手を滅ぼそうと戦うふたつの対立する力ではなかった。

祭祀暦

アステカの祭礼と宗教建築について述べる前に、彼らの暦システムを説明すべきであろう。時の連なり具合は、国家が組織する行事のスケジュールや内容だけでなく、個人の生活の重要な活動すべてを司っていた。古代の新世界・旧世界に生きた他の多くの人々と同じく、アステカ人も、時間が無限の過去から無限の未来へ均一に流れているとは捉えていなかった。時間はいつどこでも均質で淡白なものではなかった。アステカ人にとっての時間はエネルギーと動きに満ちており、変化の先触れであり、神秘的な出来事の意味が詰まったものだった。宇宙創造神話では、創造、破壊、再創造の過程で最も重要な関心事が明かされているが、暦のシステムはそうした時間の性格に関する概念を反映していた。

アステカの時の数え方にはふたつの相があり、それぞれが異なる機能を持っていた。第一の相は非常に興味深い「トナルポワリ」(「日の計数」)という数え方で、これは卜占の目的で用いられる二六〇日周期をさす。循環する二六〇日は神聖暦を形成し、この暦はアステカよりもはるかに前からメソアメリカの人々の間で使われていた。トナルポワリの起源は紀元前一千年紀のオルメカ時代、もしくはさらにそれ以前にさかのぼるのではないかといわれている。暦システムのもうひとつの相は三六五日の太陽暦で、「シウポワリ」(「年の計数」)と呼ばれ、毎年決まった季節に行われる祭礼のサイクルを統御していた。二種類の暦は同時並行的に機能していた。その仕組みを理解するためによく使われるのが、回転するふたつの歯車がかみ合っている図である。三六五日の歯車と二六〇日の歯車の初日同士がかみ合うのは五十二年に一度である。メソアメリカにおいてこの五十二年周期は、いわばわれわれの「世紀」に相当した。ひとつの五十二年周期が終了して新たな周期に入る際には、必ず大規模な祭礼が行われた。

二六〇日暦

二六〇日のトナルポワリ暦は、天体現象の観測から生まれたと考えられている。現代の天文考古学者は、古典期マヤの都市コパン(現ホンジュラス領)付近の緯度では、太陽の通り道が天頂を南から北へ横切った後、戻ってきて北から南へ横切るまでの周期が二六〇日であることに注目している。この間隔が、歴史上のいつかわからない昔に、植え付けから収穫までの季節を決定したのだろうか? それがこのうえなく重要なものとされ、古代から神聖視されて、時の数え方として後の宗教伝統の中に保存されたのだろうか? こうした質問に答えるのはこの章の目的を超えている。ここで詳しく説明すべきはむしろ、トナルポワリの構成と、アステカの人々の生活に秩序を与える上でそれが果たした役割であろう。

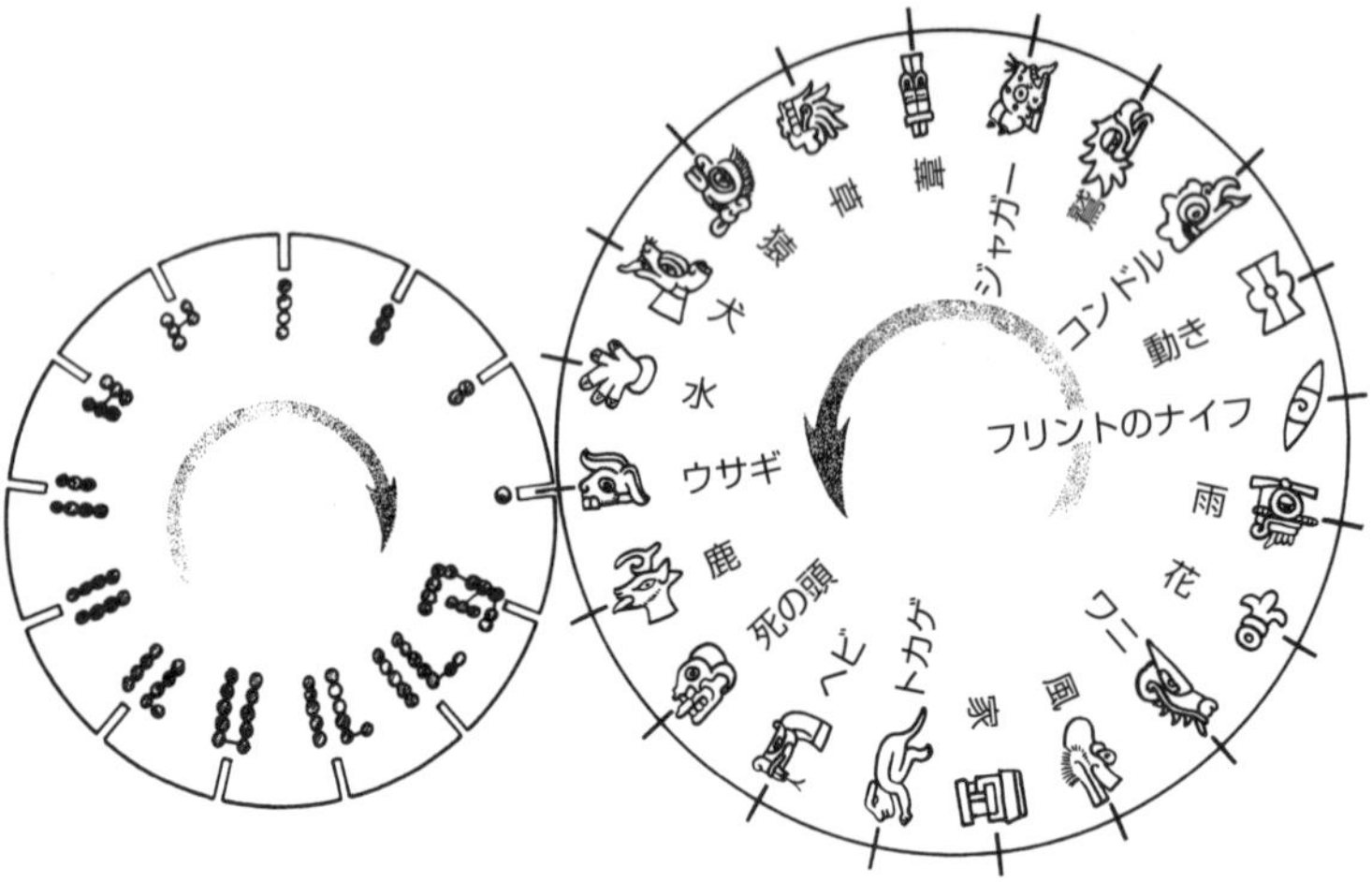

73,74 【上】アステカの260日暦「トナルポワリ」のしくみを図示したもの。20個の日の名前が1から13までの数字と順番に組み合わさる。【下】祭祀暦である『フェイェールヴァーリ・マイヤー絵文書』の最初のページ。火の神シウテクートリが中央の四角い枠の中に立ち、垂直の世界軸を表している。上が東で、日輪が昇っている。下は西で、太陽の沈む場所に大地の怪物が描かれている。絵を花びら型の外枠のように囲んでいる小さな丸の並んだ帯は、循環暦の260個の位置で、20個の日の絵文字が帯の曲がり角ごとに現れ、相互の間隔は13になっている〔間に小さな丸が12個はさまっている〕。

二六〇日周期は、名前と数字とで表される「日」の集まった二十個のグループから成っている。それぞれの日には、ウサギ、水、フリント〔燧石《ひうちいし》〕のナイフ、ワニ、ジャガーといった名前があり、その動物や品物をかたどった絵文字で書き記された。この二〇日の周期に、一から十三までの数字を組み合わせる。小さな丸で書きあらわされるこの数字は、一から始まって十三までいくと再び一に戻るが、今度は前とは別の「日の名前」と出会う。こうして二六〇日周期の各日は、二十個の日の名前のひとつと、十三個の数字のひとつの組み合わせで表示されたのである（二〇×一三＝二六〇日になる）。

神聖な二六〇日の周期はこうして、十三日を一単位とする二十の「週」に分けられる。この「週」をスペイン人は「トレセーナ」と呼んだ。各トレセーナは数字の一と日の名前で始まり〔たとえば「一のウサギ」〕、翌日は二と次の日の名前〔「二の水」〕、さらに次の日は三とまた次の日の名前〔「三の犬」〕、というふうに順々に数字と名前が変わっていく。そのため、トナルポワリの二六〇日周期の中には同じ組み合わせの日は一回しか現れない。どの週のどの日をとっても、他の日との混同が起きることはなかった。

トナルポワリの暦は、トナラマトルと呼ばれる屏風だたみの本に記録されていた。この本は、アマテ紙という樹皮でできた細長い紙で出来ており、「トナラマトル」という名前も「アマテ」に由来する。樹皮紙は白い顔料で下塗りされ、その上に見事な彩色の美しい絵が描かれている。このような屏風だたみ文書の中で最も有名なもののひとつが『ボルボニクス絵文書』である。この絵文書は、スペインによる征服後間もない時期にテノチティトランまたはイシュタパラパン＝クルワカン周辺で作られた。そして植民地時代にスペインへ運ばれ、マドリード近郊のエスコリアル宮殿の図書館に収められた。その後おそらく一八二三年頃にフランスへ持ち出され、パリの旧ブルボン宮殿にあった下院図書館が購入した。「ボルボニクス」（ブルボンの）と呼ばれているのはそのためである。絵文書は先住民芸術家によって実質的に先スペイン期の様式で作られているが、スペイン人がラテン文字でコメントを書き込むためのスペースが取ってある。

屛風だたみの絵文書の各ページでは、十三日からなるトレセーナの周期ひとつが扱われている。一部分にそのトレセーナの支配的な神または統治者が描かれており、個々の日は四角く区切られた小さな欄に、関係する神とともに記されている。関係する神には十三人の昼の王と九人の夜の王がおり、昼の王はそれぞれ特定の鳥または蝶とともに登場する。これらの神々はトナルポワリの中で独立したサイクルを形成しており、順序正しく繰り返し現れる。ここから、トナルポワリは単なる数字と日の組み合わせシステムにとどまらなかったことが明らかになる。各トレセーナはそれぞれひとりの支配的な神の影響下にあり、各日もまたそれぞれの昼の王と夜の王の影響下にあるからである。

スペイン人の年代記作者の記録から、トナルポワリによって提示されるさまざまな影響力を解釈する専門の占い師がいたことがわかる。この専門家は折々に呼び出されて、生まれたばかりの赤ん坊について予言をしたり、吉日や凶日の観点から人々の行動に関して助言を与えたり、作物の植え付けや収穫に最適の日を決めたりした。

（トナラマトルの）記号はまた、先住民たちに、種蒔きや刈り入れをすべき日を教え、畑を耕し、トウモロコシ畑を中耕し、雑草を抜き、収穫し、貯蔵し、トウモロコシの穂皮をむき、マメや亜麻の種を蒔くべき日をも教えた。彼らは何かをするときにはつねに、これこれの月に、このような行動をした後で、こういったしるしのある日を選んで、そのことをしなければならない、というふうに考えていた。そのすべては迷信に支配された順序と配慮に従って行われた。だから、もしもトウガラシを特定の日に蒔けなかったなら、通常の暦での日の数え方とは関係なく、カボチャも別の日に、トウモロコシも別の日に、というふうになっていく。作物のうちどれかひとつでも決まった順番からはずれた日に蒔かれると、大きな損害や損失につながると人々は考えていた。それぞれの日のしるしには、善いしるしも悪いしるしもそのどちらでもないものもある、というのがその理由だった。ちょうど、われわれ〔西洋人〕の暦に十二宮の星座が記されているのと似ている。[10]

このような予知や前兆の見極めは、既知の天候パターンやその他の環境条件、そして社会的・経済的要素を勘案して行われたのだろうと推測される。しかし、不幸なことにトナルポワリに付随して口承で伝えられてきた膨大な知識は、スペイン植民地時代に失われたり、他の記録と混同されたりしてしまった。それでも、ベルナルディノ・デ・サアグンの第四の書『占い師』と、ディエゴ・ドゥランの『神々と儀礼と古代の暦の書』には貴重な情報が記録されている。[11]

卜占、すなわち超自然的な手段によって未来の出来事を予見したり、隠された知識を発見したりするわざは、他の古代文明の多くにおいても公的生活と私的生活の両方で標準的に見られる特徴である。人は、不可知なものごとを知りたい、制御不能なものごとを制御したい、困難な決定を下す際に確信を持って選択したいと願う。卜占はそのためのひとつのメカニズムである。ギリシア人やローマ人や中国人と同じように、アステカ人も自然界の徴候の中に予兆的な意味があると信じていた。さまざまな現象が重なって起こるとき、そのパターンは大きな意味を持つとみなされた。ある行為についての吉凶や成否の前兆だと考えられたのである。ギリシアでは、王や司令官は大きな決断を要する時には必ず各地の名高い神託にお伺いを立てた（最も有名なのがデルフォイの神託である）。アレクサンドロス大王の業績には、リビアのシワで受けた神託が大きく影響していた。ローマの将軍たちは定期的に牡牛を屠り、その内臓の様子から超自然的なしるしを読み取って、目前に迫った遠征が勝ち戦となるか敗北に終わるかを知ろうとした。同様に、中国の商〔殷〕王朝では、卜占用にしかるべき亀の甲羅や牛の肩甲骨を用意し、それを熱して、表面に走った亀裂が明かす「宇宙の摂理に関する秘密のパターン」を解釈した。もうひとつ、トナルポワリの占いとしての機能を理解するうえで役立つものに、中国の『易経』がある。[12] 智慧の書である『易経』は非常に古くからあり、孔子が紀元前五〇〇年頃にこの書物の注釈書を書いたときはすでに古典となっていた〔ここにいう「注釈書」は「十翼」といわれる十編の書物で、伝説的には孔子の作とされているが、実際は戦国時代末から漢代初期にかけて主として儒家の学者によって徐々に作り上げられたものと考えられている〕。そして今でも『易経』による占いは広く行われている。この書物を使うには、まず質問を提示してから蓍《し》（めどぎ、のこぎりそう）という草の茎〔後には竹で作ったいわゆる筮竹《ぜいちく》〕五十本を決まったやり方で分けていき、そこから現れた数字を陰陽の線図〔䷤などの六十四卦〕に置き換えて記録する。簡易法として、貨幣を複数投じて陰陽を得る方法もある。その陰陽の型を『易経』のテキストによって解釈するのである。テキストには自然の力の中に観察される変化と関係を描いた一連のイメージが示されており、それらに社会的な観点からの解釈がほどこされている。質問が示されると、問題になっていることが起こった時にどういう諸力が作用していたかを考慮に入れて、進むべき道を決定することができる。『易経』のテキストは古代からの知識の集積であり、よくある占いのように運命を予見するためのものではない。『易経』が質問者に示して見せるのは、特定の問題をとりまく宇宙の状況であり、正しい行動の道にたどりつくために何ができるかという助言である。

アステカのトナルポワリがどのように使われたかを理解するうえで助けとなるもうひとつの事例は、今もなおグアテマラの山岳地帯の聖地でマヤ先住民の卜占師（「日の守り人」と呼ばれる）が行っている伝統的な暦占いである。[13]「日の守り人」は神聖な場所でロウソクをともし、コパルの香を供物として焚き、二六〇日暦で日を数えながら、珊瑚の粒や水晶を使って四つのくじを準備する。それぞれのくじにはひとつの日が割り振られる。最初に来るのは占いの当日、または依頼者の問題が起こった日である。そこから複雑な解釈プロセスが始まり、その解釈を通して依頼者は「日の守り人」から、時の計数と珊瑚や水晶の描くパターンが告げる指針について助言を受けるのである。

アステカのトナルポワリに付随していた口承伝承は、おそらく極めて古い農事サイクルに根ざしていたと考えられる。今や失われてしまったその伝承にも、ここにあげたような他地域の例と同じ機能があったのだろうか？　現時点では、洗練された卜占システムとしてのトナルポワリは疑いなく伝統と権威を担い伝えるものであり、メソアメリカ思想の中に織り込まれたシステムであったとだけは確かに言える。トナルポワリはアステカ人の日常生活の中で特別に重要な役割を果たしていた。その役割は、個人的な困りごとの解決にはじまって、国家の問題について支配者の求めに応じて助言を与えたり、種蒔きと収穫に適した日を指示したりと、多岐にわたっていた。

三六五日暦

アステカ国家の年中行事は三六五日の太陽暦、すなわちシウポワリに従っていた。この三六五日の周期は、スペイン人が「ベインテーナ」と呼んだ二十日の「月」が十八個と、最終月と翌年との間にある五日間とからなっている。最後の五日間は「ネモンテミ」と呼ばれ、危険で不活性な「移行の時」であるとされた。各ベインテーナには、農業サイクルと密接に関係した祭礼があった。年にもそれぞれ名前があり、その名前を決めるのは「イヤーベアラー（年の担い手）」というものであった。イヤーベアラーは、トナルポワリの

75　『マリアベッキア絵文書』より、8個の年のしるしのうち4個。左から「1の家」「2のウサギ」「3の葦」「4のナイフ」。

中で新しい年が始まりうる四つの日の名前のひとつに、順番にめぐる数字がついたものである。年の名前として出現可能なのは「ウサギ」「葦」「フリントのナイフ」「家」の四つであり、これと十三個の数字の組み合わせで年の名前が決まる。つまり、「一のウサギ」「二の葦」「三のナイフ」「四の家」「五のウサギ」……と続いていくのである。一―十三の数字と四つの「日／年の名前」が一巡し、再び「一のウサギ」になるまでに十三×四で五十二年が経過する。

不思議なことに、あるひとかたまりの五十二年と他の五十二年の前後関係は、暦の上では明確に示されない。たとえていえば、西洋の「世紀」を紀元前と紀元後で区別しないようなものである。また別のたとえをすれば、コロンブスの航海（一四九二年）を単に「'92」と記し、コルテスとモテクソマの会見（一五一九年）を「'19」、第二次世界大戦の終了（一九四五年）を「'45」としか書かないようなものといえる。アステカのシステムでは、歴史上の出来事についての知識を持つ者だけが、年号を正しい位置で捉えられた。文字を書いたり碑文を彫ったりする際には、年の名前と数字は四角いカルトゥーシュ（枠囲み）で囲んで示す慣わしであった。モテクソマの「即位の石」（図106）にその例が見られる。一方、日の名前の場合は通常、まわりを囲むことはしなかった。

ひとつの五十二年の周期が終わって新しい周期が始まる際には、特別な儀式が行われた。この時に「時の束ね」が起こり、それを示すために五十二本の葦の束（シウモピリ）が儀礼的に縛られた。メキシコシティー下町の司教座聖堂《カテドラル》近くのアステカ遺跡から、この儀式に関係した品物を描いた複数の石の彫刻が発見されている。国立博物館所蔵の一点は、西暦一五〇八年（一五〇六?）にあたる日付の文字も一緒に彫られている。この年には、新しい周期の開始を確実にするための「新しい火の祭」も行われた。二周期（百四年）の完了には特別な意味が付与されていた。というのも、太陽暦とトナルポワリと五十二年周期が一致するのが百四年に一度だからである。

前述のように、三六五日の太陽年を構成する十八個の「月」であるベインテーナには、それぞれに関連した祝祭があった。つまり、十八の祭礼が年中行事として行われていたということである。これらの祭礼は基本的に三つのタイプに分けられた。降雨を確実にするため山々と水に捧げられる祭、豊穣・豊作を祈願するために大地と太陽とトウモロコシに捧げられる祭、そして特別な神々、とりわけ共同体内のさまざまな集団の守護神や、共同体全体の守護神に対して捧げられる祭、の三つである。第三のタイプの祭礼の目的は多様で、たとえばある集団が持つ特定の歴史的・文化的アイデンティティを中心主題とする祭礼などもあった。

トナルポワリがあらゆる地域で似たように機能したのと同様に、ベインテーナの祭礼の順序も各地で同じだったことは、民族歴史学の文献に記録されている。それでも、地域ごとの地理的・文化的条件の違いに応じて、祭礼の慣行には違いが見られた。たとえば、メキシコ盆地とその周辺には雨の降る時期や雨量が少しずつ異なるいくつもの微環境が存在するし、高度や霜などの関係で収穫時期がずれる場所もある。このような環境要因は、農業に関連した儀礼に影響を及ぼす。加えて、政治的要因や文化の変化も儀式慣行に強く影響した。つまり、帝国の支配者が古い習慣を採用するのか、それとも新しい政治的・宗教的・社会的状況を表現するために新しい形を発案するのか、といった要因である。こうして、伝統的な農業祭にしばしば新たな軍事的主題や帝国の主題が付与された。また、古い神話に新しい儀式の形が与えられ、古い儀礼手続に適合する形で新しい神話が創り出されもした。スペイン人が到来した頃のメキシコ盆地では、こうしたさまざまな変化が起こっていたのである。祭礼サイクルの中で実際にどのように儀礼を行うかはまだ統一されていなかった。そのため、スペイン人の記録には多様な描写が見られるのである。

本書巻末の祭礼表を見れば、中心的な崇拝の主題や地域的な神々の概要がわかるだろう。しかし祭礼が一番良く理解できるのは、それが行われる場所の風景や、神殿や、都市内に作られた儀式用舞台装置の中に置いて考えたときである。そこで、次にアステカの空間秩序を——土地がどのようにデザインされ、どのようにモニュメントが作られたのかを見てみよう。

神聖な風景

今日、大都市に住む人々は自身を支えてくれる自然環境から切り離されて、自分自身と大地と季節との間に存在する相関をなかなか感じ取れない。しかしアメリカ先住民には、眼前の土地の形状を、神々の多くが歴史の中で形を得るよりもさらに前からそこにあった始原の神聖な存在だと捉える傾向が強い。メキシコ中央高原で最も重要視されていた場所は、何らかの特別な霊的存在と一体視されていた。アステカ人が聖地とみなしていたそれらの場所には、アステカ以前の大昔からの神話的・歴史的意味が蓄積していた。地形の特徴と人工的な象徴とがある部分で結びつき、人間（＝社会秩序を体現するもの）と、自然の力や神々や祖先英雄との間で、宗教的コミュニケーションのネットワークが形成された。それが「神聖な地形」の構造である。後で詳しく述べるが、ウィシャチトランの丘、テノチティトランの都市内にある大ピラミッド、重要な祭祀の場であるテツコツィンゴの丘、トラロック山頂の祠堂とテツココ湖のパンティトランの祠堂は、アステカの神聖な地形のうちでも象徴的な存在であり、自然環境の中の目に見えるものと見えないものに宿る力を明示するために設計されていた。

各地の聖地をひとつのシステムに組み上げる必要性をそれまで以上に痛感させたのは、一四五二―五四年に高原を襲った空前の自然災害であった。一四五二―五四年は、一四〇二年に始まった五十二年周期が終わりを迎える時期であった。災厄は一四五〇年に始まった。四年続きの降霜と旱魃《かんばつ》で大飢饉《ききん》が起きたのである。普段なら山頂に現れるはずの雨雲が姿を見せず、夏の降雨と植物の再生がもたらされなかった。例年なら九月下旬に始まって六月半ばには終わる乾季が、延々と続いて七月、八月にまでずれ込んだ。わずかに降る雨も、焼けつく日差しを浴びて地面に届く前に蒸発し、トウモロコシ畑は発芽して間もなく黄色い枯れ野となった。旱魃は翌年も続き、そのまた翌年も同じだった。最初のうちは貯蔵食糧でしのぐことができたが、やがて備蓄と需要のどうしようもないアンバランスは誰の目にも明らかになった。旱魃は高原の広い範囲に及んでおり、他地域からの貢納だけでは住民すべての食糧をまかなえなかった。作物が取れないため、農民は家族を連れて畑を離れ、山地へ入って動物を狩ったり、湖岸で魚や鳥やその他の水生生物を獲ったりしはじめた。トウモロコシやアマランサスやマメがなくなってくると市場の店も閉ざされ、都市の道路や水路沿いは行くあてのない人々の最期の住処となった。田舎も悲惨な光景に変わりはなく、男も女も子供も飢えで弱りきって道端に横たわるほかなかった。疲弊し衰弱した人々を病気が襲い、空腹でなすすべもなく数千人がばたばたと死んでいった。

　災厄は三年目に入ってさらに悪化した。トウモロコシの最後の蓄えが底をつき、播種用のトウモロコシまで食べ尽くしてしまっ

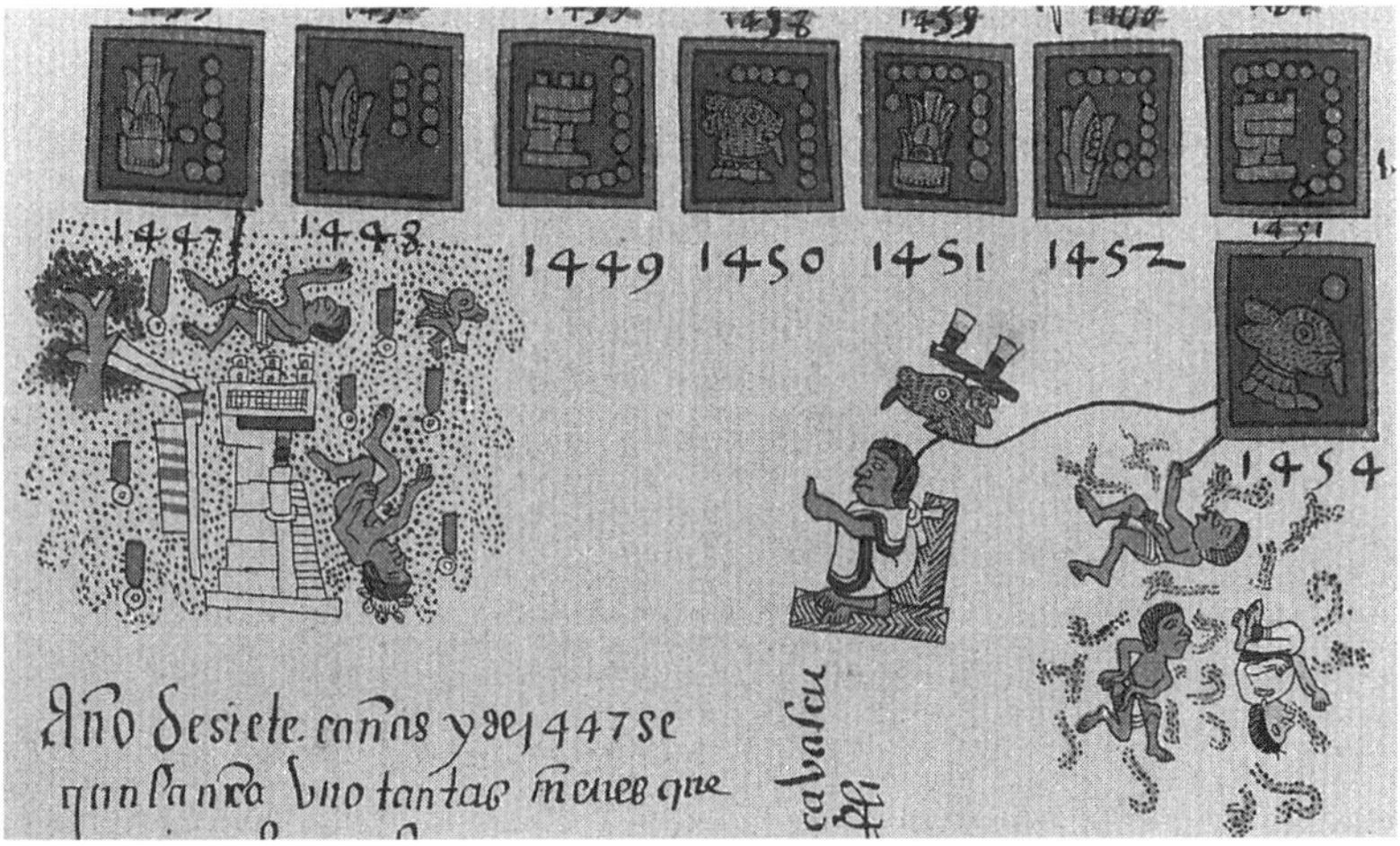

76　1447年には雨による災害が起きた。そこから始まった一連の異常気象と凶作は、1454年の破滅的飢饉で最悪の状態を迎えた。『テリェリアーノ・レメンシス絵文書』より。

たのである。幾本かのトウモロコシの穂と引き換えにわが子を奴隷として売る者もいた。売られる先は、旱魃被害のない東海岸沿いの豊かな国、ワシュテカとトトナカである。少なくとも子供たちはそこで食べ物をもらって生き延びることができる。頽廃と絶望の雰囲気が支配する中で人々は疑心暗鬼に陥り、じきに、魔女たちがこの土地にやって来たのだという風説が広く流布しだした。魔女は一部の人の夢に現れたり、魔女を信じる人々によって「目撃」されたりし、魔術を使ったことを実際に告白する者も現れた。この恐ろしい年月の出来事は、アステカの人々の記憶に、決して消えることのないほど深く刻み込まれた。ちょうど、二十世紀の人々が一九三〇年代の大恐慌を忘れられないのと同じである。歴史上の主な出来事を記した『テリェリアーノ・レメンシス絵文書』は、一四五四年という年を飢饉で死んだ犠牲者の姿とともに記録している（図76）。

そこへ五十二年周期の終了が近づき、新しい周期を迎えるための「新しい火の祭」の準備が行われた。周期の終了の時期は例外なく緊張の時であった。なにしろ、ものみなすべて暗く不安定に見え、未来に何が起こるかは誰にもわからないのだから。

新しい火の祭

五十二年ごとに祝われる再生は、特に重要な意味を持っていた。西暦では一四五四年にあたる「一のウサギ」の年の再生は、いつにも増して重大であった。テノチティトランの守護神ウィツィロポチトリに捧げられたパンケツァリストリの祭の二十日（十二月十日）、人々はすべての火を消し、かまどの底石三個を水に投じた。彼らは断食をし、禁欲と沈黙を守り、古い台所用品を壊し、あらゆる日常活動を停止した。これは、再生への準備段階としての儀礼的な死の時期にあたる。メキシコ国立人類学歴史学研究所（ＩＮＡＨ）の国立人類学図書館のカルメン・アギレラは、新しい火の祭について書かれたナワトル語のテキストを詳細に研究している。[14] 夕刻になると、妊婦は穀物倉庫に隠れた。これは新しい生命への希望のしるしを示すためであった。太陽が西の山に沈んで盆地を暗闇が覆うと、火の祭司たちと、神に扮した男たちの長い行列がテノチティトランを出発し、堤道を渡ってイシュタパラパンへ向かう。目的地はウィシャチトラン（「トゲのある木の場所」）という丘の上にある古代の祠堂である。この丘はテツココ湖とショチミルコ湖の間の岬状の土地の先端近くにある死火山で、ちょうど中心に頂上があり、盆地のほとんど全域から見える。ここは、アステカ人がやって来るはるか前から神聖視され崇められていた神殿基壇があった場所だった。いまや、すべての町や都市であらゆる火が消されていた。誰も口をきかず、始原の静寂が支配する中、数千の人々が屋根の上や広場や中庭に立ちつくしている。全員が目を向ける先にはウィシャチトランの黒い影があり、空には無数の星が煌《きらめ》いて、盆地に広がる湖水がその星々の光を柔らかく反射している。薄絹を広げたような天の川が夜空を横切って流れ、流れ星が気まぐれな光の筋を描いては消えてゆく。人々は星座の名前を口の中でつぶやいていたかもしれない――「S字の星座」「サソリの星座」。最も待ち望まれる星座「火起こしの錐《きり》」はまだ東の空に姿を見せない。この星座こそ、新しい周期が始まり、時が更新される最初のしるしなのである。「火起こしの錐」はナワトル語で「ママルワストリ」といった。この星座は西洋の星座でいう牡牛座と部分的に重なり、赤みがかった明るい星アルデバラン〔牡牛座のα星〕を含んでいた。ママルワストリを先導するプレアデス星団は子午線（観察者の天頂を通って天球の北極と南極を結んだ線）を午後十時三分に通過する。火の祭司のひとりが生贄の胸の上で火起こし板と錐を使って火を起こし、その火を基壇の上に高く積み上げた薪に移す。ママルワストリが十時四十分に子午線を越えると生贄の儀式が行われ、心臓が炎の中に投ぜられた。[15] 真夜中には生贄の死体が焚き火に投げ入れられ、燃えさかる炎と赤くはぜる火花が夜空に高く立ち昇り、はるか下方の町々で待っている人々の誰もがそれを目にすることができる。大きな鬨《とき》の声があがり、火を運ぶ走者たちが神聖な新しい火で松明《たいまつ》をともす。まもなく、運び手の姿は丘を駆け下る光の点となる。彼らはすべての共同体の「火の神殿」の炉に新しい火を運ぶのである。テノチティトランからは、走者の松明が長い堤道を渡って近づき、市の中心へ向かうのを見ることができた。『ボルボニクス絵文書』のあるページには、この祭礼のしめくくりとして火の神殿の祭壇で新しい火が輝き、四人の祭司がその火を町の四つの地区へ運ぶために松明をともしている荘厳な場面が描かれている（図77）。そうするうちに巨大な赤い火の玉である太陽が藍色の山の上に顔を出す。新しい火の祭はこうして神話上の「時の創造」を再現していたのであった。

77 テノチティトランで行われた「新しい火の祭」。神々が火のついていない松明を抱えてウィシャチトランの丘へ行進している（左上端から左下にかけて）。ウィシャチトランには火起こしの錐が描かれている(右上)。足跡は、松明をテノチティトランの火の神殿へと運ぶルートを示している。中央の火の神殿では、４つの地区の代表がそれぞれの松明に火をつけている。上方にウィツィロポチトリの神殿がある。女や子供は家の中で青いマスクをつけ、妊婦は穀物倉に隠れて守られている（右下方)。『ボルボニクス絵文書』より。

生命の山　トラロック山とテツコツィンゴ

新しい年が始まってからいくらか時が過ぎて雨季が近づくと、生命を与える水がもたらされるように願う儀礼が各地で行われた。ようやく旱魃は終わり、日照りが打ち破られて、裸だった畑は再び緑に変わった。農作物の生産と並行して新しい神殿の建造計画が始まった。テツココの中核地域ではネツァワルコヨトルによっていくつかの神殿の改修や再建が行われた。中でも重要だったのは、テツコツィンゴの丘である。テツココの東方、トラロック山の麓にあるこの丘は大規模な考古遺跡として知られ、周囲は段々畑に囲まれている。雨を招く儀礼の場として特に重要な場所がもうひとつあった。それはメキシコ盆地の東側にのびる山脈の最高峰であるトラロック山の頂上である。こうした高山は今も、アコルワカン中心部の雨と地下水の主要な源である（図78、79）。

トラロック山の神殿は同盟諸族によって維持されていた。しかしこの地は何世紀も前から供物奉納の場所として長い歴史を持っていた。テツコツィンゴとトラロック山では考古学的発掘調査はまだほとんど実施されていない。ただ、測量図、航空写真、地上部分の調査などから大体の設計がわかり、あとは十六世紀のテキストを手がかりに遺跡の解釈をすることができる。逆に、自然の中に存在するモニュメントが、テキストだけではわからない意味や機能を明らかにしてくれることもある。テツコツィンゴとトラロック山は、アステカの支配者が乾季から雨季への移行に責任を負う「降雨師《レインメーカー》」祭司として果たしていた宗教的な役割を、われわれに教えてくれる。テツコツィンゴとトラロック山の遺跡について、建築物と彫刻と風景と儀礼を組み合わせて考えることで、アステカ支配者がそこで提示した創世神話――民族歴史学的テキストや現存する絵文書のどこにも記載されていない創世神話のエピソードないし別バージョン――を垣間見ることができるのである。

トラロック山の神殿

78-80 【上】四角いトラロックの神殿へは、狭くて長い行進の道を通っていかねばならない。彼方にイシュタクシワトルとポポカテペトルの両火山が見える。【下】行進の道と祭祀区域を囲む石の壁。かつては約3mの高さがあった。【左頁】『ボルジア絵文書』の一場面。中央の四角い枠の中のトラロックは、雲に覆われた空と、整然と耕された大地の間に立っている。他の4体のトラロック像は中間方位（北東、東南、南西、西北）の位置に描かれ、「四方の雨」をあらわしている。このような構図は神殿の設計にも見られる。

トラロック山の神殿は林冠のはるか上、標高四千メートルの山上にある。この冷涼な高地からは、冠雪したポポカテペトルとイシュタクシワトルの両火山や、プエブラ盆地とメキシコ盆地を一望する絶景が楽しめる。一九八〇年代半ば、スタニスワフ・イヴァニシェフスキが初めてこの地域の調査を行い、より詳細な図面は一九八九年に筆者とメキシコ国立人類学博物館のフェリペ・ソリス・オルギンがINAHのチームと共同で作成した。神殿には、西側から長い行進の道を通って入る。道の両側には空積み〔モルタルなどで接合しない積み方〕の石壁が築かれ、回廊に似た形になっている。壁はかつては約三メートルの高さがあった。この道を抜けると、回廊と同じくらいの高さの壁に囲まれた、屋根のない四角いスペースに出る。その昔は、回廊に一歩踏み込んだらもう外の雄大な景観はまったく目に入らなかったはずである。四角く囲まれたスペースの地表面に建造物の遺構はなく、一面に草が生い茂り、玄武岩の岩塊がいくつ

か上向きに立っている。四角形の東の端には、硬い岩を深さ三メートル以上も掘って作った長方形の縦穴（約一・五×二メートル）がある。

年代記作者ディエゴ・ドゥランは、この神殿が王の巡礼地であり、毎年テノチティトラン、テツココ、トラコパン、ショチミルコの王が訪れたと記している。[16] 巡礼の時期は乾季のピークにあたる四月か五月で、山の内部から雨を呼び寄せる儀式を行うのが目的であった。それは死の時期から再生の時期への移行を始動させる、季節の通過儀礼であった。ドゥランは、四角形の囲い地には長持ちしない建材で作られた瀟洒《しょうしゃ》な神殿があったと書いている。おそらく、優美な草葺き屋根を持つシンプルな家型の建物があったのだろう。ドゥランはまた、複数の「偶像」についても言及しており、そのうち中心的な像はトラロックという名だったとしている。トラロックの像は同じ山脈の他の山々の名前を持つ偶像たちに囲まれていたという。岩やトラロックの像は毎年の儀礼の中心であった。

今日、トラロックの彫像の痕跡はどこにもない。ただ、四角いスペースの中で発見された偶像の破片が一九二〇年代と一九五〇年代に写真に収められている。上向きの玄武岩は明らかに象徴的レイアウトの一部だったと考えられる。大きな岩の集まりのうち四ヶ所は、いくらかのずれはあるものの、中間方位（基本方位である東西南北の中間、つまり北東、東南、南西、西北）に位置している。もうひとつの岩群は東、さらにもうひとつはほぼ中央（最近建てられた祠堂の中）にある。ここが造られたとき、それ以外の岩や大量の土は取り除かれ、特定の石だけがしかるべき場所に残されたとみられる。この配置は宇宙論的な幾何学構造に従っている。同様の四部分に分かれた宇宙観は都市計画や祭祀センターの設計をも支配し、彩色手稿本のページの構図にもよく利用された。たとえば『ボルジア絵文書』のあるページでは四人のトラロックが中間方位に立ち、別の一人のトラロックが中心にいる（図80）。それぞれのトラロックは地母神を象徴する女性の上に乗っている。この絵の構図とトラロック神殿のレイアウトの類似性は、四角形の囲い地が象徴的な風景——つまりトラロック山と近隣の山々を模した小宇宙

――をあらわしているとの推理を裏付けている。この抽象的図式に合わせて考えると、囲い地内側の東にある長方形の縦穴は、山の内部へと続く「大地のへそ」に関係していると考えられる。

神殿を調査する過程で、四角いスペースを囲んでいた壁の本来の高さが問題となった。なぜ壁は三メートルもの高さでなければならなかったのか？　ここを訪れた者は、いったん内部に入ったら、岩などを使って象徴的に作られた人工の風景と頭上に広がる蒼穹《そうきゅう》のほかは何も見えなかったろう。狭い回廊を通って再び外へ出るまで、決して外の世界を見ることはできない。こうした外界と内部の分離は、明確な意図をもって行われていた。それに、長い行進の道を作った目的は何だったのか？　自民族の首席儀礼担当者である王たちは、なぜ祭祀区域内に入るのに行列を仕立てて狭い回廊を通らねばならなかったのか？　ディエゴ・ドゥランは王の行列を詳しく描写している。集まった王たちが最初に贈り物を捧げ持ち、定められた序列を厳守して回廊から四角い囲い地に入り、石の偶像たちにトラロックのきらびやかな装束を着せる。それから彼らは一度神殿の外へ出、すぐに今度は生贄の供物を持って再び入場する。供物には、生贄の少年の血や、食物を乗せた巨大な皿も含まれていた。一四五〇年代初頭の飢饉の折には、この山頂で王家の子供たちが生贄として捧げられたと伝えられる。こうした儀式の間じゅう祈りの言葉が唱えられ続けていた。儀礼は祝宴のごちそうが広げられて終了し、王たちは退いて、聖域の外で開かれる別の祝宴に列席する。

神殿のあったこの囲い地の形状を風景の脈絡の中に置き、儀礼の際の行列の動きを考え合わせると、この囲い地と行進の道は山の中の象徴的な子宮（母なる大地の子宮）であり、そこへ、受胎させ実りを産ませるという使命を帯びたアステカの王たちが入っていく、と言うことができるだろう。クルワカンの山を描いた『トルテカ・チチメカの歴史』の有名なページ（図34）は、この考え方を理解する助けになる。洞窟は子宮に似た形に描かれ、外に立った祭司が杖で入口を叩き、内部にいる諸部族を召喚している。トラロック山の神殿も同様に、山の頂上に作られた象徴的な大地の子宮と考えることができる。そこでは、水の岩がトラロックの聖なる装束で飾られ、支配者にして祭司である王たちが人間の血と食物で受精させる。地下世界が天と出会う場所、内と外の中間に位置するこの枢要の地で、アステカの王たちは社会秩序と自然界の秩序の間でエネルギーを循環させた。数週間のうちに雨季の最初の雲が山の周りに集まりはじめ、暗い雷雲が形成される。ケツァルコアトルの一吹きで稲妻と雷鳴を伴う嵐が山を駆け下り、雨を降らせて盆地の生命に新たな息吹を与える。この地域に一度でも住んだことのある者は、乾季から雨季への劇的な季節変化を一生忘れることはない。

アステカの支配者たちは決して懲罰的な神々を恐れる卑屈な嘆願者ではなかった。彼らは季節の変化に関して重要な役割を果たす能動的な行為者だったのである。王たちは盆地の底から、湖を渡り起伏の多い山地を登る長い巡礼の旅の果てに、山頂の祭祀禁域にやって来た。生き物の住む森林帯のはるか上に位置するこの子宮に似た神聖な囲い地で、支配者たちは大地と天界の接する場所に進み出る。供物を捧げ終えた王たちは、命を与える水をもたらす者として故郷へ帰る。実はこの儀礼のプロセスは、神話的な出来事の構造を持っている。太古のある時、ひとりの英雄が乾いた大地から出現した。そのころ大地はまだ完成していなかった。英雄は超自然的な恩恵を求めて苦難の旅をした。ついにその場所を見つけた彼は、供物を捧げ、生命というたまものを持って出発点に帰還した。すると雨が到来し、植物が生え育ち、大地の恵みがもたらされた。このような神話はスペイン人修道士の記録のどこにも書かれてはいないが、儀礼の形、地形、神殿の設計、季節変化の中にその「テキスト」を読み取ることができるのである。

トラロック山で儀式が行われている頃、テノチティトランの中央祭祀区域ではもうひとつ別の儀礼が進められていた。神聖な方法で伐採し運搬されてきた大木が一本、大ピラミッドのトラロック神殿側の中庭に立てられた。この木は「トタ」つまり「父」と呼ばれ、周囲をやや小ぶりな四本の木で囲んで象徴的な森を作ってあった。地下水の女神であるチャルチウトリクエ（「ヒスイのスカートの女」）に扮したひとりの乙女が連れてこられ、湖の化身という役回りで木立の間に座らされた。太鼓のリズムに合わせて詠唱が始まり、それが延々と続く。歌は、トラロック山頂で王たちが儀礼を完遂して戻り、テツココ湖東岸に到着したという報せが届いてようやく止む。その後テノチティトランではトタの木を取りはずし、いかだに乗せて丁寧に縛った。次いでいかだを湖に漕ぎ出して、パンティトランと呼ばれる場所へ向かった。いかだには音楽家、祭司、チャルチウトリクエ（に扮した娘）が同行し、無数の群集もカヌーに乗って歌いながらついていく。パンティトランは、ある資料では大きな湧き水があったとされ、また別の資料では水がたまった場所だったと書かれているが、いずれにしてもパンティトランの周囲は湖の浅瀬に立てられた竿にはためく旗で囲まれていた。この水に囲まれた場所で、トラロック山から帰還した王たちは自らのカヌー船隊に乗り、テノチティトランから来た一団と出会う。集まった貴族や民衆が見守る中でトタの木の縄がほどかれ、新しい「生命の樹」――植物の再生の象徴――として、湧き水ないし溜まり水のわきに立てられた。次いでチャルチウトリクエに扮した娘が生贄にされ、彼女の血が水に注がれ、緑色岩の宝飾品も一緒に投げ入れられる。こうして儀礼が終わると、立てられたばかりの生命の樹と、前年やさらにその前に立てられてまだ残っている木々とを残して、人々は去ってゆくのだった。

スタニスワフ・イヴァニシェフスキは天文考古学的観察によって、トラロック山上の囲い地には二十日ごとの日の出の方向を示す方位点があることを発見した。日の出と日の入りによって規定されるそれらの点の間隔は、聖地の設計の一部分であった。また、トラロック山の東にある主な山――マリンチェ、オリサバ、コフレ・デル・ペローテ――の山頂に日の出の位置が重なる時は、それらの「高き所」での重要な儀礼の日にあたっていた。[17] アンソニー・アヴェニも、テノチティトランの大ピラミッドからトラロック山と隣のトラロクト山の間にあるV字形の谷を望む視線（春分・秋分の日にそこから太陽が昇る）を図上に引いて考察している。[18]

テツコツィンゴの「儀礼の丘」

81–84 【上】テツコツィンゴの丘（左上方）と、段々畑。下方にはアコルワカン中部の畑が広がる。【下右】岩を穿って作られた、丘の南側の沐浴場。清めの儀式に使われた。【下左】丘の頂上の岩に彫られたトラロックの顔。【左頁下】テツコツィンゴの祭祀ゾーンの地図。

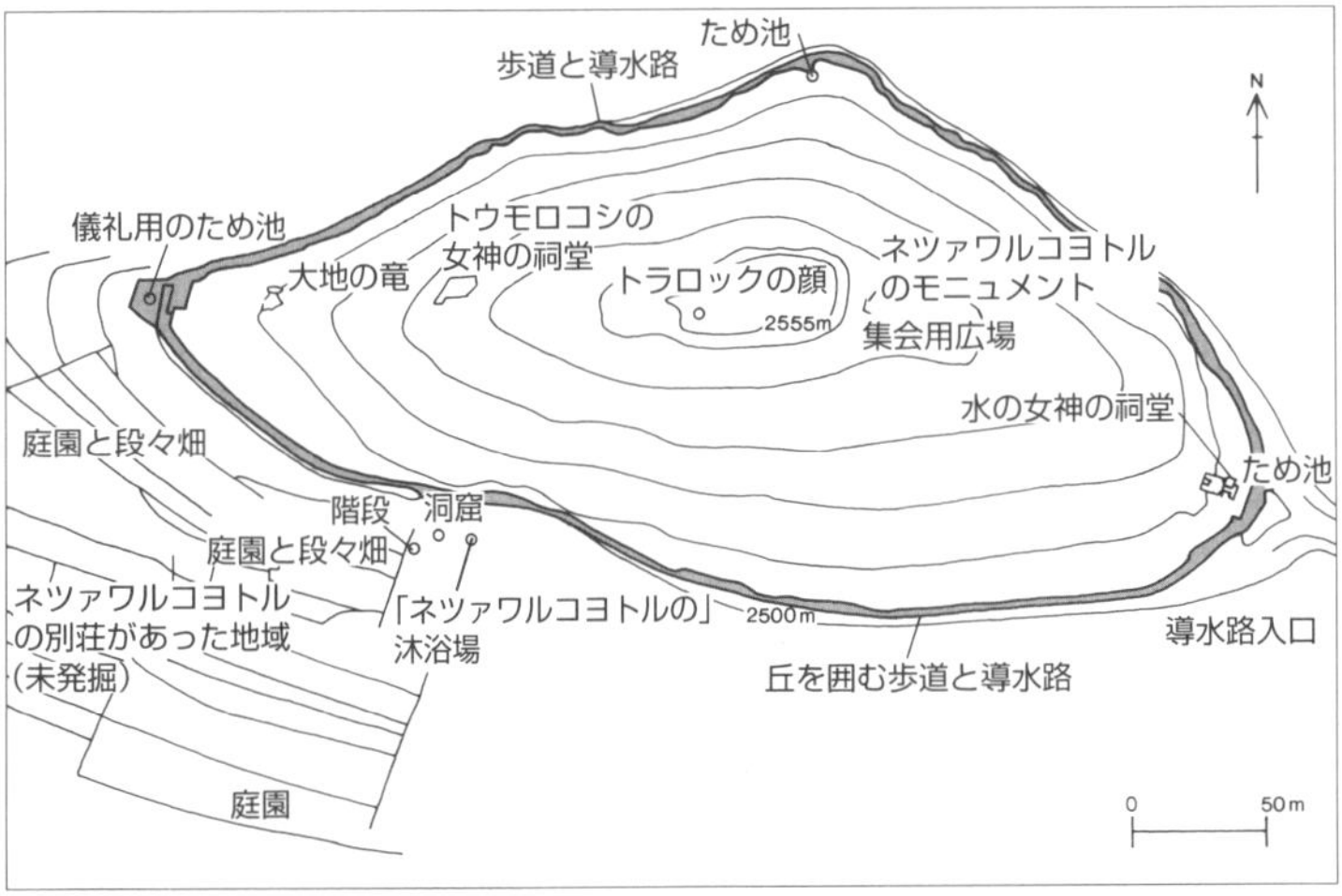
ため池
歩道と導水路
N
儀礼用のため池
トウモロコシの
女神の祠堂
大地の竜
トラロックの顔
2555m
ネツァワルコヨトル
のモニュメント
集会用広場
水の女神の祠堂
ため池
庭園と段々畑
階段
洞窟
庭園と段々畑
ネツァワルコヨトル
の別荘があった地域
(未発掘)
「ネツァワルコヨトルの」
沐浴場
2500m
導水路入口
丘を囲む歩道と導水路
庭園
0
50m

トラロック山の頂上で行われた儀礼が「男性的な水」（雲と雨）に向けられたものであるのに対し、チャルチウトリクエの生贄は「女性的な水」（泉、川、湖、遠くの海）と草や木に対して捧げられた。実際にテツココ湖はトナンウェヤトル、つまり「母なる偉大な水」と呼ばれていた。湖はチナンパに水分を与え、食用になる植物や藻をふんだんに育て、魚をはじめとする無数の水生生物や鳥たちに棲みかを提供する存在だった。湖は生命の支え手であり、メキシコ盆地の人々は湖を母と考えていた。パンティトランでの儀式は、固体の物質が生まれる前から水が存在し、水はすべての地上の生き物を支えている、という概念をあらわしていた。山々と雲と泉と湖に彩られた高原の風景は、神話的な創造の時を再現するドラマの舞台だったのである。

この考え方に従えば、都市部や地方の他の神殿もまた、風景を象徴するように設計されていたことになる。テツコツィンゴの丘は、新たに祭祀センターが建てられた場所のひとつである（図81—84）。一四

大地の神々

85-87 【右】大地の神トラソルテオトルが出産している姿を彫ったヒスイの彫像。【左頁右】女神トラソルテオトルを描いた『ボルボニクス絵文書』の一場面。【左頁左】大地の神がしゃがんで分娩のポーズを取っている像。様式化された上向きの頭部と開いた顎が見える。大地は生命の与え手であるだけでなく、最終的には生命が還る場所でもあるため、頭蓋骨と交差した骨のついたスカートをはき、カギ爪のついた手足を持っている。

五四年の飢饉の後、テツココのトラトアニであるネツァワルコヨトルはテツコツィンゴの設計（ないし設計のやり直し）を命じ、美術と建築物で丘を飾った。テツコツィンゴはそれ以前から崇拝の地であったらしく、チチメカが最初に入植した時もここに逗留したとされている。現在は丘から北へ向かって段々畑が広がり、自然の野外劇場の趣がある。アコルワカン中心部のこのあたりでは、町や村に今でもナワトル語の地名が残っている。一帯は、トラロック山の上の方にある泉から導水路で水を引いて生活用水にしていた。テツコツィンゴのモニュメントは一五三九年にスペイン人の手でほぼ完全に破壊されてしまったが、記録文書や絵文書、関連する彫刻や建築物などから遺跡を分析する手がかりが得られる。

筆者は一九七九年にテツコツィンゴの地図を作成した。[19] その図は、丘の上部がいかに宇宙論的思想に基づいて設計されているかを明らかに示している。祭祀区域は、頂上から標高にして約五十五メートル下で丘をぐるりと取り囲む歩道によって区切られている。この道には、頂上から見てだいたい東西南北にあたる四ヶ所に、今でも沐浴場または浅いため池の跡が残っている。チャルチウトリクエの「水の領域」を示すこれらの場所には、丘を囲む道

に沿って設置された導水路で水が引かれ、清めの儀式に使われた。道そのものは行列が通る場所であり、また頂上の聖域を下の部分と分ける役割を果たしていた。丘の東西の軸線上には、尾根に沿って祠堂が点々と連なっていた。この連なりは太陽の通り道を反映しているため、テツコツィンゴは春分・秋分や夏至・冬至の時に天文学や暦に関係した機能を果たしていたのではないかと考えられる。頂上には破壊された神殿の土台の跡が残っている。ぎょろ目のトラロックの顔が岩に彫りつけてあり、かつてここに祀られていた神が何であったのかを示している。もうひとつ重要な場所として、歩道の少し下の洞窟があげられる。洞窟の下方には段々畑があるが、そこにはかつてネツァワルコヨトルの別荘と植物園があった。洞窟には今では往時の彫刻の痕跡すら残っていないが、特別な宗教的目的で使われていたと考えられている。自然の洞窟（またはマリナルコの例のように洞窟の形に造った神殿）を大地との交流の場として儀礼に使う例は、メキシコではよく知られている。「トラリ・イォリョ」（「大地の心臓」）、や「テペ・イォリョ」（「山の心臓」）などの名は、大地を生命の中心と考える信仰のあらわれである。祭礼で大地の神々に扮する者たちは、仮面や神々のしるしや神聖な装身具を身につけて、大地の豊穣の力や恐ろしい破壊力を表現した。何世紀もかけてメキシコの諸言語は大地の特性をあらわすさまざまな隠喩表現を生み出した。その一部はアステカの儀礼祝詞にも取り入れられている。トシ（「われらが祖母」）、トラルテクートリ（「大地の王」）、または「大地の女王」）、コアトリクエ（「ヘビのスカート」）などは、祝詞の中の比喩的表現であり、また大地の神々の名でもある。アステカの彫刻家はしばしば、大地の神々を座った姿やしゃがんで分娩している姿で表現する。そして、歯をむいて上を向いた顔をつけ（大地の表面が天を向いている）、頭蓋骨や交差した骨の柄のスカートをはかせ（地上に育つものはすべて、最後には大地に飲み込まれる）、動物や昆虫など地上・地中に住む生命の象徴を描き加えた。

洞窟にも歴史的な連想があったことは、『トロツィン地図』中の、チチメカの首長たちがテツココとされる洞

トウモロコシの神々

88-90 【上】テツコツィンゴの岩に刻まれていたが破壊されてしまったトウモロコシの神々の像。手前の地面に転がっている岩に、頭飾りの一部分が見える。【右】テツコツィンゴで発見された像の破片のものとよく似た頭飾りをつけたトウモロコシの女神。【下】トウモロコシと大地の神。『ボルボニクス絵文書』より。

窟にいる様子を描いたページが示しているとおりである。彼らはネツァワルコヨトルの家系の祖先にあたる移住民であった。この絵は歴史的な出来事を描いたものだが、同時にまた大地の子宮から初めて人間が出現したという創世のテーマをも想起させる。このような形で描かれた洞窟は、ネツァワルコヨトルの地位が創造の時からずっと続いていることを示唆し、彼の称号の正当性を主張するものであった。テツコツィンゴの中腹の洞窟にも、類似の意味合いが込められていた。

テツコツィンゴには、西の軸線上の高地にも祠堂がある。自然の岩に二体の像が彫刻され、眼下に三日月状に広がる段々畑やその先の農地を見下ろしている。彫像は両方ともひどく破壊されているが、全体の輪郭と、残存する頭飾りの一部分とから、トウモロコシのサイクルに関係した女神であったことがわかっている。『ボルボニクス絵文書』には、よく似た神が色とりどりのトウモロコシの穂を手にし、また頭飾りにもトウモロコシを紋章のように飾って立つ姿が描かれている。サアグンの『儀式の書』とドゥランの『神々と儀礼と古代の暦の書』は、これらの神々が登場する三つの祝祭について述べている。[20] 最初の祭はウェイ・トソストリといった。乾季のさなかに行われ、やがて訪れる植え付けに備えて、乾燥した播種用トウモロコシをチコメコアトルの巫女たちが聖別する。チコメコアトル（「七のヘビ」）はアステカの乾燥した播種用トウモロコシの神である。二番目の祭であるウェイ・テクイルウィトルは、雨季が半ばを迎えようとする頃に行われた。この祝祭の中心はシロネンという女神だった。シロネンの名は「シロトル」つまりトウモロコシの毛に由来し、生育期のトウモロコシに実る最初の甘く柔らかいトウモロコシもまたシロネンと呼ばれた。シロネン神に扮した若い娘を中心として、最初の実りの供物が捧げられた。三番目のトウモロコシの祭はオチパニストリといい、大地とトウモロコシの神々に扮した人々が登場する一連の儀式によって、収穫と乾季の始まりを画した。この儀式は、近づきつつある戦争の時期の先触れでもあった。

テツコツィンゴで最後に取り上げる祠堂群は、ネツァワルコヨトル個人を記念するモニュメントで、頂上から東の斜面を少し下ったところにある。露出した岩肌に彫刻が彫られ、それに面して広い集会用広場が作られていた。モニュメントは完全に破壊されてしまい、そこに何があったかを伝えるのはフェルナンド・デ・アルバ・イシュトリルショチトルが書き残した文章のみである。それによれば、第一のモニュメントはテツココ建国の英雄であるネツァワルコヨトルの主な業績の記録だった。この彫刻の隣に、石のコヨーテの座像があった。これは、「断食するコヨーテ」を意味するネツァワルコヨトルという名前をあらわしていた。失われたこれらの歴史モニュメントは、アコルワカンを背景にして日の出の方角である東に面して立っており、偉大なトラトアニの記憶を日々昇り来る太陽の光と熱に、さらには永遠の季節交替に結びつけた。ネツァワルコヨトルは実在の人物だが、死後に神格化されて聖山の頂で英雄崇拝の対象となったのである。

テツコツィンゴはまた、アコルワカン中央部の水利権と土地利用権を認可する行政の場としての機能も持っていた。「テツコツィンゴの諸権利」という十六世紀の法律文書には、ネツァワルコヨトルが水源と導水路を特定の町や自分の親族、自ら任命した者、同盟者、そしてその子供たちに割り当てた儀式の様子が書かれている。

(水は) ツィナカノストク山からまっすぐテソントラとイシュカヨクへ向かう。誰もそれをお前から奪うことはない、それは王たる私の所有物だからである。(それらの水は) 王都テツココに住むわが子供たちすべてを益するものである。

テツコツィンゴでの儀式で水を割り当てるという行為は、資源の中央統制へ向かうひとつの例ということができよう。

テノチティトランの大ピラミッド

最後に、都市の祭祀センターを取り上げよう。テノチティトランの大ピラミッドの構造には、神聖な地形が写し取られていた。先代のイツコアトルが着手した事業を引き継いだモテクソマ・イウィルカミナは、中央祭祀区域を拡張し、大ピラミッドをより大きなものへと改築した。そのための資材と労働力は納貢する共同体から調達された。作業は大飢饉が猛威を振るった一四五二―五四年にさえ中断せずに続けられた。祭祀区域には、町を東西に横切る長い大通りから入る。ピラミッドは聖域の中央にあり、アステカ世界の社会的・宗教的・地理的中心としてそびえ立っていた。エルナン・コルテスとベルナル・ディアスが、見る者を圧倒するこのピラミッドを描写している。ピラミッドは上に行くほど狭くなる四角い壇（プラットフォーム）を四段重ねた構造で、西側正面に急な階段がふたつ並んでいた。最上段の上は広く平らな儀式スペースで、そこにトラロックとウィツィロポチトリの〝双子の〟神殿が西を向いて並んでいる。北側がトラロックの神殿で、青と白で雨と湿り気のシンボルが描かれていた。南側のウィツィロポチトリの神殿は、赤と白の戦争と生

賛のシンボルで彩られていた。スペイン人が到来した時、ピラミッドの総高は約三十五メートルあり、頂上からは町と湖と周囲の景色を一望できた。

ピラミッドの基礎部分がメキシコシティーの下町にあることは昔から知られており、二十世紀はじめには小規模な発掘も始まっていた。しかし一九七八年、グアテマラ通りを掘削していた電気会社の作業員が、驚くべき彫刻を掘り当てた。考古学者チームが早速調査したところ、それは直径三・二五メートルの巨大な一枚岩に彫られた、首と手足を切断された女神の像であることが判明した（図99―101）。女神コヨルシャウキ、つまりアステカの遍歴伝説においてコアテペトルの丘で弟のウィツィロポチトリに殺されたとされているあの神であった。この発見を契機に、メキシコ史上最大の考古学プロジェクトのひとつ、大ピラミッド基礎部分の発掘が始まった。エドゥアルド・マトス・モクテスマが指揮するこのプロジェクトは、ピラミッドの性質や、それが帝国の発達過程において果たした重要な役割などに関するさまざまな疑問への答えを与えてくれる、またとない機会であった。[21] プロジェクトの第一段階として、遺跡の上に建っていた十九世紀の建物や植民地時代の残存物が撤去された。そして、徐々にアステカ時代の基礎部分が姿を現した。コルテスが目

91　テノチティトランの祭祀区域の復元模型。

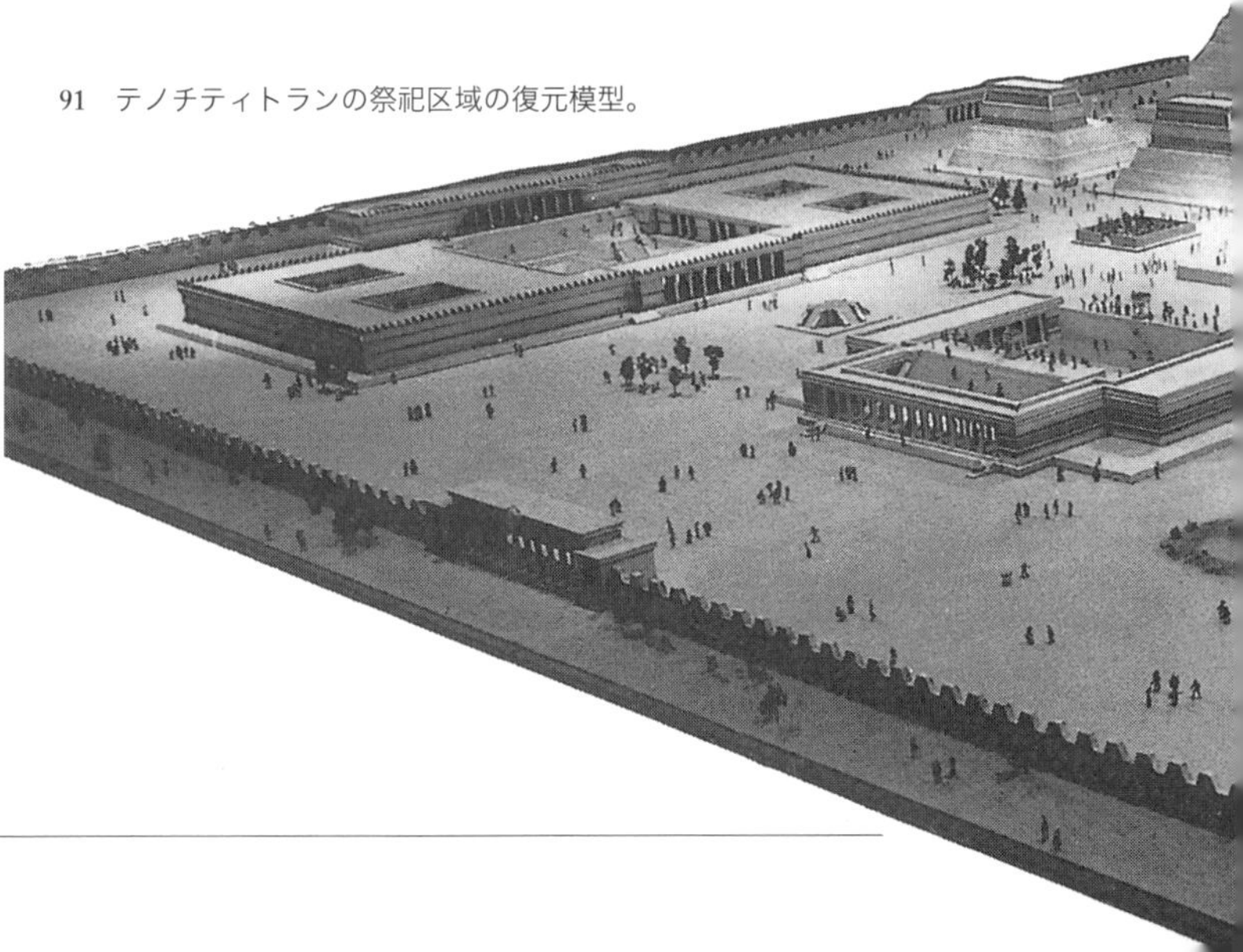

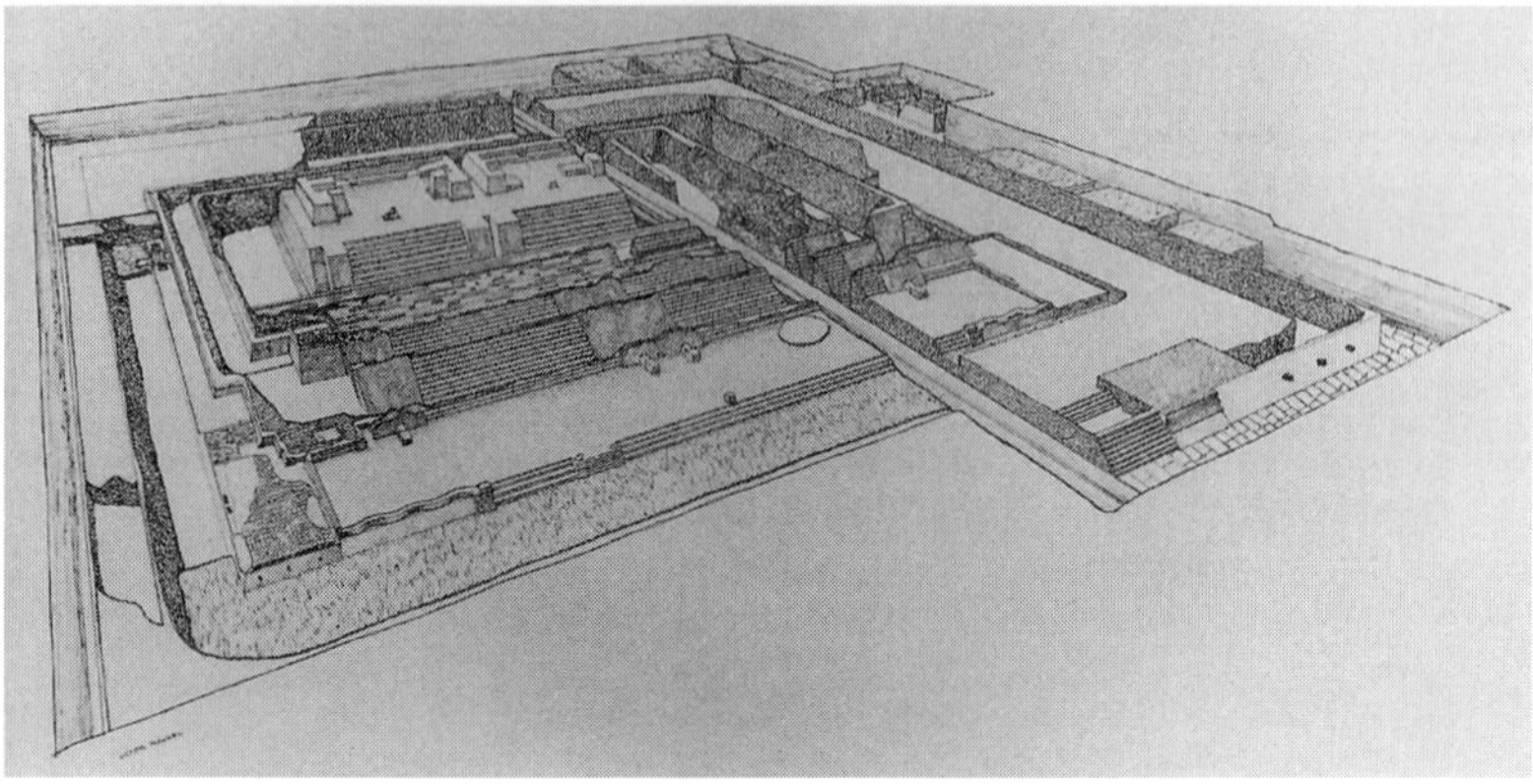

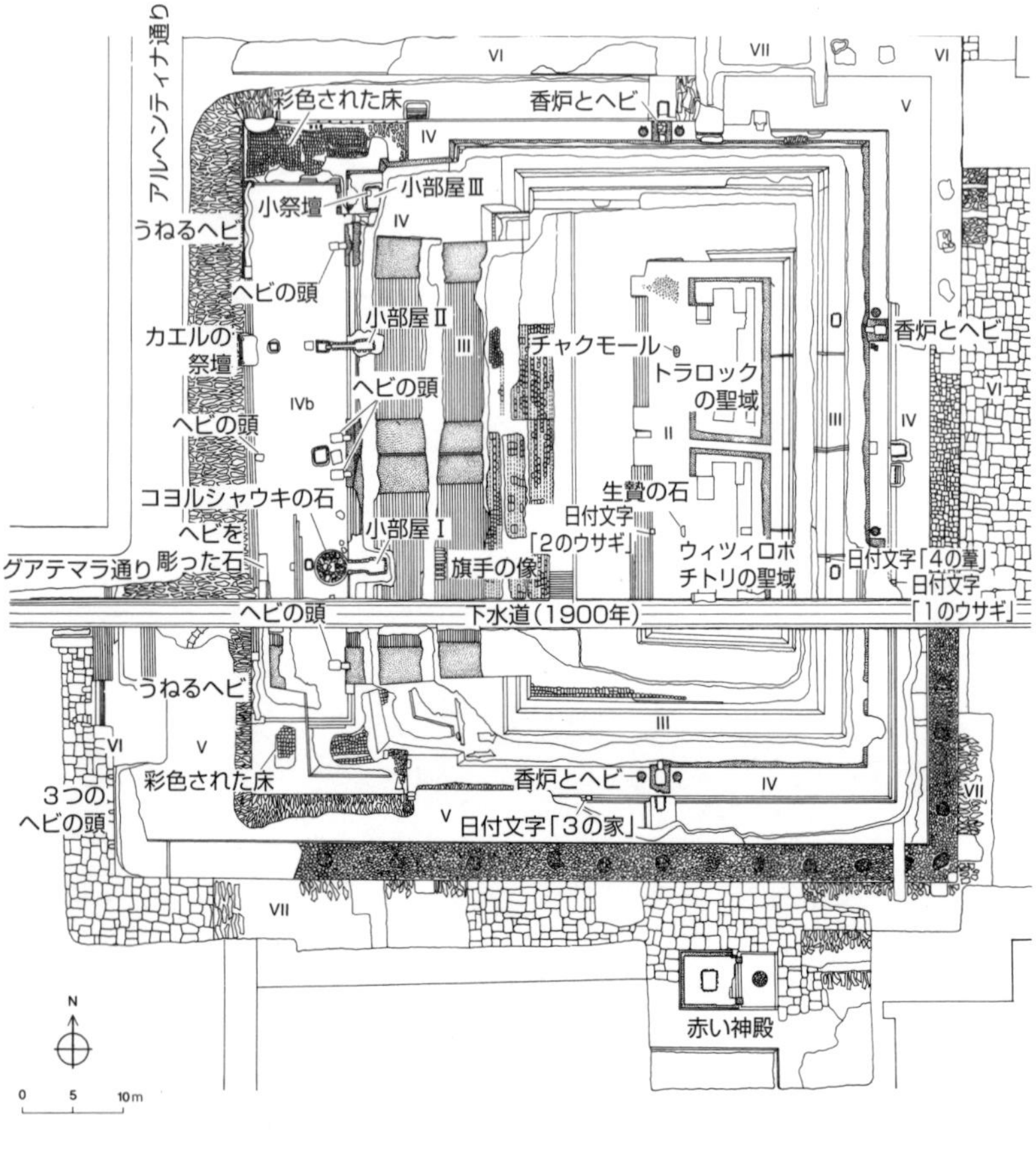

アルヘンティナ通り
グアテマラ通り
彩色された床
香炉とヘビ
小祭壇
小部屋Ⅲ
うねるヘビ
ヘビの頭
小部屋Ⅱ
カエルの祭壇
チャクモール
トラロックの聖域
ヘビの頭
IVb
ヘビの頭
コヨルシャウキの石
生贄の石
日付文字「2のウサギ」
ヘビを彫った石
小部屋Ⅰ
旗手の像
ウィツィロポチトリの聖域
日付文字「4の葦」
日付文字「1のウサギ」
ヘビの頭
下水道(1900年)
うねるヘビ
彩色された床
香炉とヘビ
3つのヘビの頭
日付文字「3の家」
赤い神殿
N
0 5 10m

大ピラミッドの発掘

92-94 【右頁上】発掘された大ピラミッドの基礎部分を絵に描いたもの。

【右頁下】基礎部分の平面図。何度も拡張を繰り返した跡がわかる。

【上】発掘中の大ピラミッド。最初期の二連ピラミッド基壇（神殿II）は右手の仮屋根で覆われた部分。コヨルシャウキの石（図99-101）は写真中央付近に組まれた足場の下にある。

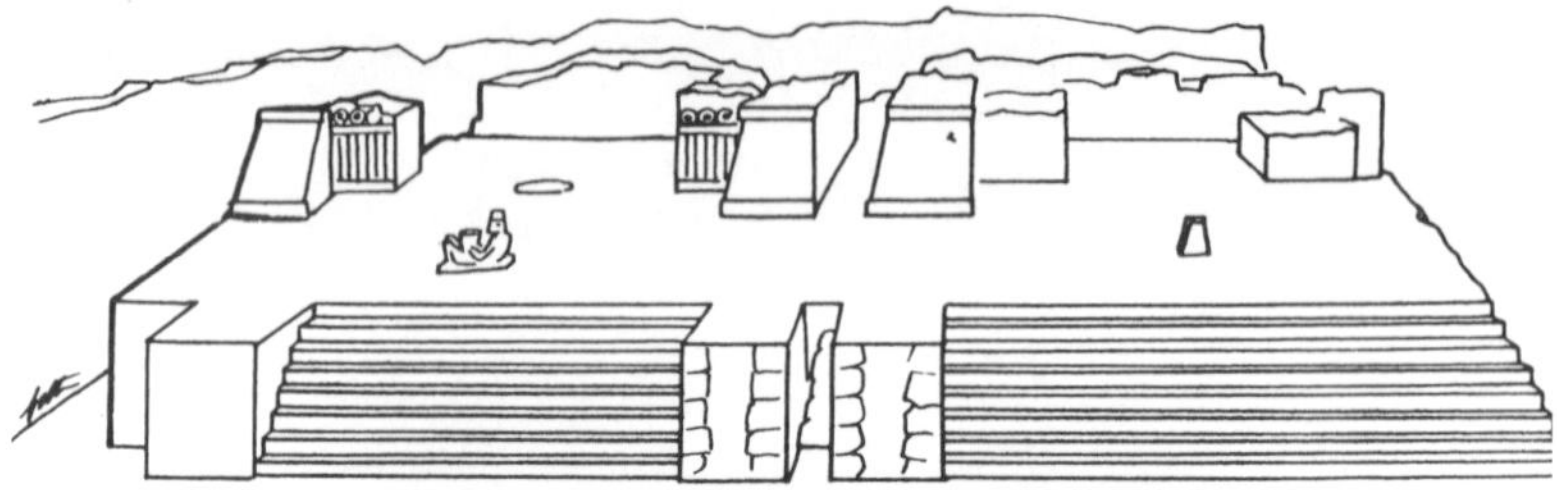

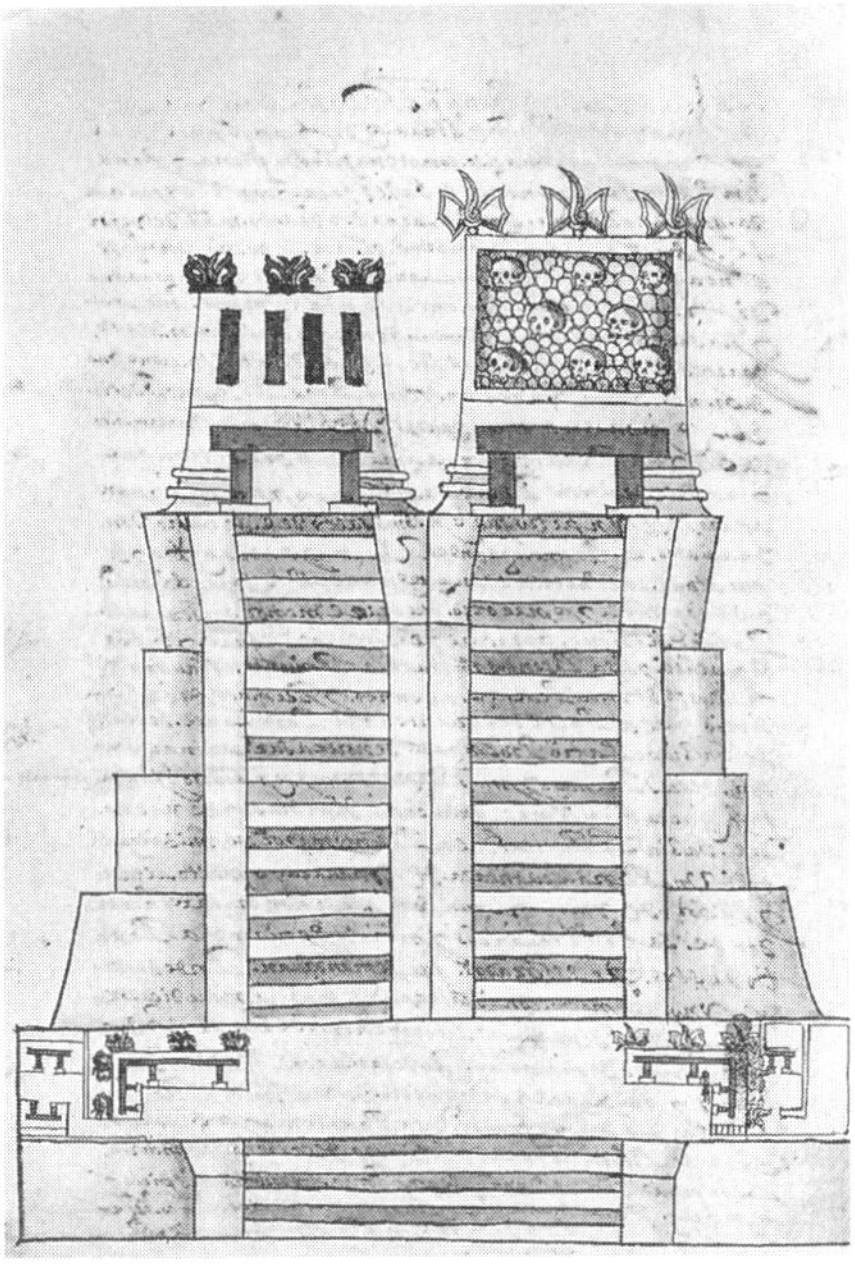

大ピラミッドの二連の神殿

95-98　【右頁上】神殿II。トラロックの祠堂の前には横臥した人物像（チャクモール）、ウィツィロポチトリの方には生贄の石がある。【右頁中】トラロック祠堂前のチャクモール。1390年頃のもの。粗削りの多彩色像は、原型であるトルテカのチャクモール（図24）との強い類似を見せている。【下】神殿IIの全景。【左】テツココにあったトラロックとウィツィロポチトリのピラミッドも、テノチティトランの大ピラミッドの様式に倣っていた。『イシュトリルショチトル絵文書』より。

にし、そして征服後すぐに破壊させた構造物は、何層も積み重なった形で造られていたことが判明した。前の時代のピラミッドを完全に覆うような形で次の層が建設され、それをまた覆い隠すように次が造られていたのである。発掘が進んで基礎の中心部に至るまでの間に、基壇部の貯蔵室に埋まっていた無数の供物も掘り出された。

発掘結果を解釈するうえでの問題は、ピラミッドを象徴としての面と機能の面からどのように理解すべきか、特に農業の安定と軍事的拡張との関連でどう捉えればよいか、ということであった。この問題を考察する中で、三つの関連したテーマが浮上した。第一のテーマは、代々の統治者、とりわけモテクソマ・イウィルカミナとその後を継いだアシャヤカトルが行ったピラミッドの大型化に見られるような、国家による保護・後援の問題。第二は、人工的な山としてのピラミッドの象徴構造。そして三番目は神話上のドラマの舞台としてのピラミッドに関するテーマであった。神話上のドラマは、トラロックに捧げる儀式（トラロック山頂での儀礼に似ているが、都市では一年のさまざまな機会に行われた）や、ウィツィロポチトリに生贄を捧げて行う凱旋式典（特に、戦争に勝った際に行われた）の折や、アステカのトラトアニの即位式の中で表現された。

メソアメリカのピラミッドに特有の特徴のひとつが、何十年、何百年にもわたって、古いピラミッドの上に次々と新しい層を重ねていくことであった。最初は聖地には小さな建物があるだけだが、やがて外側が新しい構造物で覆われて、もとの建物は彫刻や供物や宗教用具もろとも「埋まって」しまう。このような建造物は、内部に何代にもわたる「蓄積」があるため、造る側の人々にとっては霊的な力の宿る特別な建物と感じられるようになる。テノチティトランのピラミッドもまた、この建築上の伝統を反映している。これまでに発掘された中で最も古い基礎構造物は、石に彫られた「二のウサギ」（一三九〇年にあたる）という日付の文字から、おそらくアカマピチトリの治世に造られたと考えられる。この文字を刻んだ石はウィツィロポチトリ側の階段の下で発見された。この構造物の内側には、それよりも古い基壇（十四世紀前半のテノチティトラン建都の時期にさかのぼるとみられる）があった。基壇上のウィツィロポチトリ神殿前の生贄台と、トラロック側で見つかった粗削りながら彩色を施された横臥像（チャクモール）は、初期からすでにこの二神が崇拝されていたことを示している。

メシカがまだテパネカ族の都市アツカポツァルコに貢納していた頃、つまりウィツィリウィトル（一三九〇—一四一七）とチマルポポカ（一四一七—二七）の時代には、テノチティトランのピラミッドはほとんど外見を変えなかった。一四二八年に三市同盟が形成された後、イツコアトルはアステカの首都のためにより壮大な神殿の建設を命じた。「四の葦」（一四三一年）の日付文字は、この時代の建築事業を示している。ピラミッドは大きくなり、テノチティトランの地位上昇を反映して、旗手の姿をした石の人物像が飾られた。次の拡充はモテクソマ・イウィルカミナの治世に重なる。ウィツィロポチトリ神殿背後の新しい壁に刻まれた「一のウサギ」（一四五四年）の日付文字がそれを示している。この時の拡張工事でピラミッドの四方に大型の香炉と供物用の櫃《ひつ》が設置され、西側正面の古い階段を覆う新しい大階段が作られた。次の日付文字「三の家」（一四六九年）はアシャヤカトル即位の年にあたる。彼の治世（一四六九—八一）に基壇が階段の前方へ拡大され、メソアメリカ美術の中でも最も表現力豊かな彫刻のひとつ、すなわちコヨルシャウキの円形石板が置かれた。高浮き彫りのコヨルシャウキ像（図99—101）は、このピラミッドではそれまで見られなかったほどに優れたデザインと確かな技術で彫られたものであった。コヨルシャウキの石はアシャヤカトル時代の制作であろうと見られているが、同じ主題はすでにモテクソマ・イウィルカミナの時代にも登場している。それは、この大きなコヨルシャウキの円形石板の下に、同じ神を緑色岩の平石に彫った、より素朴な様式の像がもうひとつ埋まっていたことから知れる。第三のコヨルシャウキ像として知られる有名な緑色岩製の頭像（国立人類学博物館所蔵）は、もっと年代が後になる。（図145）

円形石板のコヨルシャウキは切断された手足とともにダイナミックな構図で彫られ、儀式用の装束が細部まで見事に描写されている。その恐ろしい姿は、手稿本に書かれた旧来の平面的な絵に比べて、彫刻という手段で比

コヨルシャウキの石

99-101 【右頁上】ウィツィロポチトリ神殿へ続く階段の下に置かれたこの巨大な丸い石板は、アステカの敵の敗北を示していた。【上】コヨルシャウキの頭部。【右頁下】コヨルシャウキの切断された右足。

類ないほど印象的な立体作品へと進化しており、十五世紀中葉のアステカ芸術家の才能を見事に物語っている。エドゥアルド・マトス・モクテスマは、この石板が階段の下に置かれていたのは、ウィツィロポチトリがコアテペトル山の戦いでコヨルシャウキを破った伝説を記念するためであることにいち早く気付いた。第三章で見たように、ウィツィロポチトリは魔法の力で戦士として生まれ、姉コヨルシャウキの率いる軍と戦う。コヨルシャウキはウィツィロポチトリによってバラバラに切断されて山から投げ落とされた。ピラミッドのウィツィロポチトリ神殿へ続く階段の一番下に横たわるコヨルシャウキ像は、テノチティトランに敵対する人々にとっては恐ろしい警鐘であった。生贄となる人々の列は、ウィツィロポチトリ神殿前にある生贄の台へ向かってピラミッドを上る前に、この恐怖のモニュメントの上を歩いたのだ。伝説にちなんで、ピラミッドはコアテペトルと名付けられていた。

ピラミッドの頂上北側にはトラロック神殿がある。このため、このピラミッドはトラロックの生命の山とも同一視されていた。神殿内部には、主要な栽培植物すべての種がいっぱいに詰まった神像が一体立っていた。ピラミッドの基礎部分の両側には、多数の供物を納めた貯蔵室があった。トラロックのマスクのついた壺や水の神チャルチウトリクエ像の描かれた土器は、儀礼用の水を入れる器だったに違いない。数百個の海貝の貝殻、多様なサンゴ、すばらしい真珠母の首飾り、水棲動物を彫りつけたヒスイなども供物として捧げられていた。また、真珠母製のミニチュアの魚、緑色岩製のカヌーの模型に湖で使う道具を載せたもの、水鳥や魚類の骨も発見されている。クロコダイルの骨格は、大地が海に浮かんでいるという古代神話のイメージを思い起こさせる。「森の王」であるジャガーの骨格は、支配権に関係していた。征服地から持ち帰った戦勝記念品、オルメカのマスクのような古代の遺物、テオティワカンの様式で彫られたマスク（図102、103）などは、ピラミッドが帝国のシンボルであり、アステカの民が過去の伝統の継承者であることを暗示している。これらの品々を分析したマトス・モクテスマ、ヨハンナ・ブロダ、ダビッド・カラスコは、ピラミッドがウィツィロポチトリの山の写し姿であると同時に、トラロックの「生命の永遠の山」を兼ねている、ということを明らかにした。ピラミッドはテノチティトランの中心に霊力の宿る建築としてそびえ、供物の力と、生贄にされた数千、数万の人間の血を吸い取って、自らの力の源にしていた。この建物はアステカ世界の恐ろしい中心地であり、また「都市」を表すナワトル語の「アトル・テペトル」(「水の山」)という言葉を体現する「建築物による象形文字」の役も果たしていた。このように、人間の住む場所は、あらゆる生物がよりどころとする大地のさまざまな面を用いて定義されていたのであった。

ウィシャチトランの新しい火の基壇、テノチティトランの都市ピラミッド、テツコツィンゴの丘、トラロック山の祠堂とテツココ湖のパンティトランの霊場――これらはいずれも、自然環境が持つ永遠の力を表現するように設計されていた。手の込んだ儀式や血の生贄は、大地と空と水に人間社会から食物やエネルギーを返還する義

102,103　オルメカのマスク（上）とミシュテカのマスク（下）。大ピラミッドの基礎部分で発見された。ともに、アステカが征服し併合した地域の象徴である。

務を果たすために行われた。ケイ・リードが指摘したように、ナワトル語で生贄を表す「ウェンマナ」は「ウェントリ」(「供物」)と「マナ」(「広げる」)から成っている。[22] アステカの支配者と祭司たちは、時のサイクルを更新し生命の再生を保証する上で必要不可欠な役割を負っていた。宗教、歴史、経済は儀式の場で大地と結びついており、土地の所有権は始原の万物の始まりの時からずっと特別に認可されてきたものと考えられていた。

第5部　アステカの民、人生のサイクル

第8章 家族と教育

誕生と子供時代

アステカの人々は子供に深い愛情を注いだ。両親は子供のしつけや教育に特別の責任を負っていると考えられていた。生まれたその日から、子供は年長者を敬い、神々を崇拝し、従順で礼儀正しく生産的な活動をするように育てられた。アステカ社会ではひとりひとりの人間に社会や職業で昇進する機会が与えられており、特に軍隊や祭司職では出世のチャンスが多かった。それでも、子が親の職業や地位を受け継ぐ傾向は強かった。アステカの教育は、西洋文明が説くような個人主義には重きを置かなかった。むしろ、個人はつねに家族の生活や学校、カルプリ、職能集団、社会全体よりも下にあった。この点でアステカ文化は中国や日本の伝統的文化によく似ていた。

子供の誕生は特別な出来事であった。出産の際には産婆が産婦を戦争の鬨の声で励ました。母親は見事な戦いぶりで赤ん坊を「捕虜にする」戦士とされていたからである。産婆は次に、生まれた赤ん坊に話しかける。その話し方は、身なりは立派だが空腹で疲れきった旅人に呼びかけるような調子で、赤ん坊に向かって両親や祖父母のもとで安心して過ごすように説き、また生命は移ろうものなのだと諭した。生まれたのが男児の場合は臍《へそ》の緒《お》をとっておき、いずれ成人の戦士がそれを戦争へ持っていって遠くの戦場に埋める慣わしだった。女児の臍の緒は家のかまどのそばに埋められた。臍の緒を切る儀式では公的な祝詞が述べられ、その中で赤ん坊に男と女の役割を説明するとともに、よく働いて義務を果たすようにという忠告が与えられた。次に赤ん坊は最初の沐浴をする。その最中、産婆は低い声で、赤ん坊に清めの水の神チャルチウトリクエについて話して聞かせた。

汝が母チャルチウトリクエのもとへ進め、チャルチウ・トラトナク！　彼女が汝を受け入れんことを！　彼女が汝を洗い清めんことを！　汝が母と父より持ち来たりし汚れを彼女が取り去り運び去らんことを！　彼女が汝の心臓を清めんことを！　彼女がそれを清浄で善きものとせんことを！　彼女が汝に善い行動を与えんことを！

産婆は最初の沐浴儀礼を進めながらさらにいくつかの祝詞を語りかけ、その後、拡大家族（家族や親族）の人々が多数到着する頃に、今度は母親に話をする。おばたちと祖母たちが順番に産婆をたたえる祝詞を述べ、産婆はそれに応答する。祝詞の中では出産を終えたばかりの母親への敬意が必ず表明され、それにもまして赤ん坊に崇敬が払われる。産婆という職業の専門的訓練や資格証明の中心的部分は、じつはこうした祝詞なのであった。

貴族や裕福な商人の家に子供が生まれた時は、一層洗練された祝詞や、客人たちの優雅な訪問が見られた。ベルナルディノ・デ・サアグンは何ページにもわたってこうした儀式で語られた言葉を記録している。語りかけの中で、支配階級の責任ある一員としての赤ん坊に忠告を行っている例も多かった。

特に有力な家柄だと、近郊だけではなく遠方からも訪問客や使節がやってきた。なかには誕生後二十日も経ってから到着する者もいた。重要な客人は歓待され、立派な衣類を贈り物として受け取った。美しい織りのケープ、スカート、ワンピースふうの服などが二十—四十着も贈られたという。ごく普通の訪問客でさえ、食事、飲み物、プルケ（リュウゼツランの汁を発酵させて作る弱いアルコール飲料）を振る舞われた。社会のどの階層でも、主人は家計に応じて客をもてなした。

子供の誕生に続く最重要行事のひとつが、占い師の訪問であった。招かれた占い師は「日の書」つまり暦の本であるトナラマトルを持ってやって来る。彼らの仕事は吉日や凶日を読み取り、子供の人生に影響を及ぼす宇宙の力の配置を見極めることだった。子供が生まれた正確な瞬間を知ることが肝要であった。というのも、仮に生まれた日がトナラマトルで悪い日であるとされていても、支配的な「悪い効果」を幾分か和らげる他の効果が、誕生の瞬間に関係した良いしるしから得られるかもしれないからである。占い師は次いで、洗礼式を行う時として四日後のある時を指定する。しかしこの日もやはり凶である場合は、別の日を探すことになる。このようにして占い師は子供をとりまく悪条件を改善し、子供の運命を左右する「隠れた力」に一定のコントロールを及ぼそうとした。占いの解釈では、悪い占い結果も子供自身の努力と献身で相殺できると指摘された。つまり、トナラマトルはあらかじめ決まった運命を宣告する書ではなく、むしろ行動の道しるべだったのである。

赤ん坊が受ける通過儀礼の最後に来るのが、公式の洗礼式であった。これは先に述べた「最初の沐浴」とは別のものである。洗礼式の準備として、葦のマット（敷物）の上に水の入ったたらいを置き、赤ん坊の性別に応じてしかるべき道具をそばに並べる（図104）。男の子なら、アマランサスをこねた生地を焼いて作ったトルティーリャの「盾」の上に小さな弓と矢を乗せたり、家族の職業に合わせて大工や羽根職人、書記、金細工師、土器作りなどの道具を置いたりした。女の子の場合は、紡ぎ車、機織のおさ、葦のかご、糸紡ぎ用の器、その他の織物用具などと、小さなスカートやワンピースが並べられた。『メンドーサ絵文書』に、この場面を含めて洗礼の儀礼に関する描写がある。産婆は赤ん坊を抱いてたらいのまわりを反時計回りに回る。そして赤ん坊を沐浴させ、マッサージをして、空と清めの水に向けて四回かざす。すると年かさの子供たちが通りに走り出て、赤ん坊の名前を触れ回る。赤ん坊はゆりかごに戻され、その後両親は集まった親族を大宴会と贈り物でもてなす。

『メンドーサ絵文書』はまた、子供は三、四歳から家の簡単な仕事を手伝うと書いている。男の子はあまり重くない量の水を運び、女の子は機織りや食事の支度の基本を習う。やがて男の子はもっと重い荷物を運びはじめ、六、七歳になると家の外での仕事にも出るようになって、魚獲りの網の使い方を教わったり葦を刈り集めたり

104 赤ん坊の洗礼式。子供がこの世界に入るための通過儀礼であった。産婆が、刈ったばかりのイグサの上に置かれたチャルチウトリクエの聖なる水桶のまわりを回る。女の子のシンボル（箒、紡錘、織物の道具）が手前側に、男の子のシンボル（小型の盾、投げ矢、その他）が向こう側に描かれている。

する（図105）。土器作り、金属細工、かご作りといった専門技術は、父から息子へ、母から娘へと伝えられた。これは八—十歳頃に始められた。この時期までは、言うことを聞かない子ややる気のない子も（建前上は）厳しく罰せられないことになっていた。『メンドーサ絵文書』には、腕や耳をつねる場面や、リュウゼツランのトゲでちくりと刺すところ（この方法はそれほどしょっちゅうは使われなかった）が描かれている。ひどく悪いことをした子供は、お尻を叩かれたり、トウガラシをくべた火の上に顔をかざされたり、縛られて屋外の冷たい土の上にころがされたり、泥の上に寝かされたりした。

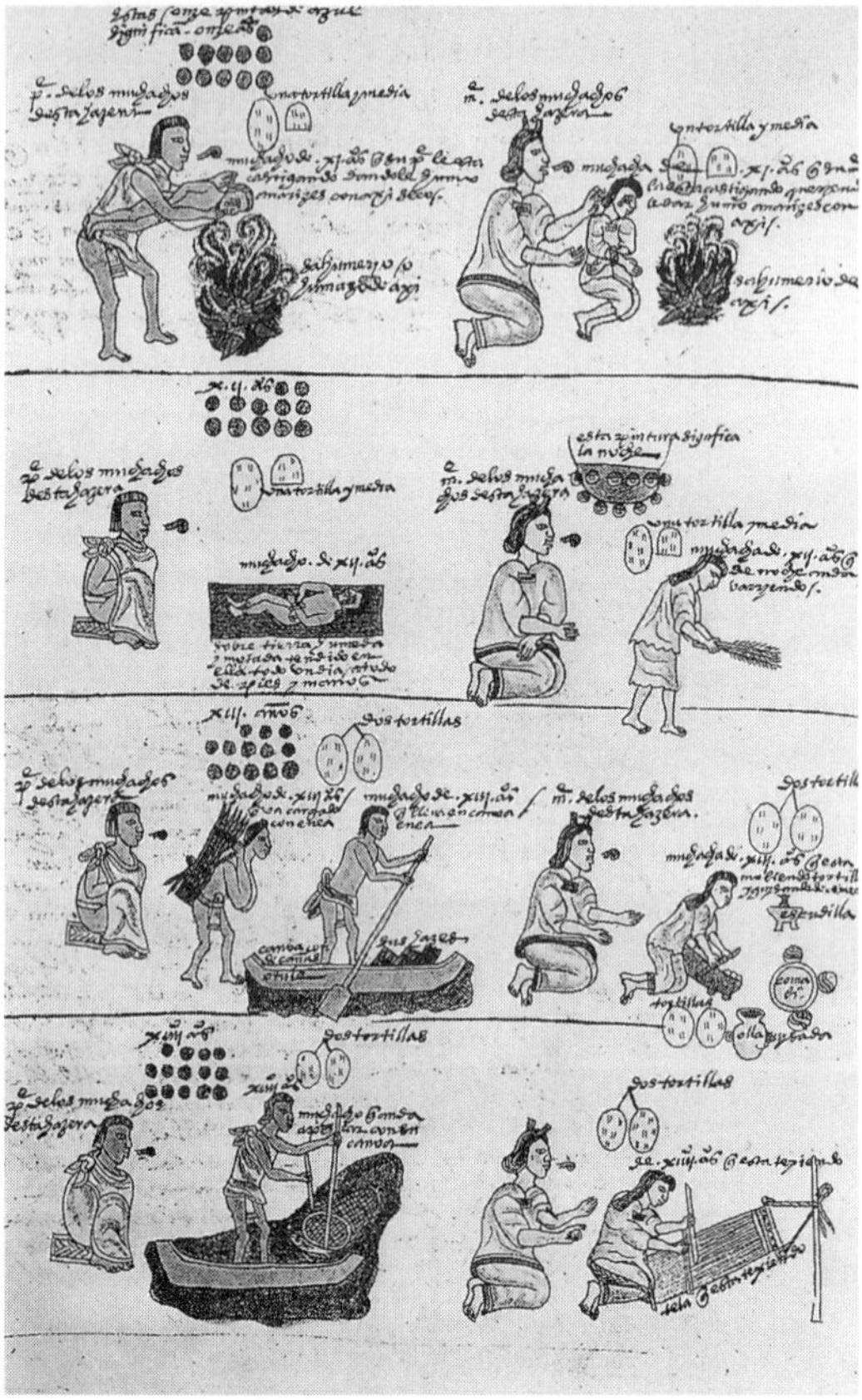

105 アステカの子供たちの養育においては、規律と勤勉が重視された。『メンドーサ絵文書』のこのページの上の方では、11–14歳の子供たち（子供の上の丸印の数が年齢を表す）がトウガラシをあぶった煙を浴びるなどの罰を受けている。絵の下の方では男の子が父親から荷物運びや魚獲りを教わり、女の子は料理や機織りを習っている。

学校と教育

子供たちはまだ小さいうちに学校に入る約束の式を済ませたが、実際に入学するのはしかるべき就学年齢（七歳、十歳、十四歳など諸説ある）に達してからだった。約束式でも入学式でも長い訓話があり、子供たちは従順で行儀良く、勤勉で謙虚で自律性を持ち、清潔でいるようにと言われた。学校には二種類あり、どちらも男女別学であった。学校は性的・社会的な区別を固定化し維持するように作られていたのである。第一のタイプの学校は「テルポチカリ」すなわち「若者の家」といい、各地区またはカルプリごとに、神殿に隣接してひとつのテルポチカリがあった。この学校は平民の教育が目的で、基本的な道徳・宗教教育、歴史、儀礼の際の踊りと歌、そして修辞学の知識習得に重点を置いていた。アステカの生活では、公の場で暗記している内容をスピーチすることが非常に重視されており、男も女もその技能を習得すべきとされていた。テルポチカリに入学した男児は軍事教練を受け、女児は宗教祭儀に参加するために必要なことを学んだ。

もうひとつのタイプの学校は「カルメカク」と呼ばれ、特に優秀な貴族の子弟・子女を集めて、宗教、軍事、政治の世界で指導的立場に立てるよう教育する場所であった。稀に、中下層階級の最優秀の子供が選ばれてカルメカクに入ることもあった。カルメカクは、ひとつの都市に男子校と女子校ひとつずつしかなかった。カルメカクの規律は厳しく、恭順が要求され、学生は苦行、祈り、儀礼としての沐浴といった宗教的禁欲生活を一定期間送らねばならなかった。つまり、この学校の雰囲気は士官学校か修道院に似ていた。アステカの生活はあらゆる面に宗教の影響が及んでいたため、カリキュラムには基本的な暦の計算法やトナラマトルの使い方が含まれていた。年中行事である各ベインテーナの祭の意味とタイミングも学ばねばならなかった。学生たちは儀礼でのさまざまなパフォーマンスのしかたや神々への呼びかけ方を習った。歴史、算術、建築学、天文学、農学、軍事教練もカリキュラムに入っていた。カルメカクの卒業生は裁判官をはじめとする行政の要職につくべき人材であったため、基本的な法律の知識も教えられた。

「語り」の技術は、これらすべての科目にからんでいた。というのも、工芸技術の伝承から歴史の解説、物語や詩の朗誦、訴訟や交渉まで、すべてが主に口頭で行われたからである。教育を受けるということは、表現や弁論や演説が達者にできる人間になるということであった。教育のある人間とは、さまざまな機会に技巧的なスピーチや感動的な語りをすることができ、同時にアステカの儀礼化された生活パターンが課すしきたりを遵守する人間のことであった。

今日われわれが使っているような意味での教科書や手引書や小説にあたる本はなかった。アステカの絵文字表記は限られた分野でしか使われず、文字は大きな絵の中に組み込まれて、描かれている人の名前、場所、日付、数などを伝える役を果たす程度だった。この表記方式の例は『メンドーサ絵文書』や「ティソックの石」の浮彫りに見ることができる。このような絵や絵文字といった視覚要素を組み合わせて、そこにコード化されている複雑なメッセージを読むことができるかどうかは、すべての構成要素の相互関係を把握する能力の有無にかかっていた。モテクソマ二世の「即位の石」（図106）は、絵文字と図像と彫刻という形式の相互関連をよく示している。この「即位の石」は玄武岩の直方体のブロックで、全面に彫刻がほどこされている。石はもともとは床の上に平らに置かれていたため、それに応じた構図になっている。底面には、始原の最初の日を示す「一のウサギ」の日付文字が刻まれている。側面にはしゃがんだポーズの大地の神々がいる。上面に彫られているのが、有名な五つ

や図像の一部分として視覚化された。つまり、チャルチウトリクエの彫像がヒスイで覆われたスカートをはいていたり、『ボルボニクス絵文書』の中の絵のように、チャルチウトリクエのスカートが緑色に塗られたりしたのである。儀礼の際にこの女神の扮装をした人間が湖水の女神の化身として登場した場合は、彼女たちのスカートがチャルチウトリクエと呼ばれた。アステカ社会では、その儀式でのパフォーマンスを見る者は例外なく、儀礼用衣装のスカートをどのように「読む」かを知っていたのである。

ホセ・ルイス・マルティネスは、テツココの支配者ネツァワルコヨトルの生涯を扱った著書の中で、ナワトル語の詩では拡大隠喩表現が当たり前のように使われており、神々の名前だけでなく地名、行為、英雄、特別に重要な物や概念にも同様の表現が見られることを指摘している。[3] テノチティトランは「投げ矢が作られた場所」「シロヤナギの場所」「鷲とサボテンの場所」などさまざまな名で知られていた。戦争は「盾の歌」「盾の煙が放散される場所」「平原の上の心臓の花」と呼ばれ、ウィツィロポチトリは「アオサギ鳥」「輝くコンゴウインコ」「鷲」として語られた。貴重なものは「貴石、黄金、ヒスイ、花、美しい羽根」と呼ばれた。詩は「花と歌」で、詩の朗誦が行われる場所は「花の家」「春の家」「花咲く中庭」などと表現された。他にも数多くの隠喩が儀式での祝詞で使われ、また手稿本、彫刻モニュメント、儀礼の衣装などでは隠喩を視覚化した表現が随所に見られた。

ベルナルディノ・デ・サアグンが記録した賛歌や祝詞の多くは古風で難解な隠喩形式を用いており、あまりにも不明瞭なために、サアグンは「彼らは内容を理解せずに歌っている」とコメントしている。一方ドゥランは、これらの表現形式の裏には昔からの神秘的な意味が隠されており、この形式には礼拝上の目的があったとしている。

彼ら（先住民たち）の歌はすべて、非常に曖昧な隠喩からできている。そのため、その歌をすぐに理解

> できる人間はほとんどいない。ふつうは、理解しようとすればわざわざその歌について研究し議論しなければならない。私は、何が歌われているのか、単語や隠喩の言葉の間に何があるのかに注意を集中して聴こうと決心した。歌は最初は意味がないように思えるが、やがて語られ協議されてみると、それらはじつに見事な文章なのだった。世俗の歌と同様に神聖な歌においてもすばらしい文章が作られていた。[4]

アステカ社会において、音楽、歌、踊りはきわめて重要な役割を持っていたため、テルポチカリとカルメカクではこれらの科目の教育を重視していた。祝祭の折には必ず踊りがあり、トラトアニから普通の家の者まで皆がそれに参加した。スペイン人修道士ヘロニモ・デ・メンディエタは次のように述べている。

> この土地であまねく行われている主要なことのひとつに、歌と踊りがある。彼らが神として崇める魔物《デーモン》たちの祭を祝うために、また個人的な娯楽や慰めのために、彼らは歌い踊る。どの王も自分の家にお抱えの作曲家兼歌手たちからなる歌舞楽団を擁しており、その者たちは彼らの流儀による拍子やクプレを使って歌を作るわざに秀でているとみなされていた。ふだん彼らは二十日に一度の大きな祝祭で歌と踊りを披露し、またそれほど重要でない他の機会にも歌い踊った。最も重要な踊りは広場で踊り、その他の場合は王の家で踊っていた。すべての王の家には広い中庭があったからである。彼らはまた、王や裁判官の家でも踊った。戦争で勝利した時、新しい支配者が任命された時、高位の女性との結婚の時、その他あらゆる目新しい出来事があった時には、すでにある邪神の祭の歌や、古人の行為を扱った歌、亡き王たちのための歌に加えて、楽団長が新しい歌を作曲した。[5]

108-110 【上】王たちの踊り。『トバル手稿本』より。【左】木彫りの太鼓「パンウェウェトル」。上の絵で演奏に使われているものとよく似ている。【下】2種類の音の出る太鼓「テポナストリ」。コヨーテの形をしている。

メンディエタは、歌と踊りの入念なリハーサルにも言及している。一方ドゥランは、少女や若い娘を指導する上での困難について描写している。教師たちは中庭の中央に太鼓を据え付け、子供たち（多くの場合は二人一組）がそのまわりで踊った。踊りのステップが下手な子や振り付けどおりに踊れない子には補習が行われた。踊り手は同時に歌も歌えなければならなかった。打楽器の音と歌の調子がリズムと言葉を引き出した。アステカの歌の名手の目標は、トルテカ的な理想像、つまり最も創造的な水準の表現は個人の深奥からわき出してくるということをわきまえた芸術家になることだった。

トルテカ人は真に知識が豊富だった
彼らは自身の心に訴えかけるすべを知っていた……
彼らは太鼓とガラガラを鳴らした
彼らは歌手であり、彼らは曲を作った
彼らは曲を広め、
彼らは曲をそらんじていた
彼らはその心で
彼らの作ったすばらしい歌を神聖なものにした[6]

カルプリの神殿に隣接するテルポチカリには、周囲を部屋で囲まれた特別な中庭があって、「クイカカリ」つまり「歌の家」と呼ばれていた。ここでは、英雄の歌、王子たちのための悲歌、哀歌、戦《いくさ》の歌、愛の歌、その他「世俗の歌」というジャンルに入るあらゆる歌が教えられた。それに対しカルメカクでは、儀礼的性格の歌と踊りに重点が置かれた。成人し結婚する時期が近づくと、音楽、歌、儀礼でのパフォーマンスの上手下手はますます大事な問題になった。

結婚

結婚は十代終わりから二十代初めにするのが普通だった。若者が適齢期になると、両親はわが子の結婚相手を探しはじめる。食事が用意され、若者が通う学校の教師たちが招かれて、学生生活を終えることが告げられた。次に親族を集めて別の会議が開かれ、どの娘が最もふさわしい相手かを決める。その女性は、すでに何かの祝祭の折に彼が見初めた娘であったかもしれない。仲介人が娘の両親のもとへ送られて、結婚の承諾を求める。翌日も翌々日も仲介人は相手の家を訪ね、そうして四日目に娘の両親が返答をする。

結婚式は入念に準備された。カカオを買い、キセルを用意し、花を準備し、ソース椀や土器のカップを購入する。次にトウモロコシを挽いて、時には二日も三日もかけてタマル（トウモロコシの粉をこねた生地に肉を混ぜ、トウモロコシの皮に詰めた料理）を作る。大人用に蜂蜜で甘くしたプルケも買い込む。約束の日の夕刻が近づくと、花嫁は儀礼の定めるとおり沐浴し、身支度をして、両腕と両足に赤い羽根を貼り付け、顔には黄鉄鉱を細かく挽きつぶして作ったキラキラ輝く粉を塗る。親族の女性たちが花嫁に心得を語って聞かせる。親族の女性のひとりが花嫁を背負い、松明の行列とともに花婿の家まで運ぶ（図111）。花婿の家に入ると、新郎新婦はマットの上に座る。炉に火がくべられ、コパルの香が焚かれる。花婿の母が美しい衣類を贈り物として渡し、年かさの仲人が花婿のケープと花嫁の服を結び合わせる。そして花婿の母が花嫁に特別なソースをつけたタマルを四口食べさせ、次いで花婿にも四口食べさせる。この後、新郎新婦は寝室へと導かれる。それから四日間、宴会が行われた。宴会の最後に、花婿の家の年配の女性たちが花嫁に、勤勉で慎み深く、信頼を持ち続けるように、と教えを述べ、一方花嫁の母は花婿に向かって、果たすべき義務と責任について語るとともに、懸命に働き誠実で献身的であるようにと説いた。ベルナルディノ・デ・サアグンが記録したこれらの祝詞は、アステカのしつけの理想像をわれわれの目の前に示してくれる——むろん、いつでも理想どおりだったはずはないにしても。

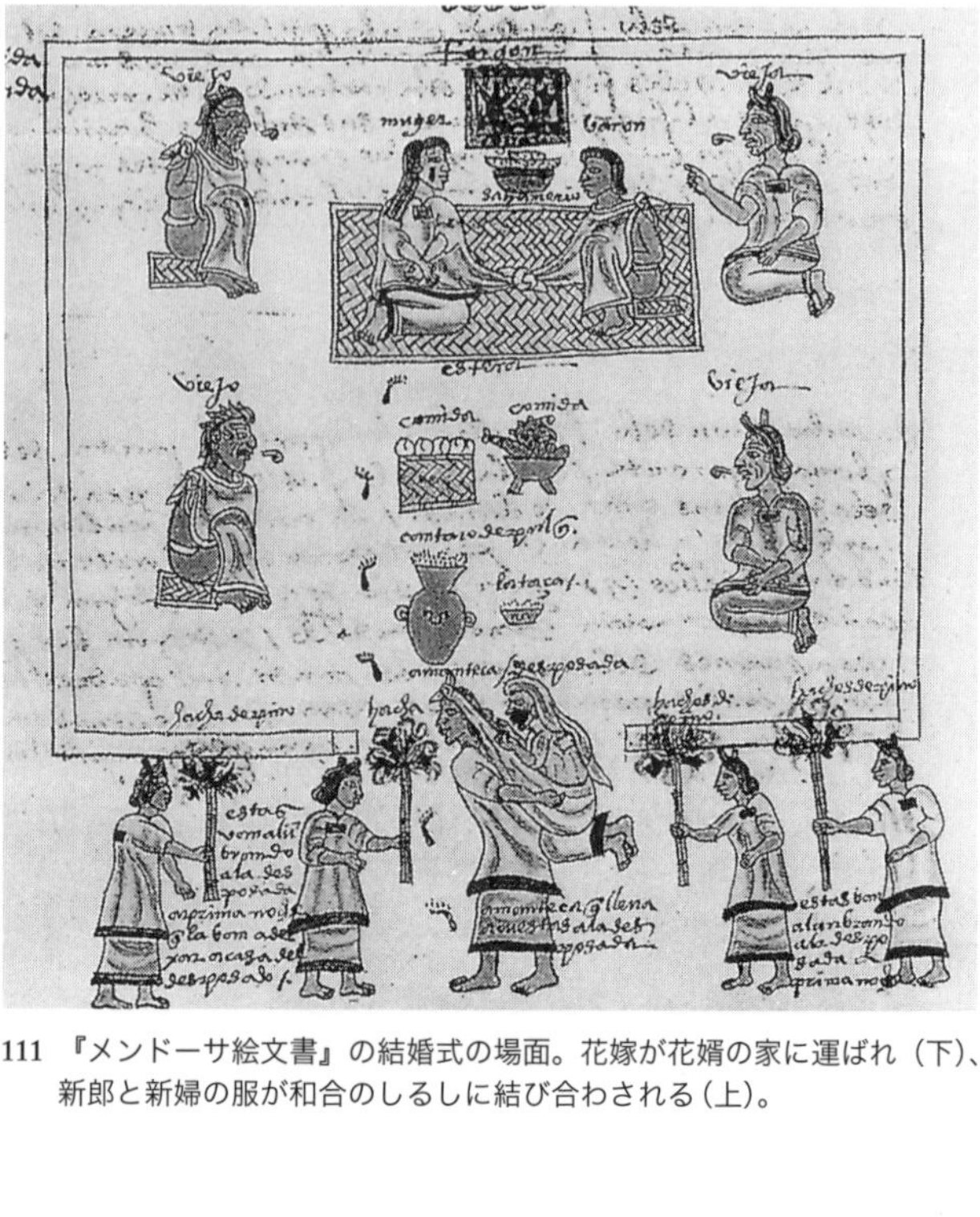

111 『メンドーサ絵文書』の結婚式の場面。花嫁が花婿の家に運ばれ（下）、新郎と新婦の服が和合のしるしに結び合わされる（上）。

第9章

農民、商人、職人

古代の農業伝統

ベルナルディノ・デ・サアグンは『ヌエバ・エスパーニャの事物の歴史概説〔フィレンツェ絵文書〕』中のナワトル語のテキストで、「農民」と「園耕民」を区別している。「農民」は一般的な耕地労働者であるとされ、地面を整地し、雑草を抜き、土塊を砕き、「コア」と呼ぶ掘り棒で耕し、表面を平らにならし、境界線を区切り、作物を植え、水やりを行い、また収穫した作物の実と殻をより分けたり、穀物を貯蔵したりすることをなりわいとした。一方、園耕民の仕事はより専門的で、樹木の植え付けや移植、種蒔きなどの知識を持つ。この専門家は、高水準の生産を維持するために作物の植え付け順や輪作について詳しく理解していなければならなかった。園耕民はまた、管理や監督の任にもあたっていた。彼らはトナラマトルを読んで植え付けと収穫に最も適した時期を決定する責務を負っていたのである。

土地の耕作は生活を支える基盤であった。以前の章で述べたように、メキシコ盆地ではアステカの社会秩序の基本をなすカルプリが共同体の土地を所有し、それを個々の家族に割り当てていた。しかし新しく開拓されたチナンパ地区では、かなりの数の農民がカルプリのメンバーではなく、土地に縛られた借地人で、テノチティトランに住む土地所有者に「借地料」を払っていた。こうした小作農は国家に従属し、国の任命した行政官によって監督されていた。土地を所有していたのはピピルティン（貴族たち）やトラトアニであった。勲功をあげた戦士に褒美として土地が与えられることもあり、そうした土地は世襲される傾向が強かった。つまり、テノチティトランに食糧を供給していたのは、伝統的なカルプリの枠外で生きる小作農が中心だったのである。他に、小作人でないカルプリ農民も余剰作物を市場に出してテノチティトランの食糧事情に貢献していた。さらに三番目の食糧供給源として、征服地からもたらされる貢納があった。

しかしテノチティトランが拡大を続けるにつれ、食糧供給源が上記の三種類だけでは心もとなくなっていった。十五世紀半ばにはテノチティトランの人口はテツココ（二─三万人）の五倍の十五─二十万人だったと推定されている。それにもかかわらず、テノチティトランは本土〔湖の外側〕に広い耕地を有するわけでも、首都に隣接する大規模なチナンパがあるわけでもなかった。従って、テノチティトランの住民にとって新しい土地の獲得は火急の問題であった。この理由から、イツコアトルは南の湖岸のチナンパ地域の征服に乗り出したのである。モテクソマ一世のもとでこれらの征服地に対する支配は強化され、湖の干拓で耕地の開発が進むにつれて農業生産も発展していった。同様に、ネツァワルコヨトルはアコルワカン中央部で段々畑と導水路建設を奨励していた。さらに、領土外に征服に出かけて新しい土地を奪いもした。生産力の向上により、人口の集中した都市部で食糧生産に携わらずにさまざまな職業に就いて働く数千人の人間を養うことが可能になった。

チナンパ、段々畑、実験農場

チナンパ農業の跡は、チャルコ＝ショチミルコ盆地で一九五〇年代から七〇年代の初めにかけて行われた考古学調査で発掘されており、十六世紀の民族歴史学資料でも裏付けられている[1]。メキシコ盆地におけるチナンパの起源はさだかではない。考古学調査から、十三―十四世紀にはチナンパ地域は湖の島部と湖岸沿いにしかなかったと考えられている。その頃は湖の広い部分が湿地帯であった。十五世紀、おそらくモテクソマ一世の治世に、古くからのチナンパ地域は大きな排水・流水管理システムに組み込まれ、そのシステムの一環として新しいチナンパ耕作地が大規模に造成された。空から調査するとチナンパの大きさや向きが統一されていることがわかり、おそらく比較的短い期間に計画的な造成作業が行われたと考えられる。

チナンパの区画を作るには、沼沢地に杭を打ち込んで、長く狭い長方形の囲い（長さ三十メートル、幅二・五メートル）を作る（図112）。次に杭同士を細枝で編み合わせて壁を作り、そこに泥や朽ちた枝葉などを詰める。続いて、これと平行にもうひとつの区画を作り、間にはカヌーが通るための狭い水路を設けておく。こうして順々に区画を作っていくと、チナンパが規則的なパターンで延々と並ぶのである。チャルコ＝ショチミルコ盆地の水はアフスコ山脈の麓に沿って湧き出すいくつかの大きな泉を水源とする。ここにはダム、水門、水路などからなる精巧な水利システムが構築されていた。この水利システムがチナンパ全体にいきわたっている点も、国家中央による管理運営の存在を示している。水供給の中央統制は、年間を通じて良好な収穫を保証するために欠くことのできないものであった。水位を調節して雨季には洪水を避け乾季には耕地の水分を維持することは、きわめて重要であった。乾季の水やりは、水路で容器に水を汲んでチナンパ区画の苗床まで運び、人間の手で水をかけていた。チナンパの区画を安定させるため、背が高く細い柳が外周にそって植えられていた。やがて柳の木は根を張って擁壁をしっかりと固定する。柳の枝が繁って日陰が出来すぎないよう、定期的に剪定が行われていた。チナンパ農場は肥料に人糞を用いていた。人糞はテノチティトランで集めてカヌーに載

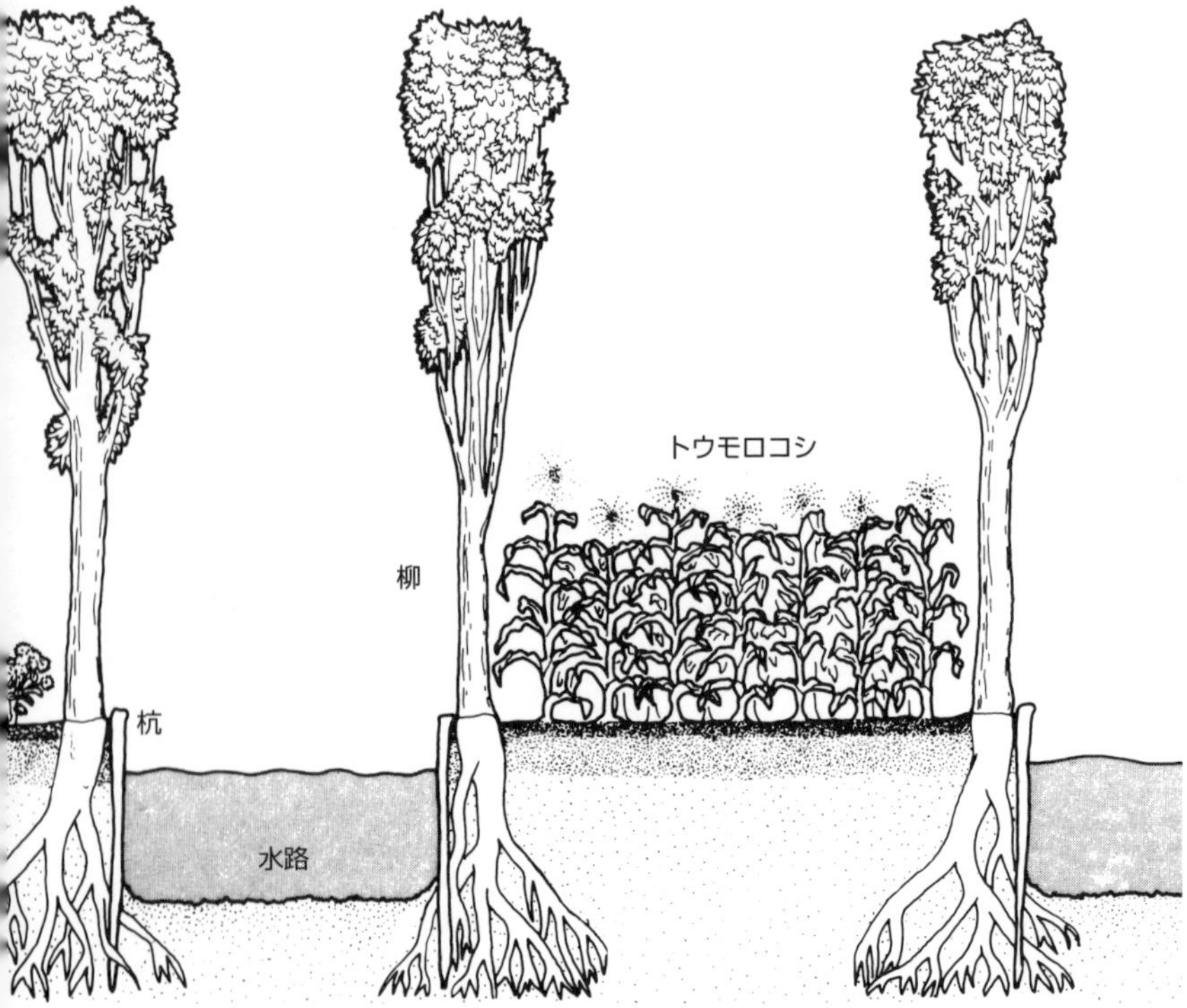

アステカの農業

112, 113 【上】トウモロコシの種蒔き、畑の中耕、トウモロコシとアマランサスの収穫と貯蔵。「コア」という掘り棒を使っているのがわかる。サアグンの著書より。【右】チナンパ区画の断面図。杭、柳の木、枝を編んだフェンスで細長い区画を作り、堆積物を入れて耕地を作った様子がわかる。チナンパの平面図は図40を参照。

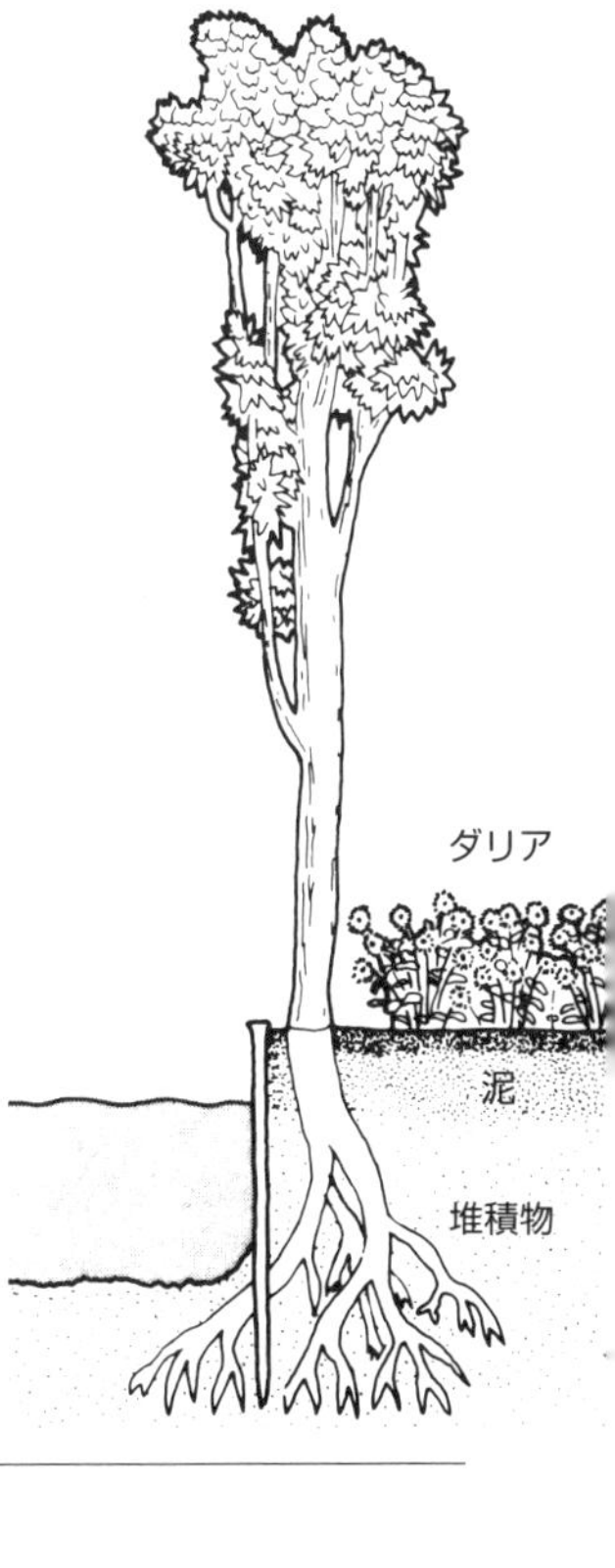

せ、畑まで運ばれた。トラテロルコの市場ではポット入りの人糞が売られていた。

イツコアトルとモテクソマ一世の時代に湖でチナンパが発達していった頃、アコルワカン中央部ではネツァワルコヨトルの長期支配のもとで段々畑の開発が進んでいた（図81）。考古学者の調査により、大量の土器片がまとまって出土したり、人間の居住を示すごみ捨て場の跡が発掘されたりしており、十五世紀までにはトラロック山脈の麓に多数の人間が住むようになっていたことがわかる。[2] それより前の時代からネツァワルコヨトルの「帝国」の体制固めの時期にかけて、アコルワ領の歴史の特徴は「食糧生産の強化を目指した」という言葉で表せる。初期のチチメカの指導者たちは、後から移住してきた部族にトルテカ式の習慣を採用するよう指導した（強制すらしたと思われる）。この「トルテカ式」には、農業のやり方や、村落に集まって暮らす定住形態も含まれていた。その流儀を踏襲し、さらに中央地域に勢力を拡大しようとして、ネツァワルコヨトルは広範囲にわたる導水路システムの建設を進め、山地の泉から水を引いて山腹や麓の段々畑と町を潤した。トラロック山の神殿の下方にある高地の谷の泉はトラロクトと名付けられ、そこを起点とする水路はテツコツィンゴにあるネツァワルコヨトルの祭祀用宮殿と別荘に水を供給するとともに、同じアコルワカン中央部にある近隣の五つの町にも恩恵をもたらした。水利権がテツコツィンゴで管理されたことは第七章で見たとおりである。もうひとつ大きな泉がサンタ・カタリナ・デル・モンテ近くにあり、テツコツィンゴとラ・プリフィカシオンの間に三日月状に広がる農業地帯の段々畑とその周囲の町の水源となっていた。さらに第三の水源がサン・グレゴリオ・アマナルコの北にあり、いちど北西へ向かって流れた後に分岐して、アコルワカン北部から中部にかけての町々に水をもたらしていた。

起伏のある土地に水路を作るには高度な水力工学技術が必要であり、実際に三ヶ所で、谷や山の鞍部〔ふたつの峰の間のへこんだ部分〕を越えて水路を通すために大規模な築堤工事が行われた。導水路は多くの場所で段々畑と連絡しており、特にテツコツィンゴの三日月地帯とその周辺の水利システムは有名である。一九四〇年代後半から五〇年代初めにかけてこうした導水路システムの調査が最初に行われた時には、このシステムの建設は国家事業だったろうと考えられた。しかしその後の研究で、この仮説には疑問が呈されている[3]。どうやら、導水路システムは地方の共同体が中央からの奨励や援助を受けて作ったものらしく、必ずしも強制的に作られたわけではなかったようである。計算によれば、この導水路システムを流れる水の量は、集約的農業に使った上でさらに多数の人間が年間を通して使用する生活用水をまかなうには足りなかったとされる。そこで現在では、この水利システムは主として町に生活用水を供給し、余った少量の水が乾季に家庭の農場の水やりに使われていたと考えられている。導水路は一年を通じて同じ場所に定住することを可能にするためのもので、新たな耕地として造られた広大な段々畑では、雨季の雨に頼って作物が栽培されていた。

他の地域にも大規模な水利プロジェクトがあった。メキシコ盆地北西部ではクアウティトラン川の流路が変更され、流れはまっすぐになって水路の幅は広がり、川岸には傾斜をつけた堤が築かれた。川の水は分水路に導かれ、広い平地の畑の灌漑に利用された。また、マイケル・スミスが同僚とともに考古学調査を行ったモレロス峡谷の村落跡では、段々畑について新たな事実が判明した。河床の何ヶ所かに小さな堰を設け、水の作用によって土地の高さをならして耕作に適した農地を広げるという工夫がされていたのである。クエシュコマテの村落遺跡では、百五十軒の家、倉庫、神殿が斜面に散在する定住集落の跡が見つかった。一二〇〇年頃から一五五〇年頃にかけての家屋の居住状態を調べた結果、最後の百年間に人口が劇的に増加したことがわかった。メキシコ盆地で起きた人口爆発は、同じ頃に地方にも波及していたのである。スミスは、もともと人口は天水農業の生産高で養える人数を大幅に超えており、そのため、地方でも堰を設けるなどして集約農業を進める努力が払われたのだろうと述べている。クエシュコマテとカピルコの発掘からは、地方の農民は農業にだけ従事していたわけではないということも明らかになった。彼らは織物や土器や石製の道具やロープの生産も行っていた。さらに、高地の他の場所で作られた品物が多数出土したことから、これらの村が広範囲にまたがる商品交易ネットワークに加わっていたことも判明した。

農業について論じる際に無視することのできないのが、実験用の特別な植物園や庭園である。アステカ人はモテクソマ一世の時代に、かつて「祖先たち」のものだった古い庭園をワシュテペク（今のモレロス州にある）で発見した。彼らは、ポポカテペトル山の山かげに位置する温暖で水に恵まれたその場所を再建することに決めた。モテクソマはピノテトルという名の者を監督官に任命して、泉やわき水、小川、貯水池、灌漑システムなどを調査・復元するよう命じた。同時にモテクソマは熱帯のベラクルスの海岸部へ使者を送り、クエトラシュトラの首長に、バニラやカカオその他の有用植物を送ってくれるよう依頼した。加えて、植物をワシュテペクに移送する作業はクエトラシュトラの園芸師の手で行い、細心の注意を払ってほしい、そしてその園芸師は適切な季節にワシュテペクで植物を植え付け、世話をすることのできる者にしてほしい、と要請した。こうして貴重な植物はしかるべき時期に根の周りの土ごと掘り上げられ、織布で包まれてワシュテペクへ送られた。園芸師たちは植え付けの儀式を行ったうえでそれらを植えた。成果は三年もたたないうちに現れた。移植された植物は見事に花を咲かせたのである。クエトラシュトラの園芸師たちは、植物が本来の生息地からはるか離れた場所で立派に根付いたことに驚いた。モテクソマはこの実験の成功を大いに喜び、天界の王と昼と夜の王に感謝を捧げた。

植物園はワシュテペクの他に、ネツァワルコヨトルがテツコツィンゴに作ったものがあった。この二ヶ所は、実用的な研究と、儀礼用植物の栽培と、観賞用庭園とが一緒になった植物園だった。一五七〇―七七年にフェリ

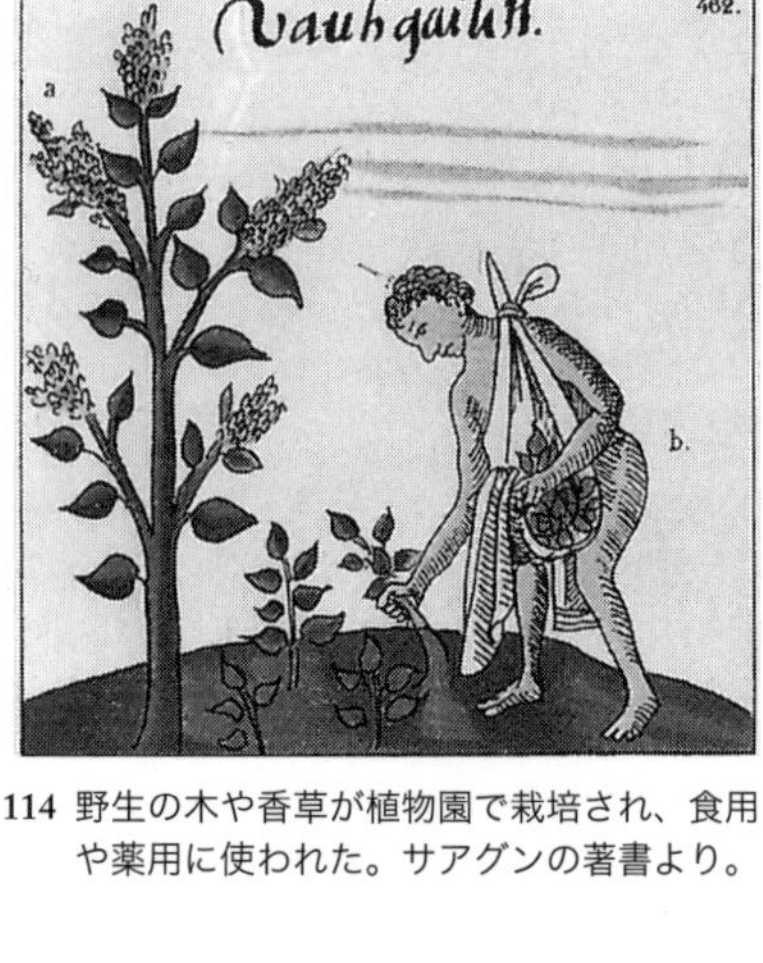

114 野生の木や香草が植物園で栽培され、食用や薬用に使われた。サアグンの著書より。

ペ二世の命でヌエバ・エスパーニャを訪れたスペインの植物学者エルナンデス博士は、現地の植物を研究し、ワシュテペク植物園の薬用植物についても記録を残している。[4] テツコツィンゴのネツァワルコヨトルの植物園でも薬用植物が栽培されていた。[5]

アステカの支配階級の邸宅には、観賞用庭園が付設されているという特徴があった。そうした庭の詳しい描写が、コルテスからカルロス一世に宛てた第二の書簡（一五二〇年）に見られる。それは、コルテスと部下がテノチティトランに向かう途中の一五一九年十一月に宿営したイシュタパラパンという場所の庭についての描写であった。

そこの王ないし首長は、新しい家をいくつか所有している。まだ完成はしていないが、それらの家はスペインの最高の家に勝るとも劣らない。大きさの点でも、建築の見事さの点でも、石造技術の面でも、木造技術の面でも、あらゆる家内設備の面でも、それが言える。ただ、スペインの邸宅にある浮彫りや精妙な装飾細工だけは、ここでは見られない。上階にも下階にも部屋があり、また、たくさんの木や甘い香りの花が植えられた心地よい庭と、きれいな水をたたえた水浴び場がある。水浴び場は立派なつくりで、底へ降りる階段がついている。彼〔王ないし首長〕は家の近くに広い果樹園も持っており、高いテラスからその果樹園を見渡すことができる。テラスにはいくつもの美しい回廊と部屋がつながっている。果樹園の中には、澄んだ水をたたえた大きな四角い池がある。この池も立派なつくりで、側面は見事な石造りであり、周囲をタイル敷きの歩道が囲んでいる。歩道の幅は四人が並んで歩けるほど広い。池は歩幅〔三十―四十インチ＝七十五―百センチ〕でいうと二十歩四方、歩道まで含めると二十四―二十五歩四方になる。遊歩道の反対側を庭園の壁に向かって歩いていくと、籐で作った格子《ラティス》の仕切りがあり、その向こうにありとあらゆる種類の樹木や、良い匂いの香草が植えられている。池にはたくさんの魚や何種類もの水鳥がいる。[6]

大地の恵み——アステカの食生活

アステカの農民は、数千年にわたって受け継がれてきた植物の知識を持っていた。もともとアメリカ大陸では旧世界より多くの種類の植物が栽培化されており、今日のメキシコ料理が誇る幅広い食材と多様な料理は、スペイン人到来のはるか前にその源流がある。古代メキシコでは、家畜化された動物は犬、七面鳥、アヒルだけであった。ヒツジ、ヤギ、豚、牛、馬はスペイン人が持ち込むまで存在しなかった。そのためアステカの食生活は野菜と果物主体の食事となり、それを狩猟の獲物や魚、七面鳥その他の鳥類、さまざまな昆虫などで補っていた。どの地方でも中心となる作物はトウモロコシであり、トウモロコシが経済の基盤であった。彼らはトウモロコシに石灰を加えて煮た後、平らな石の上で長い円筒形の碾《ひ》き石を使ってすりつぶす（この方法は現在でもメキシコの地方の村で見ることができる）。こうしてできた生地は薄く丸くのばしてトルティーリャにしたり、肉や調味料を加えてトウモロコシの穂皮で包んでタマルにしたりした。この生地は非常に用途の広い食材で、さまざまな料理に使われた。主要な蛋白源は多種多様なマメであった。アステカの食生活の特徴といえるのが、香りも辛さもいろいろな何種類ものトウガラシである。トウガラシはビタミンAとCの摂取源として大いに役立ち、香辛料としても有用だった。「ワウトリ」（アマランサス）は蛋白質に富む穀物で、トウモロコシに次いで二番目に重要とされていた（アマランサスは植民地時代にはあまり顧られなかったが、近年になって見直されつつある）。三番目に重要な植物は、カボチャと、容器として使うヒョウタンだった。またアステカ人は何種類かのタマネギ、「シクトマトル」(赤いトマト)、「トマトル」(緑のトマト)を育てていた。「カモトリ」(サツマイモ)は根菜として重視され、栽培されていた。クズイモというイモも大切な食糧だった。カブに似た形のクズイモの根茎は、生のまま塩とトウガラシをつけて食べたほか、蒸したり、他の材料と一緒に煮たりしていろいろな料理に使われた。ピーナッツとポップコーンも食生活の一角を占めていた。アステカ人は歯を掃除するためにガム(チクレ)、瀝青、その他の天然樹脂を噛んだ。しかし、公衆の面前でのガム噛みは無作法とされ、特に大きな音を立ててガムを噛むのは無礼な行為であった。アステカの人々はいろいろな果実の種を植えて育てた。それ以外に野菜として食生活の一翼を担ったものとして、ノパルサボテン、オプンチア(ノパルサボテンの一種)の実、ピタヤサボテン、リュウゼツラン、シロサポテ、クロサポテ、チリモヤ、グアバ、バンレイシなどがあった。果物には、マンメア、シロサポテ、クロサポテ、チリモヤ、グアバ、バンレイシなどがあった。リュウゼツランの汁を発酵させるとプルケという酒ができたし、葉を焼いたものはキャンディーのような甘い菓子になった。リュウゼツランは綿花と並んで織物用繊維の主材料でもあった。

よく知られたスパイスとしては、アカザ、コリアンダー、セージがあった。ラン科の植物の実の莢《さや》からとれるバニラは香料の中でも格別に珍重された。カカオの実をよく炒って(時には炒りトウモロコシも加えて)粉に挽き、水で溶かすと、チョコレートが出来た。人々は木製の泡立て器でよく泡立てたチョコレートに、バニラの莢で香りをつけたり蜂蜜で甘みを加えたりして飲んでいた。チョコレート飲料は紅茶やコーヒーと同様にカフェイン含有量が多く、古代メソアメリカにおいてはきわめて重要な飲み物だった。カカオの実は主に高温多湿な熱帯地方で採れる。タバスコとベラクルス南部の海沿いの地域や、グアテマラの太平洋岸の傾斜地が主産地であった。『メンドーサ絵文書』には、カカオは一部の地域の主要貢納品であり、一種の貨幣としても使われていたと記されている。カカオの実はテオティワカン時代からずっと、貴重な品物として長距離交易で珍重されてきた。さて、交易の話がでたところで、次は商業について見てみることにしよう。

テノチティトランとトラテロルコの市場

メキシコ盆地の主な町はどこでも、共同体の中心たる主神殿の近くに市場があって繁盛していた。ディエゴ・ドゥランによれば、町で必要なものは市場で買うように法律で決められていたという。市場へ行く途中の道では物品の販売をしてはならないとされていた。これはひとつには法律で禁じられていたためだが、市場の神を怒らせないためでもあった。

しかし、そうした世俗の法律と超自然的な掟があるから人々が市場に集まって商業がさかんになった、と考えるのは間違いである。市場は単なる物品交換センターではなかった。ドゥランは、「市場は非常に魅力的で和やかなので、無数の人がやって来る」と書き、市場がいかに魅力的かを長々と叙述している。今日でもメキシコの大きな市場は、人々が会って話をしたり、情報やゴシップを仕入れたりする場所である。アステカの女たちは、特に帝国の形成期には、「近く反乱が起きる」とか「隣国からの攻撃が近い」といった噂をたびたび市場で小耳にはさんだのだった。後述するように、商人兼スパイという職業も発達していた。

アステカの首都を支える最大の市場はトラテロルコにあった。もうひとつ別の市場が、テノチティトランの大祭祀区域に隣接して存在した。現在そこはメキシコシティーのソカロ〔中央広場〕になっている。他にも小さな市場が町のあちこちにあって、それぞれの地区の生活に貢献していた。物資の搬入にはカヌーを使い、主水路から脇水路を通って品物が運ばれた。水路の多くはスペイン植民地時代になっても機能していた。テノチティトランの小規模な市場は常設ではなく定期市のようなもので、湖岸周辺からやってくる行商人や、トラテロルコとテノチティトランの大きな市場で仕入れた品を小売する地元の商人が店を出していたのではないかと考えられている。

　トラテロルコの大市場は、「無名征服者《コンキスタドール・アノニモ》」と呼ばれている人物によれば、毎日二万五千人が集まる場所だった。五日ごとに特別な市が立ち、その日は客が四—五万人に増えたという。この数字はコルテスが書いている六万人という数ともおおむね一致する。コルテスがこの市場を訪れたのは一行がテノチティトランに入城して四日しか経っていない時であり、特に市場の人出が多かったのだろう。市場の広さや秩序だった運営や品物の豊富さに、スペイン人は目を丸くした。ベルナル・ディアスは、活気にあふれる市場の様子を次のように描写している。

> 　トラテロルコと呼ばれる大きな市場広場に到着したわれわれは、人の多さと商品の量、そして秩序と統制が行き届いていることにたいへん驚いた。それはわれわれがそれまでに見たことのないものだったからである。われわれに同行していた首長たちが案内人の役を果たしてくれた。商品はどれもきちんと分けて置かれ、それぞれ売る場所が定められていた。まずは金、銀、貴石、羽根、マント、刺繍製品の商人がいる。次に、インディオの奴隷が商品として売られている。奴隷には男も女もいる。ポルトガル人がギニアから運んでくる黒人奴隷と同じくらいたくさんの奴隷が、ここに連れて来られて売られている。奴隷は長い竿にロープでつながれ、首枷をはめて逃げられないようにして運ばれてくる。縛られていない奴隷もいる。次に現れるのは衣服、木綿、撚《よ》った糸で作ったいろいろな製品を扱う商人であり、その先にカカオを売るカカオテロスもいる。こういう具合で、ヌエバ・エスパーニャの地に存在するあらゆる商品がここに

ある。リュウゼツラン〔の繊維〕で織った布、ロープ、彼らが履くサンダル（これも同じ繊維で作られている）、甘く調理したリュウゼツランの根、やはりリュウゼツランから取れる塊茎などを商う人々もいて、それがすべて市場の決まった一角で売られている。別の一角には、トラ、ライオン、カワウソ、ジャッカル、シカ、さらにはアナグマやヤマネコといった動物の皮革がある。皮はなめしてあるものも、そうでないものもある。他にもいろいろな商品が並ぶ。

市場のまた別の場所へ行くと、マメ、セージ、野菜、香草を売る人々がいる。鶏、肉垂のある雄鶏、ウサギ、野ウサギ、シカ、マガモ、まだ若い犬などは、別の区画に集まっている。果物売りも忘れてはならないし、調理した食べ物や粉をこねた生地や動物の内臓を売っている女たちもいて、それぞれ決まった場所を割り当てられている。それから、ありとあらゆる種類の土器。大きな水がめから小さな水差しまで、サイズも形も千差万別である。これらもまた、売る場所が決まっている。また、蜂蜜、蜂蜜ペースト、ナッツのペーストといった美味しい品々を売る者や、材木、板、架台、梁、木片、作業台などを売る者、メキシコマツの薪やそれに類した品物を扱う者もいる。ところで、なぜ私は彼らがこの大市場で売っているものを数え上げるだけのためにこれほどの言葉を費やしているのか？——すべてを詳細に語ったら、いつまでたってもきりがないからだ。紙（この国ではアマルと呼ばれている）、楓香脂《ふうこうし》で香りをつけた葦、タバコ、黄色い軟膏やその類の品々も、それぞれ別個に売られている。コチニール〔カイガラムシの一種。乾燥させて赤い染料を取る〕は市場の中のアーケードの下で売られており、香草その他の交易品を扱う商人も多数いる。市場には、三人の裁判官が裁きを下す建物もある。スペインでいえば警察官にあたるような、商売を取り締まる役目の者もいる。忘れるところだったが、塩売りもいるし、石のナイフを作る人々もいる。彼らが石からナイフを割り取る様子は見事なものである。女漁師もいるし、湖の底から取った軟泥のようなものを凝固させて売っている者もいる。これを使うと、チーズに似た匂いのするパンが焼ける。真鍮や銅や錫で作った斧、ヒョウタン、派手に彩色した木製の壺もある。できることならここで売られているすべての物について語りたいが、あまりに数が多く質もさまざまであり、また大市場とそれを囲むアーケードは混雑をきわめていて、二日間ですべてを見て回るのはとても無理であった。[7]

コルテスはカルロス一世宛ての書簡に、商品はどれも数量単位で売られており、重さで量り売りされているのではないと書いている。サアグンは、市場の運営と秩序維持は主要商人の中から選ばれて任命された「ポチテカ」という長たちが担っていたと記している。この役職者たちは、客を騙した商人には厳しい判決を言い渡した。窃盗で捕まった者は例外なく死刑であり、盗品を販売した者も同罪であった。商品ごとに市場のどの場所で売るかを決め、値段を付けるのも長たちの仕事だった。取引の形態についていうと、ひとつの方法は物々交換であった。カカオの実は各地の市場で貨幣として広く使われたが、アステカ帝国内でカカオの価値に統一基準があったわけではなく、地域ごとに違っていたようである。他にもいくつか、貨幣代わりに使われていた品物があった。たとえば、鳥の羽根の根元の透明な羽柄に黄金を入れたもの、熱帯の鳥の羽根、小型の銅斧、錫のかけらなどである。

美術と工芸

アステカの市場に並ぶ品物は、種類の豊富さと芸術性の高さの両方でスペイン人に強い印象を与えた。アステカの手工業の伝統は、ものによっては、アメリカ大陸に人間が住みついた太古の時代までさかのぼれるほど古い。

石細工

石細工は大昔から根幹的な技術だった。メソアメリカに金属加工技術が伝わったのは九世紀頃になってからで、それも主に装飾品作りにしか用いられなかったためである。最も役に立つ石のひとつは黒曜石であった。硬いが割れやすい火山性ガラスの黒曜石は、中央高地の何ヶ所かに大きな鉱床があり、古くから採掘場ができていた。紀元後の数世紀は、今のイダルゴ州パチューカ近くの黒曜石産地をテオティワカンが押さえ、ここで取れた黒曜石が南はグァテマラまで交易商人によって運ばれていた。メソアメリカの人々は、後期旧石器時代レベルの技術を用いて、ものを切ったり穴をあけたりするためのさまざまな道具を黒曜石で作った。カミソリのように切れ味の鋭い刃は、大きな「半加工の」石片から精妙な技法で薄い剥片を欠き取って作られた。片刃と両刃のナイフ、スクレーパー（掻器）、V字型の穴たがね、いろいろな寸法の投げ矢の鏃《やじり》、重量のある打撃用石刃などもあった。この天然のガラスを加工する技術がどれほど洗練されていたかは、研磨した黒曜石の鏡、精密機械で作ったかと思うほど繊細で薄い糸巻き型耳飾り、黒曜石製の壺などを見れば誰の目にも明らかである。これら驚くべき黒曜石製品に加えて、水晶、アメジスト、ヒスイ、トルコ石を使ったものでも、見事な加工技術が示されている。しかしそれらを製作するために用いられた知識と技術はといえば、硬い石を軟らかい石に対してどう使うかといった工夫や、砂や軽石の粉を研磨剤として紐につけて石をカットしたり表面を磨いたりする方法、単純な手持ちのポンプドリルの使い方、石を打ち欠く際にどの部分をどのくらいの力で叩けばよいかの技法、といったものだった。メソアメリカでは、石の加工技術と技巧がきわめて高い水準で花開いた。石細工品のジャンルとしては他にも素晴らしい象嵌《ぞうがん》のマスクや儀礼用品があり、それらはトルコ石、黒玉《ジェット》（褐炭の一種）、黄鉄鉱、色とりどりの貝殻を極上の職人技で嵌め込んだ見事なモザイクで全面が覆われている（図119、120）。トルコ石は輸入品で、一部は遠くニューメキシコから運ばれて来た。こうした傑作はテノチティトランに住むミシュテカの職人の作品だとする説が一般的である。他民族の芸術家を連れて来て都市の特定の区画に住ませるという習慣は、テオティワカン時代から行われていた。

石材工芸にはこうした精巧な細工だけでなく、大型の作品もあった。アステカの職人は、国家に雇われて巨大な玄武岩彫刻の制作もしていた。巨大なコアトリクエ像やコヨルシャウキの円板は、アステカの高浮き彫り技術の真骨頂といえる。コアトリクエや「ティソックの石」などの彫刻は、三次元の立体として見るように作られていながら、見る者は一枚岩の重厚さを感じずにはいられない。アステカの彫刻家は古代地中海世界の同業者とは違って、石のブロックという形状の制約から彫刻を「解放」する方向へ踏み出すことがほとんどなかった。ただ、十五世紀末から十六世紀初めになると、ショチピリの坐像に見られるように、名人クラスの彫刻家がそれを試みはじめている。大きな一枚岩を切り出し、輸送し、細工を施す技術は、紀元前九〇〇年頃のオルメカ時代にすでに発達していた。これが紀元後の早い時期にテオティワカンで新たな高みに到達し、四十トンもの重さの石造彫

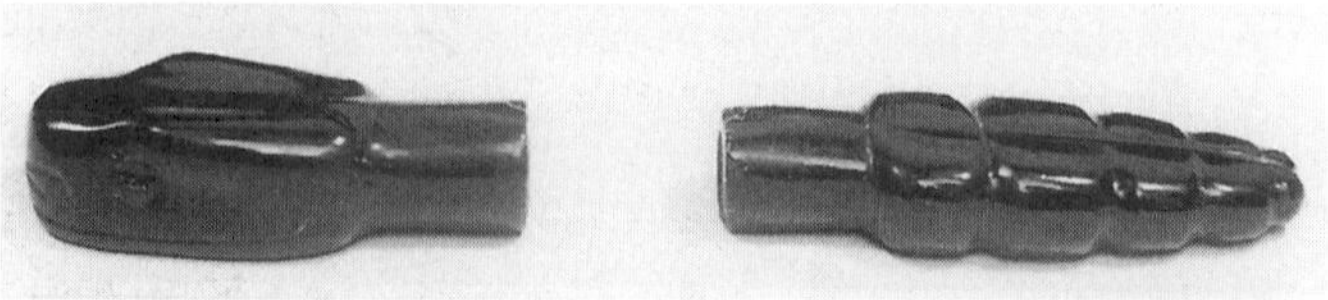

アステカの彫刻

115-118 【上】真珠母製の魚。大ピラミッドで発見されたもの。【その下】黒曜石製の杖の部分。ガラガラヘビをかたどっている。大ピラミッドで発見されたもの。【右】亀人間。自然界の動物や合体生物をテーマにしたアステカの彫像の一例。【下】コヨーテの彫刻。

119-120　モザイクの最高傑作2点。【上】トルコ石の象嵌をほどこした儀礼用マスク。アステカまたはミシュテカの職人の作品。コルテスが初めてヨーロッパに送った戦利品や贈り物の船荷の1点だったとみられている。【下】竜に似た双頭の生き物は、メソアメリカでは天空の象徴だった。テノチティトランで出土したこのモザイクは、王族か祭司がバッジとして身につけていたものであろう。

121 ピラミッドの階段下で発見された石彫の旗手像。平面的な正面の様式と単純な造形は、初期段階（1430–1440年頃）のもの。

刻モニュメントが遠くの石切り場から運ばれ（丸太ローラーを利用して運んだと考えられている）、祭祀センターに立てられた。アステカ人はこうした石彫モニュメントの伝統を最初はアツカポツァルコから学び、後には湾岸地方のワシュテカから吸収した。一四三〇年頃のイツコアトルのピラミッドに見られる単純素朴な彫刻様式と、一四五〇年代から十六世紀初頭にかけて作られたモニュメントとを比べてみれば、アステカの人々が表現力豊かな独自の様式を発達させる能力に秀でていたことがはっきりと見てとれる。

かご作り

かご作りも古くから受け継がれてきた手工芸であった。かご細工は石器作りと同様、狩猟採集文化の特徴のひとつである。高地の湖に広がる葦原のおかげで、主材料は無尽蔵だった。それ以外に、シュロの葉、籐、各種のサボテン、そしてとりわけリュウゼツランの長く幅広い葉から取れる繊維が使われた。テノチティトランの市場では、大きさも形もさまざまなかごが売られ、また使われて、商品の運搬や穀物の貯蔵、各種食品の専用容器として活躍していた。非常に編み目の細かい美しいかごは、宝飾品や家族の記念品のような貴重な品物を保管するために個人個人が使っていた。大きな蓋つきの四角いかごは、衣類収納箱だった。かご作り職人と密接な関係にあったのが、葦のマット（ペトラトル）や葦の座布団を作る職人である。古代メキシコでは家具といえば背もたれのない椅子、輿、小さな低いテーブルくらいであった。生活の場が床の上の低い位置だったため、アステカのマットは日本の畳と同様に、王族にとっても庶民にとっても基本的な重要性を持っていたのである。マットは古くから支配権の象徴で、トラトアニの別名のひとつに「マットの上に着座した男」というものがある。ペトラトルは今でもトルーカ盆地を中心に生産されているが、かつて社会のあらゆる階層の人々のためにに質素なマットから高級品まで生産していた一大産業の面影はなく、かろうじてその名残をとどめる「民芸品」になりつつある。

布と衣類

メソアメリカにいつから織物が存在したかはさだかではない。この地域の気候では古い布や衣服は朽ちてしまい、現在まで残っていないからである。この点で、砂漠という環境下で素晴らしい織物が保存されてきたペルーの海岸部とは大きな違いがある。それでも、スペイン人の記録や絵入り手稿本、細部まで描写された彫刻の人物像から、帝国の全域で作られていた複雑で多様な衣服について知ることができる。織物には地域ごとに固有の特徴的デザインがあって、男女の基本的な衣服にはそうした柄が織り込まれたり、刺繍されたり、染色や手描きで描かれたりしていた。衣服には、社会的地位や仕事の内容だけでなく、属する地域を示す紋章的な意味合いもあったのである。奢侈禁止法（第六章参照）が公布された後は、社会的地位や役職に応じた服装規定がより厳しくなった。最も一般的な布はリュウゼツランの繊維で織られたもので、ケープ、下帯、スカート、ウィピル（女性用のマント）などに使われた。リュウゼツランの繊維自体はかたくてゴワゴワ

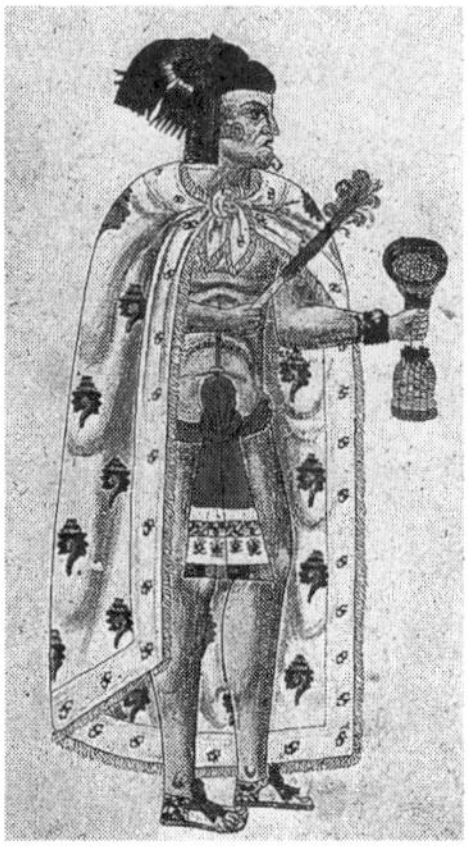

122–124 【左】伝令。肩で結んだ質素なマントと下帯を身につけている。【中】貴族。ケツァルの羽根の房飾り、巻貝の模様のマント、黄金とヒスイの装身具をつけている。【右】テツココの王子ネツァワルピリ。王族用のトルコ石色のマントと下帯、ケツァルの羽根、ヒスイのネックレス、黄金の耳飾りと脚輪といういでたちである。

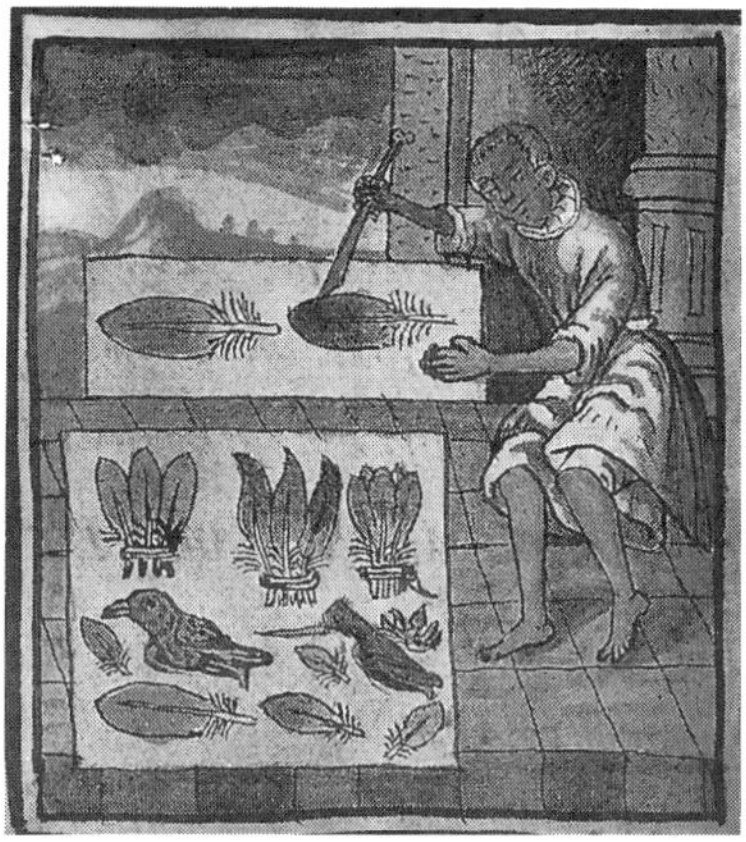

羽根細工

125–127 【上】羽根職人が羽根の染色と接着をしているところ。サアグンの著書より。【右】羽根と黄金で飾られた儀式用の盾。コルテスがヨーロッパに送ったもの。中央のコヨーテは「アトル・トラチノリ」（「水・火」）という文字を伴っている。「アトル・トラチノリ」は大洪水と大火災をあらわし、戦争の隠喩表現であった。【下】『メンドーサ絵文書』の一場面。高位の軍人が儀式用の盛装をし、豪華な羽根細工の盾と旗を持って行進している。

しているが、彼らはその材料で柔軟性のあるきめ細かい生地を織り上げる技術を持っていた。綿花は古くからメソアメリカで育てられており、テオティワカン時代から、温暖なモレロスの低地で栽培が行われていた。アステカでは、社会の最上層の人々も、男女を問わず庶民と同じスタイルの服装をしていた――ただ、生地の素材や織りの質、装飾などが違っているだけであった。身体にフィットするように服を仕立てる習慣はなかった。絵や彫刻を見ると、織物の柄は多くの場合幾何学模様だったことがわかるが、中にはその土地の植物や動物を刺繍したものもあった。染料は青粘土、黄土といった鉱物や、さまざまな植物から作られた。赤色はコチニールカイガラムシから採り、そのためにアステカの人々はこのカイガラムシをノパルサボテンに寄生させて飼育していた。紫色は海岸部で採れる貝の分泌物で綿糸の束を染めて得た。

羽根を使った服飾品は「アマンテカ」と呼ばれる専門職人の領分で、見事なその作品はもっぱら貴族や最高位の役職者専用であった。このうえなく珍重されたこの種の服飾品の材料となる美しい羽根は、プロのハンターが熱帯樹林で網を使って鳥を捕まえて集めたほか、羽根を得るための鳥の飼育も行われていた。羽根工芸はメソアメリカに古くから伝わる技術で、織物を織る際に生地の間に羽根の柄《え》を縛ってとめていく。現存する何点かの儀礼用の盾を見ると、職人たちの到達した技術水準の高さがよくわかる。羽根職人は単なる技術者ではなく、優れた色彩芸術家でありデザイナーであった。スペイン人は羽根細工の極上のマントや優美なウィピル、贅沢に飾った下帯について書き残している。

土器

トラテロルコの市場で最も広い場所を占めていた商品のひとつが土器であった。古代メキシコの土器製作は定

土器

128-130 【上】上質の多彩色土器のカップ。ネコ科動物が描かれている。チョロリャン出土。【右】日常用の土器。トマトとコショウをすりつぶすための細い溝が切ってある。【下】神像のついた香炉。テノチティトランの大ピラミッドの供物。

住村落での農耕生活とともに始まり、以来、多くの民族がそれぞれ特色ある土器を作ってきた。アステカ人も例外ではなく、独自の様式を持っていた。アメリカ大陸にはスペイン人が入植するまでろくろがなく、土器や土製の像は手で作られていた。ひも状にした粘土を巻き上げ、薄くのばし、そこに平らな粘土板を組み合わせたり、型入れした粘土のパーツをくっつけて組み立てたりする方法がよく用いられた。アステカ人もそれ以前の人々も、ガラス質の釉薬や高温焼成の炻器《せっき》〔陶磁器の一種〕や磁器の技術を持たなかった。つまり、低温焼成の土器がメソアメリカの伝統であったといえる。それでも、石細工の場合と同様に、比較的単純な技法からじつに多様で美しい土器が生まれ、世界の土器美術の中でも最高の部類に入る逸品もいくつかある。十五世紀のアステカ土器の特徴は、薄手で均整が取れた形をしており、クリーム色の地ないし赤いスリップをかけた地に幾何学模様を線描してある、というものである。線描はカリグラフィーのように質が高く、職人の腕の確かさを物語っている。十六世紀初めには自然から取ったモチーフが好まれるようになり、美しい線描デザインとともに花、魚、動物などが土器に描かれた。普及品の実用土器は、調理法に応じて形も大きさもさまざまだった。アステカの生活になくてはならないトルティーリャを焼くための平らなグリドル（フライパン状の器）もあった。モテクソマの宮殿で使われたような最高級の土器になると、多色で彩色し、鉱物由来のスリップをかけて、焼成前の「皮革くらいの硬さ」の時につや出し磨きをしてあった。光沢のある表面は手稿本の彩飾模様に似たデザインで覆われていたが、これはミシュテカ＝プエブラの「国際的様式」と呼ばれているものの特徴のひとつである。こうした最高級土器は、チョロリャン周辺で製作されていた。アステカの土器職人はまた、神殿用の特別な器も作っていた。それらは、時には昔からの伝統的な土器の形を踏襲したり、古い技法を使ったりして作られた。大ピラミッドの供物用の櫃《ひつ》の中から発見された有名なふたつ一組の青いトラロックの壺は、フレスコ技法で彩色されており、テオティワカンのすばらしいフレスコ土器を連想させる。これはテオティワカンの儀礼美術を意図的に「引用」したものとみてまず間違いない。大ピラミッドから発掘された別のふたつ一組の円筒形容器は、生乾きの段階でアステカの神々を細かく浮彫りして飾ってある。こうした形式は古典期マヤ様式とテオティワカン様式を融合させた古い伝統を思わせ、やはり歴史的な連続性を強調しようとして考慮の上で採用されたものと見られる。他にも、神像のついた大型の香炉などの儀礼用容器があるが、これも古典期マヤに源を持つ長い伝統を受け継いだものである。儀礼用の器は型入れした粘土を組み合わせて作られ、鮮やかな彩色を施して、アステカの儀礼でパフォーマンスを披露する人々が着る派手な衣装を描写している。儀礼用の品々は、遠くから建物を背景にして見たときにも目立つようにデザインされていた。これらは神殿を管理する組織やパトロンの特別の依頼で制作されたため、市場に出回ることはなかったと思われる。

宝飾品と金属工芸

アステカの役職者や貴族が身につけた黄金の装身具は、テノチティトランで働くミシュテカ族の職人の作品であった。オアハカにあるミシュテカの本拠地は十世紀頃からずっと、高度な工芸技術の伝統を誇っていた。アステカ人は、高い技術力を持つミシュテカの職人をテノチティトランに連れてきて仕事をさせたのである。モンテ・アルバンでミシュテカの王族の埋葬地である墳墓38が発見され、指輪、鋳造ペンダント、耳飾り、首飾りなどが出土したことで、ミシュテカの金属細工師の卓越した技術は現代の世界にも知られるようになった。アステカ人はミシュテカの芸術性をわがものにしたいと望んだ。このためアステカの装身具にはミシュテカの金細工伝統の影響が色濃く現れている。ただし、ミシュテカもその知識を南方の地から得たのであった。かなり高度な金属加工の技術は、南米のアンデス山脈のどこかで発達し、紀元前二〇〇〇年頃から徐々に北へ向けて伝わりはじめた。

やがてそれは陸路と沿岸交易のルートをたどって今のパナマとコスタリカに到達した。メキシコで最も早く発達し、最も高度な発展を遂げた金属細工の中心地は、太平洋岸にあった——まず第一にミシュテカ族の土地、そしてゲレロとミチョアカンの何ヶ所かである。ゲレロの海岸に近いシワタネホ近郊の考古学調査では、多数の金属製品とともに鉱滓（スラグ）が発見されており、九〇〇—一一〇〇年頃にここで銅の精錬が盛んに行われていたことが判明した。ミチョアカンのタラスコ族は銅細工産業を発展させ、踊りの衣装につける鋳造の鈴、毛抜き、針、斧、小型人像のような交易商品を生産していた。青銅製品も作られていた。しかし、なんといっても最高の職人はオアハカのミシュテカ人であり、芸術的な宝飾品技術をテノチティトランにもたらしたのも彼らであった。川底の砂から選鉱して集められた塊金や砂金は炉で精錬された。燃料は木炭で、男たちが空気を吹き込んで燃やしていた。鋳造には蠟型法（ロスト・

131 シペ神のマスクをかたどった銀製の小型鈴付きペンダント。大ピラミッドで発見された黒曜石の葬儀用容器の中に入っていた。個人の装身具とみて間違いない。

ワックス法）が用いられ、銅に金メッキを施したり、銅と金を混ぜてトゥンバガと呼ばれる合金を作ったりする際には、南米で発達した技法が用いられた。テノチティトランの宝石職人は、水晶、トルコ石、ヒスイといった素材を、鋳造した金製品や金線細工と組み合わせた。アステカの宝飾品は大部分がスペイン人の手で鋳潰されてしまったが、博物館に残っている何点かの作品を見れば、彼らが独特の新しい様式を完成させつつあったことや、古代アメリカのどこにも負けない職人芸を誇っていたことがわかる。

遺跡に見る家内工房

一九八〇年代後半に行われたとある考古学プロジェクトは、大きな収穫をもたらした。テオティワカン南東のオトゥンバという町の近くで、専門化した工芸品製作工房群が発見されたのである。アステカ時代のオトゥンバは現在のオトゥンバの町のすぐそばにあり、リュウゼツランの列で区切られた農地になっている。考古学者のトマス・チャールトン、デボラ・ニコルズ、シンシア・オーティス・チャールトンは、この遺跡でまず地表面の遺物収集を行い、いくつかの場所にそれぞれ異なる種類の人工的遺物やその破片が集中していることを発見した。[8]そこから、このかつてのアステカの町で工芸品生産工房がどのように分布していたのかを示すパターンが導き出された。主な産品は、黒曜石の刃物、玄武岩の道具（トウモロコシを碾《ひ》きつぶすためのメタテ〔碾き臼の下臼〕やマノ〔上臼〕）、スクレーパー、つや出しの磨き器、美しい宝石細工（糸巻き型耳飾り、唇飾り、ビーズ、平円板、その他それらの品物の製作過程を示す部品や破片）、型入れして作った土器（香入れ、小型人像、ガラガラ、スタンプ、紡錘用の溝車、ペレット）などである。大小の紡錘用溝車が集中している場所があったことから、木綿とリュウゼツランの繊維を使った織物生産も行われていたことがわかった。その後の発掘により、これら手工業品を生産する工房は、住居と別の場所ではなく、家の中か家のすぐそばにあったことが判明した。工房の分布パターンは、同種の品を生産する人々が一ヶ所に集まっていたことを示している。最も生産が盛んだったのは十五世紀半ばから十六世紀半ばにかけてだった。オトゥンバの製品は地元の市場で売るためのものだったのだろうか、それともメキシコ盆地のあちこちやその外まで交易で運ばれたのだろうか？　この問いにはまだ答えが見つかっていないが、アステカでは首都だけでなく地方も原材料と手工業生産と交易のネットワークに参加していたことはたしかである。

長距離交易

市場で売られる品物をすべて地元で生産できるわけではない。多くの品物は高原地帯の盆地や、はるか遠い帝国の国境地帯、さらにはその外の異国の地からもたらされた。それらの大部分を運んできたのが、「ポチテカ」の名で知られる交易商人であった。ポチテカはアステカ貴族の依頼を受けて長距離交易を担うとともに、独立した商人としても活動していた。アステカの帝国拡張政策におけるポチテカの位置づけ、宗教システムにおける彼らの役割、貴族との関係、遠方の「貿易基地」への旅の様子などは、アステカ経済の物語の中で非常に魅力的でユニークな一章をなしている。[9]

ポチテカの長距離交易と、主として一定地域内に限定された市場での取引との違いはどこにあったのか？　それは、次の事実に見ることができよう。通常の市場は植民地時代を通じて存在し続け、今でもちゃんと残っている。それに対して、長距離交易はスペインによる征服後約五年間で消滅してしまった。このあまりにも急な衰亡の理由としては、長距離交易ネットワークが扱った品が主に贅沢品――熱帯の鳥の羽根や緑色石や珍しい動物の毛皮など――であったことが大きい。アステカ人にとっては貴重なそれらの品々に、スペイン人は興味を示さなかったのである。

植民地時代初期の歴史家アロンソ・デ・ソリタによれば、ポチテカは貴族と並んで特権的立場を享受しており、支配者に貢納として物品を納めはしたが個人的な奉仕作業は免除されていたという。ソリタはまた、ポチテカという職業は完全に世襲であると書いている。[10] ポチテカはひとつのカルプリ（血縁単位）として組織化され、氏族の所有する土地で暮らしていたらしい。トラテロルコ＝テノチティトランには七つの商人地区があり、そのうち最も有名な地区はポチトランという名前であった。その他に、長距離交易の共同体の重要な地区として、テペティトラン、ツォンモルコ、アトラウコ、アマチトラン、イツトトルコがあった。注目に値するのは、これらの地名がメキシコ盆地のはるか外の地域に広く散らばっていることである。そのため、これらのうちいくつかはトルテカ時代以来の交易センターだったのではないかと考えられている。メキシコ盆地内部で大きな交易商人共同体が存在したのは、テノチティトランのほかにテツココ、アツカポツァルコ、ウィツィロポチコ、ウェショトラ、クアウティトラン、コアトリンチャン、チャルコ、オトゥンバ、ショチミルコ、ミシュコアクであった。

ポチテカおよびポチトランの語源となった「ポチョトル」という語は、セイバ〔パンヤノキ〕をあらわす。セイバは熱帯樹林に生える高木で、まっすぐに伸びた幹のはるか上方にだけ枝を繁らせ、古くから神聖な「生命の樹」とみなされていた。「ポチョトル」は比喩的な意味では、父、母、統率者、首長、保護者をあらわす。古代においてこの称号が持っていた意味は非常に重要である。なぜなら、ポチテカはアステカの時代より前からメソアメリカの社会で高い地位を占めていたことがうかがい知れるからである。それをこれから見ていこう。

トラテロルコとテノチティトランで長距離交易が始まったのはおそらく一三八〇年代であろう。サアグンによれば、最初の二人の商人が商ったのは、赤いコンゴウインコの羽根と、青と緋色のオウムの羽根だけだったという。しかし十五世紀初めになると、木綿の衣服やケツァルの羽根（ただ、まだ大型の羽根はなかった）、トルコ石、緑色のチャルチウィテ石が登場した。一四七〇年代には輸入品のリストは拡大し、豪華な衣服、種々の美しく珍しい羽根、宝石細工、カカオなどが含まれるようになった。支配者と商人の間には密接なつながりがあり、そのつながりは独立トラテロルコ最後の支配者が倒されてトラテロルコがテノチティトランに吸収された（第六章）後も続いた。

ポチテカには四種類あり、それぞれ違う義務や責務を負っていた。最高位の役職者たちは、「ポチテカの指揮官たち」という意味の「ポチテカトラトケ」と呼ばれた。この尊厳ある地位に付く者は、ポチテカの長老で声望の高い人々の中から選ばれ、支配者によって任命された。彼らもかつては季節ごとに旅をして商売をしていたが、いまや本拠地にとどまって管理運営に携わり、若い商人に助言や勧告を与えたり、旅に出る商人グループに遠くの交易センターでの取引を委託したりしていた。委託されたグループが帰還した折には、儲けは両者で分配された。ポチテカトラトケのもうひとつの仕事は、悪事を働いたポチテカを裁いて判決を下すことだった。商人の裁判は国の裁判とは別に行われ、国家の権威者といえども商人の裁判に介入する権利はなかった。商人界を支配する長老であるポチテカトラトケは、市場の管理という重要な任務も果たしていた。

ポチテカの二番目の集団は奴隷商人で、「奴隷に沐浴させる者」を意味する「トラルトラニ」という名で呼ばれた。この名前は、奴隷を生贄に供する前に沐浴の儀式を行わねばならないところからきていた。サアグンによれば、奴隷商人は商人のうちで最も実入りがよく、また支配者から特権を与えられていたという。奴隷商人は特に信心深いと考えられており、神格化された英雄ウィツィロポチトリに捧げられたパンケツァリストリの祭で特に大きな役割を果たしていた（この祭については後述する）。

一部の商人は、支配者の個人的な取引を代行するよう特別に依頼されていた。彼らは、「テンクネネンケ」つまり「王の旅人」と呼ばれ、場合によっては貢納取り立て官としても働いた。こうした王の行政官的な交易担当者がポチテカの中でも特殊なカテゴリーを形成していた可能性もなくはないが、むしろ、長距離交易で大量の品を扱う「オストメカ」（「先導的商人」）のうち特に有能な者や信頼に値する者であったと考える方が妥当であろう。

第四のグループは「ナワロストメカ」すなわち「商人のふりをする者」と呼ばれた人々で、ひとことで言えば商人兼スパイであった。国家の任務に従事する特殊な商人としてのナワロストメカの発達は、アステカの交易の研究の中でもきわめて興味深いテーマである。ナワロストメカは、最初は普通の旅商人であった。しかし貴重な品物を求めて敵の領土に分け入る時は、必要に迫られて現地人と同じ格好に変装した。

> 自国と戦争状態にある土地に入り、異郷の人々の間を通って進む時、彼らは敵と同じ服装、髪型、話し方などで現地住民のふりをした。
>
> もし不運にも見つかってしまえば、襲われて虐殺され、チリソースと一緒に料理されて食べられてしまう。しかし、もし幾人か——ひとりでもふたりでも——生きて帰ることに成功すれば、モテクソマに情報を伝えることができた。

市場の噂話や取引関係者のネットワークは、商人兼スパイにとって重要な情報源であった。十五世紀にアステカ帝国が発展するにつれ、戦争前になるとナワロストメカは常にスパイとして国家に雇われて働いた。

アウィソトルの治世（一四八六―一五〇二）には、商人はアステカの社会階層の中で際立って高い位置を占めていた。ショコノチコ〔現在のソコヌスコ〕地方を征服する際にポチテカがめざましい働きをしたことから、テノチティトランの支配者は公の場でポチテカを賞賛し、褒美として特別なケープと下帯を贈った（もっとも、テノチテカがそれらを身につけるのは特別な折だけだったと思われる。というのも、優美なケープを常時まとってよいのは貴族の特権だったからである）。テノチティトランのトラトアニは、一部の商人に対して、トラトアニの個人的取引を代行する特権も与えた。こうしてポチテカはますます帝国の体制に関与していった。いくつもの新種のポチテカが発達し、ポチテカ一般は商売を通して軍人貴族の社会と密接に結びついていった。

交易センター

スペインによる征服の時点で、ポチテカはアステカ帝国の境界のはるか外側まで交易ルートを広げていた。彼らの交易事業に関して現在知られている内容の大部分は南方のメキシコ湾岸地域が舞台であるが、おそらくポチテカは北西方面にも進出していたと思われる。北西というのは、古くからの鉱山地帯であるイダルゴとケレタロ、そしてさらにその先のサカテカスやドゥランゴをさす。南方では、交易ルートは中央高地を下って道が分岐するトチテペクへ至る。分かれ道の一方はオアハカ、テワンテペク地峡、ソコヌスコへとつながり、もう一本はメキシコ湾岸のコアツァコアルコへ至る。コアツァコアルコから内陸へ入ると、グリハルバ川ぞいに戦略的に築かれた強大なナワトルの町、シマタンがあった。ここは琥珀の産地であるシエラ・デ・チアパスへと続く主要な交易ルートであった。シマタンの東には、人口の多い熱帯のチョンタラパ地方が広がる。チョンタラパには、アステカの商人が倉庫と代表者を置いている町が二十五ヶ所ほどあった。そこから少し進むと、グリハルバ川とウスマシンタ川の合流点の近くにポトンチャンの町があった。ウスマシンタ川は古典期マヤ以来の交易の大動脈で、ポトンチャンから内陸のアカランと呼ばれる森林地帯へ入る絶好の水路であった。ここからさらに陸路と水路のネットワークをたどれば、グアテマラのペテンの密林やホンジュラス湾岸のニトという交易センターへも行くことができた。しかし、ポトンチャンは有力なマヤ族商人の支配下にあったため、アステカのポチテカはそれほど頻繁にはここを訪れなかった。対照的に、ラグナ・デ・テルミノスの海への出口近くにあるシカリャンコ〔現在のヒカランコ〕という交易センターには、ほぼ間違いなくアステカのポチテカの本部があった。シカリャンコの住民はチョンタル・マヤ族だったが、町の支配者はナワトル語を話す人間だった。このことから、この町を支配していたのはアステカの商人だった可能性は高い。この点で彼らは、交易商人と支配者を同一人が兼ねるというマヤの伝統に従っていたともいえる。

ポトンチャンもシカリャンコも、陸路とカヌーでグアテマラのアカランの森へ、そしてその先のホンジュラス湾へと向かうルートを持っていた。アカランの商人はペテンの森林地帯の資源を手広く扱っており、ホンジュラス湾のニトの町には彼らの拠点地区があった。アカランで一番の交易センターは、カンデラリア川沿いのイツァムカナクだった。イツァムカナクはおそらく、カカオの生産で豊かなベリーズのサーストゥーン川、ポロチク川、モタグア川の流域へ向けて商品を送り出す中継点でもあったとみられる。コルテスは一五二三年のホンジュラス遠征の際に、繁栄を誇るイツァムカナクに立ち寄っている。五年後、ユカタンの征服者フランシスコ・デ・モンテーホの部下であるひとりの士官がアカランを訪れた。彼の報告には、石灰岩と化粧しっくいの建物が五百戸ほど残っているが、以前の栄華は見る影もないと記されている。これがポチテカ・システム崩壊の結果であったことは言うまでもない。

ポチテカがテノチティトラン、トラテロルコ、テツココなどの高原の都市から輸出した品物は、あまり贅沢でない加工品が主体であった。輸入ないし貢納の形で都市にもたらされた原材料で作ったものである。ポチテカはこうした品物を貴族から託されたり、ポチテカのネットワークで独自に調達したりしていた。他に、黒曜石、銅の鈴や飾り、針、黒曜石の装飾品、櫛、顔料用のレッド・オーカー、香草、コチニール、みょうばん、ウサギの毛皮などさまざまな品が輸出された。これらの多くは、一般市民が首都の市場で買ってポチテカに託したものだった。奴隷も、シマタンとアカラン地方向けに輸出された。奴隷は水路の多い両地域で舟の漕ぎ手として必要とされたほか、一年を通して手入れが必要なカカオの農園で労働力として使われたとみられる。輸出品の見返りに、ポチテカは多彩な鳥の羽根や貴重な石、動物の毛皮、カカオ、黄金、その他の贅沢品を得た。ポチテカはカカオを交易センターまでは運んだが、そこで物々交換に使った。おそらくカカオは道中の食糧などを買い込む際に役立ったのだろう。

南方の交易センターには、公開の市場はなかったようである。取引はポチテカと、ポチテカが地方に置いていた代表者と、現地の支配者の間だけで行われた。一方、高原地帯ではコイシュトラワカ、トチテペク、テペアカに大きな交易者の市場が存在した。スペインによる征服時代には長距離交易と市場の商売の間には大きな差が見られたが、地域によってはそれが当てはまらない場合もあったらしい。

宗教におけるポチテカの役割

商人はテノチティトランの宗教生活で極めて大きな役割を担っており、特に、守護神ウィツィロポチトリに捧げる年に一度のパンケツァリストリの祭の際にはポチテカが活躍した。[12] この祭はトナルポワリの十五番目のベインテーナに行われた。最も重要なこの祭のために、祭司は四十日前から準備に入る。ベインテーナの二日目には、はやくも歌と踊りが始まった。しかし、これから交易の道に入ろうという若い商人たちはそのずっと前から準備を始めていた。彼らはまずアツカポツァルコの奴隷市場に行って、祭礼のクライマックスの儀式で生贄にする奴隷を四人買い入れる。並行して、手間ひまを惜しまず客人のための高価な贈り物――特に、大宴会に招待する有力商人や貴族への贈り物――を集めた。それから、これら若い気鋭の商人たちは遠いトチテペクまで儀礼にのっとった旅をして、その町に住むアステカの長老商人たち――ポチテカトラトケ――を直接招待する。祭の九日前に、四人の奴隷はウィツィロポチコの泉で汲んだ神聖な水で沐浴儀礼をさせられ、儀式用の衣装を着せられる。祭の前日、奴隷は「元気づけ」のためにカカオを振る舞われ、若い商人たちの先導で行列を作ってポチトランの地区神殿へ向かった。神殿では商人の守護神ヤカテクートリを称える儀式が行われた。

その間にパイナル（パイナルトンともいう）がテノチティトラン＝トラテロルコを巡回する儀式が始まる。

> パイナルは「代理」「代役」「代行者」であった。なぜなら、パイナルは行進の際にウィツィロポチトリの代わりを務めるからである。彼がパイナルという名前なのは、人々に前へ進めと説き、後押しするからである。その（神に扮した者の）後を、人々が押し合ったりわめいたりうなったりしながらついていった。彼らは土埃を巻き上げ、地上は見通しがきかなくなった。何かが取り憑いたかのように、彼らは足を踏み鳴らした。一人の男が像を両手で持って運んでいた。[13]

町を巡回する間に、パイナルは巡回路の内側の地域を儀礼的に「清め」て神聖な場所にし、帝国の中で最も重要なアステカの空間を画する。パイナルの巡回の最後に、行列は大ピラミッド頂上のウィツィロポチトリの神殿前に到着した。ベインテーナの二十日目、つまり最終日に、四人の奴隷はこの建物に連れて来られ、周囲を四回まわる。これは、行列による大巡回が象徴する行為を小規模に複製しているのであった。その頃には広場は群集で埋め尽くされ、アステカの支配者自らも祭の終幕を見ようと到着していた。最初に生贄にされたのは、征服戦争で戦士が捕えた多数の捕虜である。そして夕闇が迫る頃、パイナルが手ずから四人の奴隷を生贄にし、その死体をピラミッドの階段の上から投げ落とした。若い商人たちはこれで正式に認知され、儀式用の衣装を箱にしまう。この箱は死ぬまで大切に保管し、死後は遺体とともに火葬されるのだった。彼らは奴隷のうちひとりの身体の一部分を家に持ち帰り、料理して塩とトウモロコシと一緒に食べた。これには、特別な聖餐の供物という意味があった。その後大宴会が開かれ、客人に気前良く贈り物が贈られた。

古都チョロリャンでも、似たような儀式が同市の守護神であるケツァルコアトルの祭の際に行われた。チョロリャンとテノチティトランの行事を比較すると、メソアメリカの交易商人の儀礼は非常に歴史が古く、テノチティトランではそれがウィツィロポチトリの祭と合体融合したことがうかがえる。帝国のどこでも、新しい商人が交易の仕事に就くことを認められるのは、それぞれの都市の守護神を称える特別な祭礼の時であった。これもまた、さまざまな民族集団の習慣や信仰を大きな儀式システムの中に統合するというアステカ流混交主義の一例といえよう。

つまりポチテカは、アステカ帝国の中で台頭した中産商人階級では決してなかったのだろう。むしろ彼らは古代からギルドに似た組織を持ち、平民とはいえ貴族のすぐ下に位置する上流の人々だったのである。

首都の市場や交易の様子を記した民族歴史学史料、テオティワカン近くのオトゥンバでの工芸・手工業都市の遺跡発掘調査、そしてモレロス盆地の小さな町クエシュコマテでゴミ捨て場跡から発見された交易品の遺物――これらを総合的に考察したマイケル・スミスは、市場システムは高度に商業が発達したダイナミックな経済の中でさまざまな分野と多くの地域を互いに連結するための制度だったのだ、と述べている。しかしそれは資本主義的なシステムではなかった。賃金労働はなかったし、（限られた条件下を除いて）土地の売買もなく、裕福な平民や貴族が投資する先はポチテカの隊商だけであった。市場での大規模な商品取引のネットワークは平民や商人に経済的向上のチャンスを与えたが、平民が商人になったり商人が貴族になったりという昇格はなかった。経済一般、そして特に市場は、決して越えることのできない壁が厳然と存在する社会階層システムの中に封じ込められていたのである。[14]

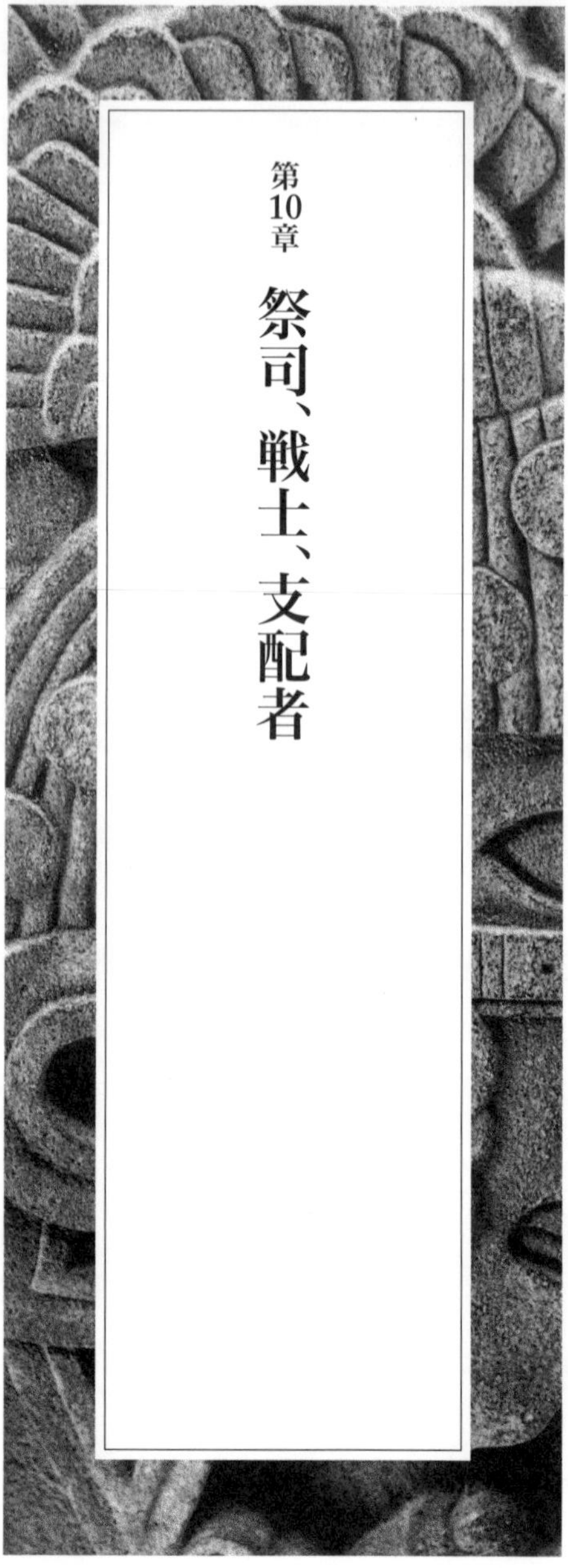

第10章 祭司、戦士、支配者

祭司——神のしもべ

スペインの遠征隊が初めてテノチティトランを訪れた時、祭祀聖域に案内されたコルテスと部下は、アステカの祭司たちのまがまがしい外見にひどく驚いた。ベルナル・ディアス・デル・カスティリョは次のように書いている。

彼らはキャソック〔キリスト教会で聖職者などが着用するぴったりした足までの法衣〕に似た黒い袖なしのマントと、足まで届く長いガウンを着ていた。修道士のようなフードをかぶっている者もいるし、それより小ぶりなドミニコ会士ふうのフードをかぶっている者もいる。髪は非常に長く、ウエストのあたりまであり、なかには足首に届こうという者もいる。髪全体に血が塗られており、あまりにもからみあっているので髪の毛を分けることができない。耳は苦行のため小さくいくつにも切られていた。彼らは硫黄のような悪臭を放ち、また別の腐肉のような臭いもした。彼らは首長たちの子弟で、女性との交わりを絶っていた。決まった日に断食をし、私が見たときは種子の中身を食べていた。手の爪は長く伸びていた。こうした祭司たちは非常に敬虔で立派に暮らしているという話であった。[1]

ベルナル・ディアスの描写は、祭司が特別の職務についており、神々に仕えるために長い苦行や普通一般の人々とは「まったく別の」生活をしなければならなかったことを物語っている。この奇妙な人々の背後には、きわめて複雑で精妙な伝統を受け継いできたひとつの組織があった。宗教は経済に負けず劣らず、アステカの生活のあらゆる面に浸透して統一体としての力を生む要素だったからである。宗教に関係した組織体系を監督し、その活動のすべてを統括する祭司職の人々は、またアステカの知的・芸術的生活の大部分を指揮してもいた。彼らが学校を切り盛りし、神々への崇拝を司り、公的な儀礼を取り仕切り、そこで行われるパフォーマンスを演出したのであった。[2]

以前の章で述べたように、トラトアニとシワコアトルの職務は主に行政統治にかかわっており、トラトアニが外交、シワコアトルが内政を担当し、トラトアニの方が上位にいた。このふたりも、決しておろそかにしてはならない宗教上の義務を負っていた。厳密に言えばトラトアニもシワコアトルも祭司ではなかったが、彼らはさまざまな場面で中心的な儀礼遂行者の役を果たした。トラトアニはエジプトのファラオと違って神とはみなされなかったが、それでも即位とともにある種の「神聖な力」を付与された。トラトアニの称号の中には「イォロ・アルテペトル」（「都市の心臓」）や「イナン・イタ・アルテペトル」（「都市の母・父」）というものもあった。これは、自然の再生の不可欠な一部分を構成する人間社会を維持し再生させるうえで、トラトアニが包括的な宗教上の責任を負っていたことによる。「対外的」な儀礼上の義務ゆえに、トラトアニは毎年、長く険しい道をたどってトラロック山頂の祠堂に巡礼し、雨を呼ぶ生贄の大祭を執り行った。戦士の長としてのトラトアニは、太陽崇拝と特に結びつきの深い祖先英雄のウィツィロポチトリを体現していた。軍事的儀礼の遂行者としては、「男性的な」季節である乾季に軍を率いて出征し、テノチティトランの大ピラミッドの上の祭壇で生贄にするための捕虜を捕獲した。このように、トラトアニの宗教的な力は主に「男性的な」乾季と関係していた（トラトアニは降雨にも責任を負っていたが）。トラトアニはまた、儀礼サイクルの中で行われる多くの重要な祭礼に欠かさず列席したほか、苦行や「お籠もり」をしな

132 夜間に山の祠堂へ巡礼するのも祭司の仕事であった。祠堂で彼らは香を焚き、太鼓を叩いて歌を歌い、雨と豊穣の神々に奉納した。『メンドーサ絵文書』より。

ければならなかった。祭祀暦や星の運行から読み取られる卜占について検討した上で国事を遂行するのもトラトアニの役目だった。

内務の長シワコアトルが特に強い力を持っていたのは、モテクソマ一世の時代、つまり王弟トラカエレルがシワコアトルの地位にあった時である。すでに見たように、トラカエレルは首都の統治を担当し（特にトラトアニが戦争に行って不在の時）、そのうえ内政の顧問であり、軍事戦略家であり、副官であり、ティソックとアシャヤカトルが若くしてトラトアニの地位に就いた後は相談相手を務めた。彼はトラトアニが戦争から戻った際には凱旋行事を企画し、捕虜の生贄がとどこおりなく行われるよう気を配った。シワコアトルという職務は、テノチティトラン、テツココ、アツカポツァルコ、クルワカンにあったことが記録されている。この地位に就くのは男性だったが、地位の名前は女神シワコアトル（「女・ヘビ」）と同一である。この女神は特に大地、耕地と農作物、分娩という「戦争」に関係していた（産婦は赤ん坊と戦う戦士というふうに考えられていた）。女神シワコアトルはショチミルコの守護神で、チャルコとクルワカンもどうやらこの女神を守護神としていたらしい。アステカの祭祀暦には大地と植物に捧げられた大きな祭礼がいくつかあり、その際にはシワコアトル神に扮した男性（おそらくシワコアトルの地位にいる者本人）が登場していたことが『ボルボニクス絵文書』に描かれている。シワコアトルの地位にいる者の宗教的な義務は、もとをたどれば「女性的な」雨季の農業に関連した祭司の仕事につながっていたのである。

祭司をあらわす語は「トラマカスキ」といった。祭司には、社会のどの階層出身でも――たとえ最下層の出でも――なることができたが、最も高いレベルの祭司たちはピピルティン、つまり世襲貴族の家柄であった。支配者のすぐ下には二人の最高位祭司がいた。この二人の称号と二元的な役割は、アステカ以前の宗教システムを反映している。「ケツァルコアトル・トテク・トラマカスキ」と「ケツァルコアトル・トラロック・トラマカスキ」

と呼ばれるこの二人は、それぞれウィツィロポチトリ崇拝とトラロック崇拝に関係していた。ケツァルコアトルは古代の称号であり、トテクもまた同様に、アステカがメキシコ盆地に現れる前からの古い宗教的な名前であった。片方の祭司の称号に含まれるトラロックの名は、明らかにメソアメリカにおけるトラロック神の長く輝かしい歴史と結びついている。このふたつの最高位祭司の地位の起源には、かつて雨季と乾季にあわせて宗教上の責務を交替で担っていた半族タイプの古い社会的分業があると考えられる。

その次に位の高い祭司は「メシカトル・テオワツィン」といい、儀式の指揮を執って監督し、カルメカク学校の校長も務めていたとされる。彼を補佐していたのが「ウィツナワ・テオワツィン」と「テクパン・テオワツィン」で、この二人が残りの祭司集団を統率していた。祭司はそれぞれ決まった神殿を担当し、その神殿に祀られている神への信仰儀礼や、その神に捧げる共同体の祭礼に参列した。神殿の土地（テオパントラリ）の管理も祭司の重要な役目であった。また、公の場でのパフォーマンスや行列の際に「神の体現者」を選ぶのも祭司だった。神の体現者は神聖なマスクや宝器を身につけて神に扮するのだが、場合によっては祭司自らがマスクや宝器をつけることもあった。一部の祭司は戦士を兼ねており、軍事遠征の際に神像を持って前線に赴く責務を帯びていた。戦士兼任の祭司もやはり敵を捕え、戦場でしかるべき生贄の儀式を執り行った。女性祭司もおり、特にさまざまな地母神崇拝と関係が深かった。女性祭司は、少女や若い女性に対して、地母神や数多くのトウモロコシ女神への礼拝の仕方、神に扮する役目の果たし方などを教えた。

こうした祭司はいずれも、カルメカク学校の生徒や祭司候補生を助手にしていた。カルメカクでは、祭司志願者が厳しい管理下で生活していた。瞑想、祈禱の学習、そして折々に断食期間があった。徹夜での長い祈りが続き、定期的に供物を捧げ、清めの沐浴をする。食事は真昼と真夜中に少量を取るだけというのが普通であった。特別な折には自己供犠が求められた。リュウゼツランのトゲで脚や腕を刺したり、黒曜石の刃物で耳たぶを切ったり、舌やペニスに穴をあけて紐を通したりして血を流すのである。

ヨーロッパの修道会と同様に、アステカの祭司たちの世界にもありとあらゆる種類の才能を発揮し関心を発展させる場があった。祭司の中には絵文書画家や書記がいた。また、暦の計算や夜空の観察、太陽の通り道の通年変化の観測などをもとに、暦の書を読んで解釈するのも祭司の特殊技能のひとつであった。毎日、東の地平線上で日が昇る位置は少しずつ移動していく。この太陽の動きは、祭礼を行うべき日を定め、アステカの諸都市における宗教生活の構造全体を天体の規則的な動きにあわせて調整するための指針であった。予言や幻視の解釈に携わる祭司もいた。そうした活動の際は、幻覚作用のある植物——シロバナヨウシュチョウセンアサガオ、シロシビン・マッシュルーム、ペヨーテ・ボタン〔ウバタマサボテンの頂上にできるこぶ状の物を乾燥させたもの〕——が利用された。最も尊敬を集めていた祭司はおそらく「トラマティニ」と呼ばれた教師だったろう。「トラマティニ」は「賢者」と訳すことができる。ベルナルディノ・デ・サアグンに情報を提供した先住民は、

133 復元されたピラミッド神殿。メキシコシティー北西のサンタ・セシリア・アカティトランにある。メキシコ盆地の大都市や中小の町のあちこちにあった小規模な地区神殿の典型例である。一番上の壇の両端手前に大型の香炉が見える。

トラマティニについて次のように能弁に語っている。

賢者は模範的な人である。彼は文字を書く力を持ち、本を所有している。（彼は）伝統であり、道である。人々の指導者であり、人々を動かす者であり、仲間であり、責任を負う者であり、導き手である。

優れた賢者は医者であり、信頼できる人間であり、相談相手である。信用と忠誠に値する指導者であり、教師である。（…）彼は世界を明るく照らす。彼は死者の国を知っている。彼は尊厳を持ち、決して悪口を言われることがない。[3]

戦士

アステカの軍事組織の構造については、ロス・ハッシグの研究で概説されている。[4] 四人の貴族からなる特別な評議会が軍を統率し、おおむね現代の軍隊の参謀幕僚にあたる機能を果たしていた。その四人の高官とは、トラコチカルカトル、トラッカテカトル、エツワンワンコ、ティリャンカルキである。トラッカテカトルとトラコチカルカトルという称号は、前述の二人の最高位祭司の称号と同様に、アステカ人が登場するはるか前から存在していたことを示唆する証拠があり、したがって、より古い時代の社会組織を反映しているとみられる。テノチティトランではこの四人評議会のメンバーはいずれもトラトアニの兄弟ないし近い親戚であった。うちひとり（通常はトラッカテカトル）はトラトアニの後継者と目されていた。『メンドーサ絵文書』には、それぞれの地位を示す宝器を身につけたこの高官たちの姿が描かれている。四人評議会に次ぐ地位に就いていたのは高位の戦士たちで、貴族出身者もいれば平民出身者もいた。軍での出世に関しては貴族の子弟の方が特権や教育のおかげで有利だったが、最下層階級の出でもこのレベルまでは昇進が可能だった。

　最もランクの高い軍団は「オトンティン」（「オトミ人たち」）と「クアウチケ」（「刈り込まれた者たち」）のふたつであった。この軍団に入れたのはこのうえなく勇敢な古強者の戦士だけだった。多くの捕虜を捕まえたうえ、特別に勇気のいる行動を少なくとも二十回していなければ入れなかったのである。トラッカテカトルやトラコチカルカトルのような最高位の指揮官はいずれもこのふた

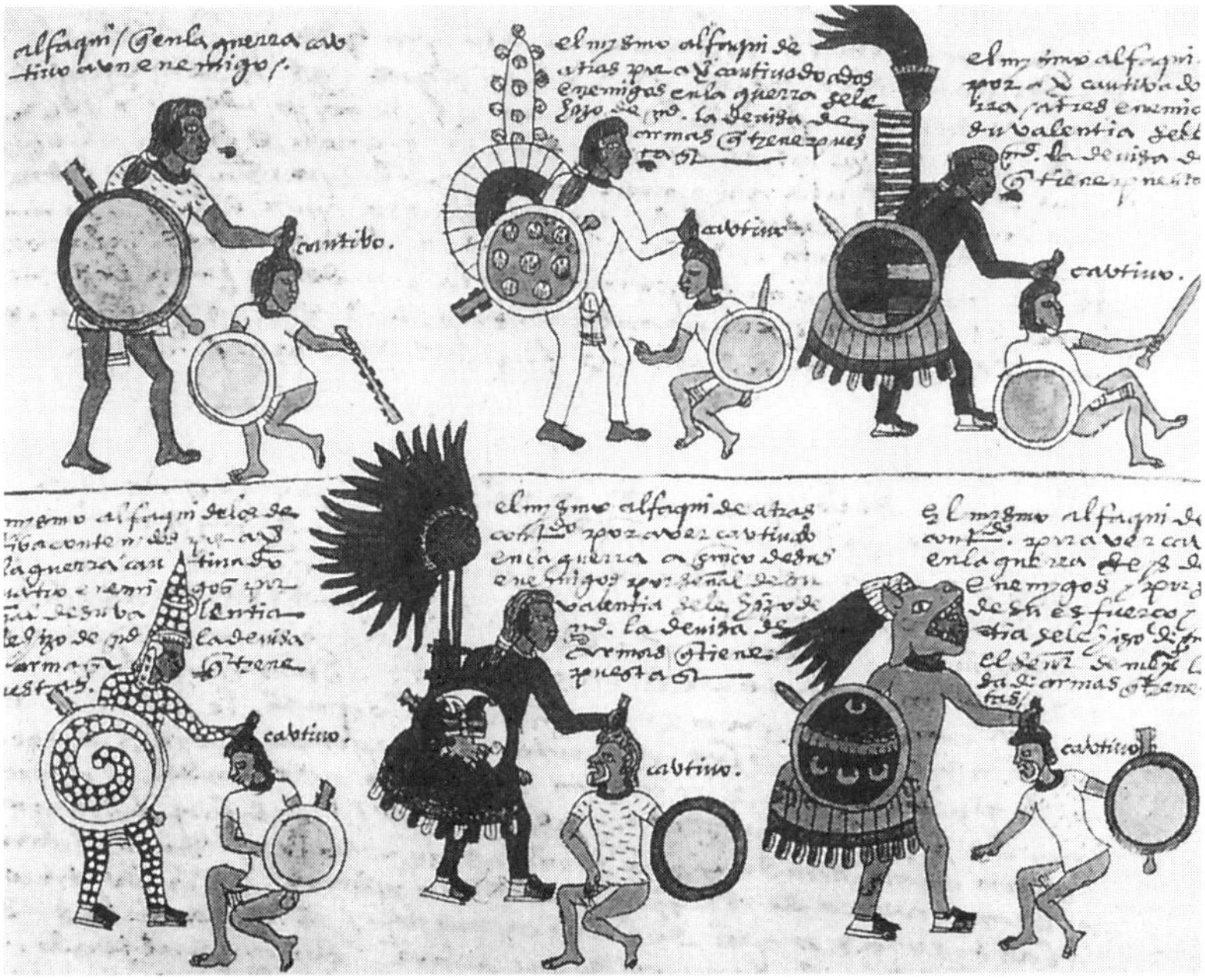

134 戦士は捕えた捕虜の人数によって等級付けされた。ランクが上がるごとに、戦士はより手の込んだ上等な装束を着ることが許された。下段に描かれているのが最上級の戦士たちである。『メンドーサ絵文書』より。

つの軍団のメンバーであった。軍団の戦士たち（鷲の戦士、ジャガーの戦士）はみな、階級に応じた盛装をする資格があった。頭にかぶるかぶり物、宝飾品、袖なしのマント、その他の装身具や紋章などには厳密な規定があり、その品々は特別の授与式を行って戦士たちに渡された。時にはトラトアニ自らが授与式で手渡すこともあった。平民の戦士の軍装は動物の皮製だったが、貴族の戦士の場合は羽根を織り込んであった。『メンドーサ絵文書』は、敵を一人、二人、三人、四人捕えた戦士を描き、それぞれの場合に褒美として認められる盛装を示している（図134）。平民出身でも勲功をあげさえすれば、王家の宮殿で木綿の服とサンダルを着用する権利や、公の場でプルケを飲む権利、妾を囲う権利、宮殿での食事にあずかる権利などの特権が与えられた。儀式の際には、戦士は生贄にされた捕虜の腕または太腿から取った人肉を食べた。平民出身の戦士の多くは目印としてボディーペインティングをし、リュウゼツランの布でできたマントと下帯を身につけ、サンダルははかずに裸足でいた。

若者が戦士になるための訓練は、学校時代に始まった。軍事教練は実際に鷲の戦士とジャガーの戦士の集会所で行われた。集まった若者は、武器の扱い方や作戦行動の基本的訓練を受け、規律、軍の上下関係、歴史、戦場で必要な知識なども身につけた。植民地時代初期のスペイン人の記録文書には「軍の家」は王宮内にあったと書かれているが、発掘の結果、クアウカリ（「鷲の家」）はテノチティトランの大祭祀センター内にあったことが判明した。その家は、繰型の上に鷲の彫刻のついた基壇を持ち、その基壇部分の先に、ふたつの中庭を囲む形でいくつも部屋があった。ここでは鷲の戦士の等身大の土製の像が発掘され、また、片方の中庭の壁に沿って作られた低いベンチに、生贄の儀式用の道具に向かって集まるように行列する戦士たちの姿が浅浮き彫りで彫られているのも見つかった。この行進場面のモチーフと様式は、トルテカ美術から直接「引用」したものである。学生たちは徐々に、黒曜石の刃を埋め込んだ棍棒、投げ槍、皮革で覆った円形の盾の扱いに習熟する。アトラトルを用いて槍を投げる技術の習得にも、練習が必要だった。アトラトルには投げ矢をはめるための溝が切ってあり、アトラトルを腕の延長になるように持って矢を投げると、パワーと正確さが増すのだった。戦士の集会所の中庭で訓練を受けている間、若者たちには、先輩戦士の色鮮やかで印象的な軍装を見たり、戦場での冒険談を聞いたりする機会がふんだんにあった。初めて出征する新兵の仕事は先輩戦士の荷物運びだった。新兵の家族は、子弟をできるだけ優れた戦士の荷物運び役にしようと競い合った。

アステカには現代のような常備軍はなく、戦士たちは個々の戦役のたびに召集された。軍隊の組織は、各カルプリ出身のユニットで構成されていた。テノチティトランではそれぞれのカルプリが四百人の男子を出すように求められた。ユニットは共同体の指導者の指揮下にあり、固有の旗を持っていた。ユニット内は、ちょうど小隊か分隊のように百―二百人単位に分かれていた。アステカ軍の大きな一ユニットは約八千人で、これはおおむね大隊程度の規模である。遠隔地への遠征隊は、二十五のユニット（約二十万人）プラス補給物資や装備を運ぶ輜重兵で構成された。軍勢の真ん中あたりに位置を取る旗手が背中に背負った軍旗で、各部隊の区別をつけることができた。現代の軍と同様に軍旗はその軍の誇りであり、敵はそれを奪って戦利品にしようと猛攻をかけ、味方は必死で守ろうとした。

トラトアニと最高評議会が遠征を決めると、食料の調達命令が発せられた。納貢都市は、トウモロコシの煎餅、粗挽きのトウモロコシ粉、炒ったトウモロコシ、マメ、トウガラシ、カボチャの種、ピノーレ（炒って挽いたトウモロコシの粉）、塩などを送らねばならなかった。軍で配られる基本的糧食の補助として、個々の戦士も自前でできるだけたくさんの食糧を用意した。すべての準備が整うと、ほら貝の音が響き、最初のユニットが出陣する。古代メキシコでは道路の維持は地方の町が担当しており、道幅はやっと二人が通れる程度だった。最初に出発するのは斥候隊で、その後に戦士兼祭司が聖なる神像を持って進む。彼らは本隊より一日早く行く。次に出陣するのが歴戦の勇士と高位の軍団のメンバーで、トラコチカルカトルとトラッカテカトル、そしてもしトラトアニ自

135-138 【右上】鷲の戦士の石製頭像。ヘルメットをかぶっている。【左上】古風な「トルテカ」様式で戦士の姿を彫ったアステカの彫刻。トゥーラの神殿の戦士像（図27）と比較するとよい。【右中】大ピラミッドの「鷲の家」の中庭の長椅子の浮き彫り。明らかなトルテカ様式で、アステカの人々が先人たるトルテカの武勇に強く引かれていたことを反映している。【下】「鷲の家」の中庭。高位の戦士や権力者が座った長椅子が見える。

139 粘土を焼成して作られた等身大の鷲の戦士像。
大ピラミッドの「鷲の家」の発掘中に見つかった。

戦争ゲーム

140, 141 【右】【上】マリナルコで発見された木製の太鼓（パンウェウェトル）。上はその展開図。鷲とジャガーが踊ったり鬨の声をあげたりしている場面が彫られている。擬人化されたこれらの動物像は、岩を穿って造られたマリナルコの神殿の類似の像を思い起こさせ、アステカの軍事的図像との関連がうかがわれる。

142, 143 【左】『マリアベッキア絵文書』の一場面。2人用の球技場が描かれている。メソアメリカ文明発祥の頃からあったとされるこの球技は人気が高く、スポーツとして、賭けの対象として、紛争解決手段として、卜占の一形式として、広く行われた。髑髏のしるしは、球技が「死ぬまで」プレーされることもあったことを示している。【左下】硬いゴムのボールを打つのには、肩や腰を使った。

身が戦場で指揮を執る場合はトラトアニもここに入る。三番目はテノチティトランの戦士の大部隊で、各ユニットが一定の間隔を置いて出発する。続いてトラテロルコ、テツココ、トラコパン、その他の同盟都市の部隊が、延々と何マイルも続く列をなして進む。ハッシグは、八千人の基本ユニットが行進すると十五マイル〔約二十四キロメートル〕の長さになり、まがりくねった道では二十マイル〔約三十二キロメートル〕にもなったろうと見積もっている。行進の最後尾は、帝国に従属する町から貢納の一形態として駆り出された戦士の部隊であった。宿営地では葦のマットで覆いをつくったり、高位貴族用にはテントを張ったりした。一般の戦士は野外でマントにくるまって眠った。

戦場の様子は、スペインによる征服を扱った章とアステカ帝国の拡大の章ですでに述べたため、繰り返すことはしない。ここでは、アステカ戦士について語るときに忘れてはならない「ショチヤオトル」(「花の戦争」)という軍事儀礼について語ることにしよう。「花の戦争」という名前は、戦場を指す。美しい軍装の戦士たちが、散り落ちる花のように倒れるからである。この「花の戦争」は、対立する共同体同士が事前に協議したうえで行う。戦いの目的は、ひとえに生贄用の捕虜を捕えることである。こうした公的で儀礼的な会戦は、古代から伝わった習慣のひとつとも考えられるが、アステカ以前にどのような先例があるかは今後の十分な検証をまたねばならない。かなり古い例として、テパネカ＝メシカ連合とチャルコとの戦争が一三七六年にショチヤオトルの形で始まったという記録がある。十五世紀に入る頃には、三市同盟の加盟都市とウェショツィンゴ、アトリシュコ、その他のプエブラ盆地の町々との間で、定期的に「花の戦争」が行われていた。一世代前の研究者たちはショチヤオトルをメソアメリカ独特の風習と考えていたが、今では世界の他の地域の首狩り族社会でいくつか類似の例が見つかっている。こうした部族同士の戦争は、戦利品や土地獲得を第一の目的としていたわけではなかった。アステカ人の場合、たしかに貢納を得るために定期的に遠征を行ったが、それでも、儀礼としての生贄は遠征に強い宗教的性格を与えていた。

トルテカや後期のマヤでは、人身供犠を伴う球技が軍事衝突の代わりの一種の一騎討ちとして行われていた。このような球技はアステカの時代になっても変わらず人気があった。古典期マヤの中心都市では通過儀礼の際に球技が行われたことから、競技の結果に卜占が強く関係していたことも十分考えられる。ヨハン・ホイジンガが『ホモ・ルーデンス——文化における遊びの要素の研究』で考察したように、戦争の起源が遊戯的な感覚にあるということもありうるだろう。[5] 競技ルールに似た限定的なルールに従って、対等な者同士または同等の理を持つ敵対者同士の間で戦われる戦争は、古代の多くの社会において運命やチャンスや審判や競い合いと深く結びついており、神聖な存在のさまざまな意思表示として捉えられていた。「花の戦争」は、はるか昔のメソアメリカで一種の模擬戦争として見られていたのかもしれない。それが脈々と受け継がれて、アステカの大規模な戦争の中でも折々に行われたのだろう。アステカの「花の戦争」は、捕虜を捕えて見せびらかし、軍隊内の昇進や社会的地位の獲得に結びつけたいという戦士たちの願望に後押しされて不自然なほどに規模が拡大し、数百—数千人の戦士が参加するようになったが、本来の意図は社会と自然の再生のために供物を捧げることにあったのである。

アステカの支配者

アステカの「支配者」の概念は、政治的・経済的側面だけで理解してはならない。トラトアニは宗教活動の中心でもあり、その宗教こそ共同体の存続と繁栄を保証するものだったからである。モテクソマ二世の時代には、トラトアニは間違いなくピラミッド型社会階層の頂点に立っており、軍を指揮し、国の重要な問題すべてに政治的采配を振るいながら、宗教面でも大きな役割を果たしていた。[6]

支配者が高齢になり死期が近づくと、彼は後継者を選定した。もっとも、実際上は後継者はすでに決まっていた。次のトラトアニになるべき人物は、四人で構成される最高軍事評議会でトラッカテカトルの地位に就いていたからである。しかし公式にはあくまで、新しいトラトアニの任命にはこの評議会の承認が必要であった。後継者の指名についてはシワコアトルの助言も大きな意味を持っており、場合によってはテツココとトラコパンの支配者の意見も参考にされた。テノチティトランの新しいトラトアニの選出に長子相続の原則はなく、候補者は限られた王子たちの中から選ばれた。アステカが帝国になる前のトラトアニは先代の息子だったが、イツコアトル以降は寡頭制の支配者一族の中で弟や甥や孫に継がせた例も見られる。トラトアニの実務的な仕事について以前の章で説明した際に、イツコアトルからモテクソマ二世の時代にかけて権力がトラトアニに集中していったと述べた点を思い出してほしい。さて、アステカ社会における支配者の地位という概念が、王の葬儀や新王の即位式の野外式典の中でどのように表現されていたかを理解するため、もう一度通過儀礼について考えてみることにしよう。葬儀や即位式といった「状態の移行」にかかわる特別な儀式には、アステカ民族の深奥の価値観と精神を表現するために生き生きとした象徴的イメージが駆使され、さまざまな行動が工夫された。ディエゴ・ドゥラン修道士はテノチティトランで行われたアシャヤカトルとティソックの葬儀がいかに荘厳に演出されたかを克明に描写している。新トラトアニの選定と選出は、ひとりの王子をアステカ国家の至高の権威にして半ば神格化された存在へと変身させる通過儀礼の、ほんの始まりにすぎなかった。

テノチティトランの即位儀礼はいくつもの印象的な場面の連続で構成されていた。麗々しい行進、祝辞、祈禱、パフォーマンスなどが劇的効果をあげるよう計算されて繰り広げられた。中心となる舞台は大ピラミッドで、ここが判定の基準でもあった。大ピラミッドはトラロックの「生命の糧の山」の写し姿であると同時に、ウィツィロポチトリの神話の地コアテペトルでもあった。歴代の支配者が献じた多くの工芸品や供物によって神聖性を蓄積させてきたピラミッドは、宇宙のシンボルであり、遠い父祖の時代をあらわすしるしであった。さて、即位の通過儀礼は、四つの段階に分けて行われた。㈠隔離と「お籠《こ》もり」、㈡任命と即位、㈢即位戦争、㈣即位の確認、である。

隔離と「お籠もり」

この段階は先代支配者の死後、社会がまだ宙ぶらりんの状態にある時期にあたる。次期支配者に選ばれた者は、社会との通常のつながりをすべて絶つ。これは、それまでの地位や役割から彼を儀礼的に切り離すことを意味していた。隔離の最初に、彼は服を脱ぎ、地位や権威を示すしるしをすべて取り去る。下帯一枚になった彼は、テツココとトラコパンの支配者に導かれて大ピラミッドの階段下へ赴く。彼は謙譲をあらわすために弱いふりをしており、ウィツィロポチトリの神殿へと階段を上る際には二人の貴族に支えてもらう。一番上の壇で、彼は骸骨と交差した骨の図柄をあしらった深緑色のケープを着せられ、普通の人間の生活から離脱して「始原の」状態、つまり儀礼上の「始まりの時」に還る。

断食と改悛の服装になった彼はウィツィロポチトリの神殿前で香を焚き、階段を下りる。その際は、意図的に荘厳さを漂わせたゆっくりした歩き方をする。群集は一言も発せずにそれを見ている。次期支配者と側近たちは、祭祀区域内のトラコチカルコと呼ばれる軍の司令部に入る。彼はそれから四日四晩の「お籠もり」をし、断食と改悛の行を行う。毎日、真昼と真夜中には無言の行列を組んでウィツィロポチトリの神殿に詣で、香を焚き、次期支配者は自らのふくらはぎや腕や耳たぶを傷つけて流した血を供物として捧げる。厳粛な雰囲気はいやでも内省を促す。これが済むと全員が宗教的な清めの意味で沐浴する。この過渡的な時期に、未来の支配者は自らが担う役割の大きさや軍の指揮官としての責任について深く考えるのである。この時期に語られるスピーチは、静かで謙虚な調子に満ちていた。支配者はお辞儀をした格好で言葉を述べ、特別に深い信仰心を表明するために裸で立っていた。最も重要なスピーチのひとつが、テスカトリポカに向けて語られる祝詞であった。テスカトリポカの称号である「風」「夜」「近きものの王」は、それぞれ生の息吹きと不可視性とあまねく及ぶ力とを暗示していた。テスカトリポカはトルテカに起源を持つ神で、特に王権と一体視されていた。ウィツィロポチトリ像の前に立ってテスカトリポカに呼びかけることで、支配者は古くからの崇拝とアステカの神格化された英雄戦士への崇拝をつなぐ役目を果たしていたのである。テスカトリポカとウィツィロポチトリは、時に「兄弟」と呼ばれることもあった。

任命と即位

「お籠もり」の厳粛な雰囲気とは対照的に、明るく賑やかなのが任命と即位の段階であった。この段階では、支配者が社会へ帰還し、新しい社会的役割を引き受けることが明示される。支配者と側近は大祭祀区域から宮殿まで行進する。宮殿内で支配者は貴族たちに囲まれ、テツココのトラトアニの手で王の装束を着せられる。地位を示す宝器を身につけることで指揮を執る立場に就いたことを示し、「お籠もり」で一旦分解されたアステカ社会を再構成するための第一歩を踏み出すのである。

テツココのトラトアニは緑色岩と黄金でできた王冠を手に取り、新支配者の頭に置いて、〔新支配者の〕鼻中隔に穴をあけて羽ペンほどの太さの緑のエメラルドをはめ、耳には金とエメラルドでできた丸い耳飾りをつけ、腕には肩から肘までを覆うまばゆい黄金の腕輪、足首には黄金の鈴がいくつも下がった足輪飾りをつける。(テツココの)王は〔新支配者に〕美しく飾られたジャガーの皮のサンダルを履かせ、ヘネケン〔シロバサイザルアサ。リュウゼツランの一種〕に似た繊維で織ったマントを着せる。マントは非常に薄くて光沢があり、全面に黄金を貼ったり優美な絵を描いたりしてある。腰には同じ材質の帯を巻く。そして〔テツココのトラトアニは〕彼の手を引いて玉座へ導く。彼らはこの玉座を「クアウィクパリ」つまり「鷲の座」と呼び、また「ジャガーの座」ともいうが、それは玉座が鷲の羽根とジャガーの毛皮で飾られているからである。[7]

この儀式は任命式と戴冠式と即位式を兼ねていた。貴族たちが次々と祝辞を述べて、新支配者に訓戒を与えたり称賛の言葉をかけたりし、そのたびに新支配者は返答した。[8]

戴冠し盛装し玉座に着いた支配者は、輿の上に据えた鷲とジャガーの玉座に座って大ピラミッドに運ばれる。権威の象徴をすべて身につけての公の場への初お目見えは、「お籠もり」のときの様子と正反対であった。ピラミッドの頂上、ウィツィロポチトリの神殿の中で、新

144 ティソックとアウィソトルの奉献の石。死んだティソック王(左)と後継者アウィソトル(右)が向かい合って立っている。祭司の服装をしたふたりは、骨製の錐で耳たぶに穴をあけて瀉血している。他界した王から生きている者への権力の移譲は、神聖な大地に対して自己供犠を行うことで正式に認められた。下のカルトゥーシュ(四角い枠)の中には、アウィソトルが権力の座についた「8の葦」(1486年)の年号が刻まれている。

支配者はジャガーの爪を贈られ、それを使って耳と脚から血を流して供物にする。この自己供犠が済むと、さらに新たな訓戒、祈禱、訓話などが続き、また支配者と祖先神ウィツィロポチトリとの絆を強固にするためにウズラが供物として捧げられた。

この後、行列はピラミッドを下りて別の場所へ向かう。その場所は、ある記録では「鷲の容器」がある場所とされ、別の記録では「太陽の石」と書かれている。壮麗な鷲の容器は大ピラミッドの発掘で見つかっており、見事な「太陽の石」のひとつは現在フィラデルフィア美術館にある。このような彫刻モニュメント（鷲は太陽のシンボルであるため、両者は一緒に置かれていたかもしれない）の前に立って、トラトアニは再び腕と脚から血を滴らせて奉納し、ウズラを供えた。これは、現在の「太陽」つまり今の時代において、世界の中心で再び契約が結ばれ、新王の支配権が確認されたことを示していた。その後、支配者は王の輿に乗って、コアテオカリ（「〈よそ者の〉神々の家」）と呼ばれる建物に赴く。コアテオカリは、戦争で破った他民族から奪ってきた宗教用具や神像を置いておくための場所で、内部は薄暗く、いわば貢納を行う従属民族の宗教的アイデンティティを「人質」に取った格好であった。コアテオカリの中でも支配者は血を捧げる自己供犠を行って、周期的に巡る宗教行事すべてに心を配る義務を負うことを確約した。

新トラトアニが最後に向かう先は、ヨピコと呼ばれる大地の神殿であった。神殿内部には、床をくぼませて、供物を入れる器が作ってあった。これは、トラカシペワリストリ月とトソストントリ月に行われる春の植え付け祭の際に供物をそなえる場所であった。この神殿に祀られていたシペ・トテク神の儀礼は農業関係のものが主だったが、春に生贄にするための捕虜を捕えてきた若い戦士たちの通過儀礼もこの神と関係しており、その意味では軍事的な性格も持っていた。つまり、ここでは戦争と農業のつながりがはっきりと示されていたわけである。ヨピコは大地への入口をあらわす洞窟を象徴する建築物で、その点で岩を穿って造られたマリナルコの神殿と関連性を持っていた。マリナルコの神殿の床にあけられた丸い穴と、床をくぼませたヨピコの供物入れは、どちらも大地との儀礼的なコミュニケーションの場であった。大地に生贄を捧げることで、はじめて新しいトラトアニへの権力の移行に神聖性が付与され、正式に認められたのだった。自らの血とウズラと香を捧げた後にヨピコから出てきたトラトアニは、新たな社会的存在として象徴的に「再生」したのである。

宮殿に戻ると、新支配者は着座して、任命と即位の段階の最後を飾る祝詞の儀式に臨んだ。長老や貴族や首長たちが述べる祝詞の中では、新支配者への助言や、トラトアニとして期待にたがわぬ働きをするように、という激励の言葉が述べられた。そしてある時点で、支配者は今や自分が神聖な地位にいることを心に刻むようさとされる。

> 民は汝を喜ばせり、汝が弟、汝が兄も汝を信じおり。されどいまや汝は神格化されたり。汝は我らと同じ人間なれど、汝は我らが息子、我らが弟なれど、もはや汝は我らと同じ人間にあらず。我らは汝を人として見ず。汝すでに改悛せり、汝すでに入れ替わりたり。汝、神に呼びかけ、不可思議なる言葉にて神に、近きものの王、高きものの王に語りかけたり。汝が内にて彼〔神〕は汝に語り、彼は汝の内にあり。彼は汝が口から語るなり。汝は彼の唇、彼の顎、彼の舌、彼の目、彼の耳なり。彼は汝に汝が牙を、汝が爪を与えたり。[9]

これに応えてトラトアニは民に戦争と耕作を呼びかけた。最後に平民の代表が支配者の言葉を承認し、指揮権を認める発言をして、この祝詞の儀式は幕を閉じる。

即位戦争

トラトアニが完全にその地位を確定するには、この後、戦場での指導力を証明し、貢納を獲得し、最終的な即位の確認儀式で生贄にする捕虜を捕えなければならなかった。ティソックとその弟で後継者のアウィソトルの運命のコントラスト（第六章）は、即位戦争という軍事テストの重要性を浮き彫りにしている。即位戦争で失態を演じたティソックとは対照的に、アウィソトルはシロテペク遠征で大成功を収めた。彼は首都へ華々しく凱旋し、戦利品は即位確認儀式の大盤振る舞いの費用を軽くまかなえるほどであった。

即位の確認

支配権を確立する儀礼の最後の段階が、即位の確認であった。まず布告が発せられ、同盟都市、高官、敵対民族も含めて主だった民族の支配者が招待された。式典が近づくと、すべての首長、商人、財力のある高官はトラトアニに贈り物をするしきたりであった。これをしない者は地位を失うばかりか、追放されることさえあった。こうして贈り物が届きはじめる。布、衣服、宝飾品、羽根の束、トウモロコシやカカオ、籠いっぱいの果物、七面鳥、鹿、ウズラ、さまざまな魚などが堤道を通って大量にテノチティトランに運び込まれた。市内では、石細工師、宝石職人、羽根職人、土器作り師たちが忙しく立ち働いていた。石工や左官は古い建物の修復や新しい建物の建築に取り組んだ。

やがて始まる祝宴はトラトアニの主催で、支配者が富をコントロールしていることを満天下に示す場であった。

この行事の中心は、新支配者がすべての役職者に対して、それぞれの地位を示すしるしの品を授与することであった。まず第一日目に、同盟都市テツココとトラコパンの支配者が新トラトアニから公式にそれぞれの地位のしるしの宝器を贈られる。これは同時に、テツココとトラコパンに対するテノチティトランの優位を明示することでもあった。それから支配者たちは正装し、華やかな踊りの場に出るべく待機した。歌手や音楽家が宮殿の中庭でウェウェトルという大太鼓を叩いてリズムを刻みはじめる。するとテツココとトラコパンのトラトアニは、集まった約二千人の貴族、首長、高位の戦士を壮麗な踊りへといざなう。そして、あらかじめ決まった時が来ると、テノチティトランの新トラトアニが華々しく入場する。コパルの香の煙に包まれ、豪華な装束をまとった栄光のトラトアニは、首長たちの踊りの輪に囲まれる。大きな太鼓の横に立つトラトアニは、生きた偶像へと――ウィツィロポチトリの系譜を継ぐ者へと――変化し、アステカ世界の中心で高い徳と戦闘的な目標を再び明示するのだった。

玉座に戻ったトラトアニは、地位のしるしの授与を続ける。貴族、戦士、祭司などすべての高官、テノチティトランの各カルプリ地区の長老たち、地方の知事、徴税官、首長たちが、地位の象徴と贈り物とを受け取った。アステカ帝国拡張期の初期には、帝国の町はどれも町の内部のヒエラルキーを持っていたが、ひとつの共同体の指導者と他の共同体の首長やアステカの役人との間で地位のランク付けをするメカニズムはほとんどなかった。それが、帝国の拡大とともにアステカの首長たちの権力が増大し、包括的・一般的な序列を作る必要が生まれた。このため、もともとは支配者の権威の確立を目的としていた即位確認儀礼の機能が十五世紀末頃に変化し、アステカ社会内部でのトラトアニの絶対的優位と、アステカ社会のそれ以外の世界に対する優越とを誇示するためのものとなった。つまり、即位確認の行事によって、象徴的に社会秩序の再統合が宣言されるようになったのである。先代支配者の死去に始まった長いプロセスの最後は、即位戦争で捕えた捕虜を生贄に捧げる儀式で締めくくられた。

最後にひとつ忘れてはならないのは、新支配者が誕生するまでのいくつもの儀礼は、舞台装置と切り離して考えることはできないということである。テノチティトランの大ピラミッドは、トラロックの「生命の糧の山」であると同時に、ウィツィロポチトリの伝説のコアテペトルでもあった。つまり、神話上の出来事をあらわす宇宙的なシンボルにしてその具現化物というわけである。より直截的な歴史的意味では、大ピラミッドというモニュメントは過去の支配者や共同体全体の業績についての記憶を呼び覚ますよすがであった。神聖な歴史の集積であるピラミッドは、現にそこで行われている行事、眼前に繰り広げられる歴史、そして支配者という概念そのものを、その場限りのはかないものとしてではなく、世界の創造の時から続く宇宙的なプロセスの一部分として捉えるよう促す装置だったのである。

古代メキシコの支配者の論理は、通過儀礼である即位の儀式の中に明白に示されていた。ピラミッド＝山の上で、その場所が持つイメージから最大限の意味を取り込みつつ行われる一連の儀式は、テノチティトランの人々が自らの住む土地をどのように理解していたかという宗教的・美学的連想と、彼らの歴史観と、自然界を含むより大きな秩序の中で支配者と社会が中心軸に存在するということを、ちょうど星座のように配置して見せていた。人智でははかれない儀礼の中で、支配者という地位の更新、社会の更新、帝国の目標へ向けた活動の更新が織り合わされ、「生命を与える力は絶えることなく継続し、周期的に再生する」という前提によって支えられていたのである。毎年の乾季と雨季のリズム、農業生産のサイクル、毎日の太陽の運行などは、トラトアニや祭司にとってと同様に農村の民にとっても明白であった。生命の糧の山、アステカの勝利の山であるピラミッドと、儀礼のパターン――このふたつを高地の風景という文脈の中で眺めた時、そこに浮かび上がるのは、毎年恒例の戦争と農業活動の繰り返しであり、さらにまた神話と歴史のパラダイムなのであった。

エピローグ

十三世紀にチチメカ、アコルワ、メシカその他の諸部族がメキシコ盆地に移り住んだ時、彼らはこの光あふれる肥沃な土地に自らの場所を獲得しようという意欲に燃えていた。新しい土地に入植してからの長い適応の過程で、彼らは以前から盆地に町を作って住んでいた農耕民の文化を吸収同化していった。やがてそこから生まれてきた社会・経済形態と象徴表現は、彼らが古代メソアメリカ文明のパターンをどのように取り入れ、どのように修正を加えたかを物語っていた。

一五一九年十一月にコルテスがスペインとトラシュカラの連合部隊を率いて堤道を渡り、モテクソマ・ショコヨツィンと対面するまでに、アステカ人はメソアメリカ史上最大の帝国を築き上げていた。それまで約百年の間、戦士たちが征服戦争を行っては近隣の人々に支配権を認めさせたおかげで、アステカの権力は伸長しつづけていた。それは強力な指導者と精力的な民が政治的・経済的なチャンスをしっかりと摑んで活用した、歴史的にも稀有な発展の時代であった。都市国家同盟のめざましい拡大ぶりはそのあらわれのひとつであった。学者たちはこの繁栄の時代を調査し、発展の理由や動機についてさまざまな説を唱えてきた。しかし今日では、単一の主要因といえるものはなかったとされている。むしろ、社会的・文化的な変化が急速に進む中でさまざまな要素が相互に関連しあっていたとする説明が主流である。

最初にあげるべきは、テノチティトランの島が立地条件に恵まれていたという点であろう。それまで誰も所有権を主張していなかった湖上の島と葦原は、安全な避難所であり、強力な近隣都市に囲まれた中では戦略的にも好都合であった。メシカ族は市場広場を作り、比較的安全な都市を築くことに成功した。テノチティトランはスペイン人到来前には一度も征服されたことがない。堤道や橋は防御に適していた。

第二の要因は、メシカがテパネカ族の町アツカポツァルコの首長に服従し、テパネカの貢納地征服の戦争に従軍する中で、帝国という概念を学んだことであった。彼らはその後独自の政策を取ることを許され、やがてテパネカ宮廷が弱体化した機を捉え、メシカとアコルワとテパネカ内の一分派が同盟を組んで帝国の主導権を奪取した。

アステカ拡大の第三の要因は、段々畑やチナンパ・システムという集約農業で強固な農業生産基盤を整備したことにあった。しかし、生産力の高いチナンパ農業地域の運営がアステカ台頭の「主な推進力」と考えるのは間違いである。アステカは、メソポタミアや中国のいわゆる「水利文明」（これも論争の余地のある説である）とは違っていた。アステカでは、大規模な農業プロジェクトが実行された時には、すでに都市国家がしっかりと確立されていたからである。

十五世紀のアステカの発展を生んだ第四の要因は、優れた個人の力であった。イツコアトル、モテクソマ一世、ネツァワルコヨトル、トラカエレル、そしてやや時代が下がってアウィソトルらは、いずれも想像力と実行力に富んだ支配者で、アステカの力を大きく伸長させた。彼らは軍事力を用いて精巧な貢納ネットワークを作り、同盟や姻戚関係のつながりを固め、儀式という義務を課す一大システムを発達させた。トラトケ〔トラトアニの複数形〕への権威の集中と国家による中央統制を推進する法律が制定された。軍事力と恐怖による支配を最も効果的に利用したアウィソトルですら、アステカの覇権の維持には拡大家族の絆や多民族との保護＝従属関係も大きな役割を果たしているという点を忘れなかった。考古学研究の成果と民族歴史学テキストは、アステカによる植民地化はオストマン、マリナルコ、カリシュトラワカなどの地から始まったという見方を裏付けている。アステカ人はそれらの土地にアステカ式のモニュメントを作り、帝国の存在を誇示するとともに、そこがメキシコ盆地から移り住んだ人々の領土であるということを明示した。アステカ帝国は究極的には力による操作を基盤に運営されており、反乱の起きる可能性を常にはらんでいたが、それに対して、征服した地域内での支配力を拡大・強化するために支配者が着実に手を打っていたのも明らかである。「アステカ帝国は拡大しすぎて不安定になっていたため、スペイン人がやって来たときにはすでに崩壊が近かった」という見方は正しくない。

富の追求は、アステカの拡大を推進した主な原動力のひとつに数えることができる。莫大な財を手に入れたいという欲望は、貢納リストや『メンドーサ絵文書』に描かれた贅沢な衣装にはっきりと見てとれる。しかしアステカ人は、富を銀行預金のような形でしまいこんでおくことには魅力を感じなかった。彼らが財物を大量に集めたのは、祝祭の時に見せびらかし、他の人々に分配するためであった。次々と届けられる貢納品を背景にして、テノチティトランやテツココの王たちは臣下の高官たちに対し、このうえなく気前よいパトロンとして振る舞った。最も重要な即位の式典は最高に豪華絢爛であり、参加した数千人の客が残らず宿と食事の提供にあずかった。

大ピラミッドの再奉献式も同様であった。国家行事や宗教行事に大量の物資をつぎこむことで、アステカの貴族たちはより大きな権力と威光を手に入れた。同時にこれは富の再分配の手段を発達させることにもつながった。儀式での贈り物の配布というパターンは北米大陸西岸に住む先住民のポトラッチに通じるものがあることから、相当に古い起源を持つに違いないと考えられる。また、氏族間や社会集団間での経済格差を小さくする効果があったとみられている。[1]加えて、農業祭や国家の式典や個人の通過儀礼の複雑なシステムと、それらの儀式で展開される見事なパフォーマンスや趣向を凝らした催事などの壮麗な絵巻は、アステカの人々の想像力を強く刺激して社会的な統一感と結合力を生んだのもたしかであった。ここで思い出されるのはプラトンの観察である。プラトンは、エーゲ海の古代ギリシア人が自分たちの都市と政治制度を倫理的な質よりも美的な質の側面から眺め、都市や政治制度を芸術作品とみなしていた、と述べている。

交易と商人の活動も、アステカの拡大の一翼を担っていた。テノチティトランの初期の市場は、基本的な経済構造を作る上で重要な役割を果たしたし、人々が集まる場所、つまり婚姻や政治的同盟関係が結ばれる場としても機能した。長距離交易商人であるポチテカは、遠隔地の情報をもたらすとともに、トラトケや新興軍人貴族の代理人として使われながら抜け目なく商売上の利益を上げていた。

アステカ人は歴史的な運命という意識を持っていたのだろうか？　彼らの文明はこれまで、テオティワカンとトゥーラ以来の中央高原の伝統であった大都市文化の復興として位置づけられてきた。[2]アステカ人は古代の「トルテカ人」に強い文化的・歴史的愛着を示し、トルテカ人を理想の過去と一体視していた。アステカ人がメキシコ盆地の先住部族に倣って農耕生活を採用したこと、ナワトル語を習得したこと、後にはテオティワカンとトゥーラの遺跡のモニュメントから象徴形式を引用したこと、そして自らトルテカ人のようになろうと強く望んだこと——これらはすべて、かの古き文化に同化したいというアステカ人の願望を物語っている。メソアメリカ特有の「時間は循環し過去の出来事は繰り返される」という考え方は、アステカの人々を「トゥーラの再現」に向けて駆り立てた。

最後に、アステカの生活における宗教について考え、帝国の発展に果たした宗教の役割を考察せねばならない。アルフォンソ・カソは『アステカ人──太陽の民』の中で、神々が自身の血を差し出して人間を創造したので、お返しに人間は神々に食物として生贄を差し出さねばならず、アステカの戦争はその生贄を求める永遠の営みだったのだと論じた。人身供犠がメソアメリカの宗教の不可欠な一部分であることは否定できない。しかし、テノチティトランで行われた人身供犠の規模のすさまじさは、計算された政治戦略としての側面も看過できない。つまり、敵に恐怖心を植え付けるとともに、自国内では流血に慣れ暴力をひとつの生き方として容認する忠実で熱狂的な民を育成するという目的をもって、生贄の儀式が行われたのである。この目的のために、戦士は一人前と認められて昇進する条件として、戦場で敵を捕虜にするよう求められた。より広い視野で眺めれば、この習慣は軍人貴族が伸長するのを助け、新トラトアニの誕生に際しての儀式化された即位戦争で集団をあげて捕虜獲得に向かわせたのだった。アステカ軍は征服地の人々を改宗させようという宗教的心情で戦っていたのだろうか？答えはノーのようである。ウィツィロポチトリ崇拝はテノチティトラン以外の地にはそれほど広がっていなかった。テツココではウィツィロポチトリ信仰の例が見られたが、これは単なる政治的・経済的同盟関係の表現であった。それでも、アステカ人はたしかに自分たちの祖先である英雄の残虐な神話から霊感を得ていた。人間の生活の重要な局面をすべて、周期的に循環する季節のリズムと一致させるという基本的な宗教慣習は、乾季に戦争の開始が告げられる時も、雨と耕作の時期が始まるときも、それらを確信をもって正しいこととして受け入れるという感覚を人々に与えただろう。「ティソックの石」から大ピラミッドまで、またマリナルコからトラロック山やテツコツィンゴの丘までのあらゆるモニュメントは、アステカ国家を宇宙の秩序の不可欠な構成要素として提示し、アステカによる征服は始原の時以来のさだめであるとして正当化し、土地をわがものとする根拠を与えた。

彼らの国には、社会生活、宗教生活、経済生活の統一を促す要素がたくさんあった。しかしそれらすべてにもかかわらず、アステカ人はついに先人たるテパネカやトルテカをつき動かしたのと同じ侵略本能を乗り越えてその先へ進むことはできなかった。アステカの豊かさは、征服して財を奪い、武力報復の脅しで貢納を取り立てることで主に成り立っていた。彼らの拡大の原動力は、経済成長や社会発展の手段として新しい町や地域を従属させることに基盤を置いていた。征服された町の大部分はもとのままの指導者を戴くことを許されたが、その指導者も含めて地元の有力者は屈辱的な扱いを受け、領地は縮小され、臣民の数は減らされた。帝国が攻撃的姿勢で拡大するにつれ、権力や土地や財産を奪われた者たちの憤激や憎悪が広がり、いたるところに大勢の敵が生まれた。軍事力による脅しにびくびくしながら細心の注意を払ってアステカの言いなりになっていた共同体にも、特段の恩恵があるわけではなかった。苦い鬱屈はいつ爆発してもおかしくなかった。受けた傷の痛みは記憶に生々しく、新たな征服は昔自分たちが征服されたときのことを思い出させた。一五一九年、アステカの本拠地以外の地域には、脅されて服従を強いられた人々の――数々の不満を抱き、アステカの強欲さに耐えることに苛立ちを覚えていた人々の――怨嗟の念が渦巻いていた。拡大を続ける帝国の構造の内部には、大きな不満や敵意がつねに存在していたのである。アステカ人は戦争の術には長けていたが、統治の術に関してはそうではなかった。

スペイン人とトラシュカラ族が新たな戦力を集めて二度目のテノチ

145 女神コヨルシャウキの頭像。緑色の閃緑岩に彫刻して細部まで見事に仕上げたこの像は、様式的には後期のもので、アウィソトル（1486–1502）またはモテクソマ2世（1502–1520）の時代の作である。四肢と首を切断されたコヨルシャウキという主題はかつて平面の浮き彫り（図99–101）で表現されたが、ここでは三次元の立体的表現形式になっている。

ティトラン侵攻に出発した一五二一年四月、アステカの至上権に深い恨みを抱いてきた多くの人々は、事態が大きく変わりつつあることを感じとった。テペアカとチョロリャンは説得を受け入れてスペイン＝トラシュカラ連合に加わった。他にもスペイン側につく町が現れるに及んで反乱はどんどん広がり、ついにはテツココの新トラトアニまでがコルテスに味方すると宣言した。アステカ帝国を存在せしめていた拡張の原理は失われた。アステカ帝国の崩壊は、スペインによる征服であるのと同じくらい、先住民の反乱によるものでもあったのである。

❖アステカの年間祭礼

アステカの「月」	祭礼の名（意味）	西洋の暦との関係	主神	儀礼と習慣
Ⅰ	アトルカワロ（水が止まること） クアウィトレワ（木々を立てること）	2月14日－3月5日	トラロック／チャルチウトリクエ／チコメコアトル／シロネン／ケツァルコアトル	神殿や各家庭で柱を立て、儀式用の旗で飾る。トウモロコシ神に供物を捧げる。山の上で子供を生贄にする。踊り。
Ⅱ	トラカシペワリストリ（人の皮剥ぎ）	3月6日－3月25日	シペ・トテク	踊り、模擬戦闘。若い戦士が通過儀礼で捕虜を生贄に捧げる。剣闘による供犠。祭司は生贄の人間から剥いだ皮を二十日間にわたって被りつづける。支配者は軍事的な儀式と農業の踊りに参加する。
Ⅲ	トソストントリ（小徹夜会） ショチマナロヤ（花の奉納）	3月26日－4月14日	トラロック／チャルチウトリクエ／センテオトル／コアトリクエ	畑での最初の儀礼。儀式的な植え付け（おそらくチナンパ地区で行われた）。花が捧げられる。祭司は、前月の祭り以来被っていたシペ・トテクの皮〔生贄から剥いだもの〕を脱ぎ、ヨピコの神殿の「洞窟」に納める。
Ⅳ	ウェイ・トソストリ（大徹夜会）	4月15日－5月4日	トラロック／チャルチウトリクエ／センテオトル／チコメコアトル／シロネン／ケツァルコアトル	乙女たちがトウモロコシの種を持ってトウモロコシ女神のところへ行進し、種に祝福を受ける。トラロック山とテツココ湖のパンティトランで子供を生贄にする。四都市の支配者が参加する。
Ⅴ	トシュカトル（乾燥）	5月5日－5月22日	テスカトリポカ／ウィツィロポチトリ／ミシュコアトル／カマシュトリ	再生の大祭。前の年から一年間テスカトリポカに扮していた「神の体現者」が生贄にされる。ウィツィロポチトリにも同様の生贄が捧げられ、またトラシュカラとプエブラ盆地でも関連する祖先神に生贄が捧げられる。

Ⅵ	エッツァルクアリストリ（トウモロコシとマメを食べること）	5月23日－6月13日	トラロック／チャルチウトリクエ／ケツァルコアトル	乾季の終わりと雨季の始まり。祭司は雨を求める断食をし、首長はトウモロコシの茎（チナンパから運んできたもの）を持って踊り、トウモロコシとマメの入った壺を運ぶ。農具に供物をそなえる。湖から葦を取ってきて、新しいマットや座椅子を作ったり、神殿を飾ったりする。
Ⅶ	テクイルウィトントリ（王の小祝宴）	6月14日－7月3日	ショチピリ／ウィシュトシワトル	祝宴の神と草木の神への生贄。塩の女神の生贄。首長は祝宴で平民をもてなす。支配者は踊り、贈り物を配る。
Ⅷ	ウェイ・テクイルウィトル（王の大祝宴）	7月4日－7月23日	シロネン／シワコアトル	最初に採れる柔らかいトウモロコシの祭。王は再び祝宴で平民をもてなす。支配者は踊り、贈り物を配る。若い戦士と女性たちが踊る。生贄が捧げられる。
Ⅸ	ミッカイルウィトントリ（死者の小祝宴）トラショチマコ（花の誕生）	7月24日－8月12日	テスカトリポカ／ウィツィロポチトリ／祖先神	祝宴、踊り、死者のための供物。神格化された祖先英雄であるウィツィロポチトリに生贄が捧げられる。
Ⅹ	ウェイ・ミッカイルウィトル（死者の大祝宴）ショコトルウェツィ（ショコトルの実の大落下〈収穫〉）	8月13日－9月1日	ウェウェテオトル／シウテクートリ／ヤカテクートリ／祖先神	火に生贄が捧げられる。少年たちが柱登り競争の儀式を行う（ショコトルの木）。祖先を祈念する。
Ⅺ	オチパニストリ（掃除）	9月2日－9月21日	トシ／トラソルテオトル／テテオインナン／コアトリクエ／シンテオトル／チコメコアトル	収穫期の始まり。大地の女神を称える儀式。大掃除と修繕。熟したトウモロコシの神が称えられ、種蒔き用のトウモロコシが民衆に向けて投げ蒔かれる。近づく戦争にそなえて、支配者が戦士にそれぞれの地位のしるしを渡す。支配者は踊りに参加する。伝統的な敵との境界線（プエブラ盆地にある）で、軍事的な儀式が行われる。祭司たちはパンケツァリストリの

				祭に向けて八十日間の断食に入る。
XII	テオトレコ（神々の到着）	9月22日－10月11日	崇敬されているすべての神々	収穫の大祭に参加するため、すべての神々が帰還する。彼らの到来は、真夜中に神殿の椀に入れたトウモロコシ粉に足跡が現れることで示される。一番若い神（トラマシンカトル）が最初に到着し、一番年老いた神（ウェウエテオトル）が最後にやってくる。皆が祝宴を開き、喜び、踊り、食物を捧げる。
XIII	テペイルウィトル（山の祝宴）	10月12日－10月31日	トラロック／トラロケ／テピクトトン／オクトリ（プルケの神々）／ショチケツァルと主要な雨の山々、つまりポポカテペトル、イシュタクシワトル、トラロック山／マトラルクエイェ	主な雨の山の上にある祠堂に供物を捧げる。アマランサスをこねた生地で作った神像と、ヘビのような形の枝にアマランサスのペーストを塗ったものが儀礼や生贄で使われる。マット作り職人はナッパテクートリを称え、漁師はオポチトリ、テレピン油作り職人はサポトランテナン、織物職人、刺繍細工師、画家はショチケツァルを称える。
XIV	ケチョリ（貴重な羽根〈ベニヘラサギ〉）	11月1日－11月20日	ミシュコアトル／カマシュトリ／トラマツィンカトル	戦士の断食。狩猟や戦争のための武器が作られる。死んだ戦士たちを祈念する。古代の部族の狩猟儀礼、共同体での狩りと最高のハンターの表彰。捕虜が鹿のように縛られて生贄にされる。
XV	パンケツァリストリ（旗の掲揚）	11月21日－12月10日	ウィツィロポチトリ／テスカトリポカ	ウィツィロポチトリの生誕とコヨルシャウキに対する勝利を祝う軍事大祭。テノチティトランの大ピラミッドで行われる。捕虜が大々的に生贄にされる。ピラミッドからトラテロルコ、チャプルテペク、コヨアカンをまわってピラミッドへ戻る大規模な行進が行われる。果樹と家に紙製の旗が飾られる。

XVI	アテモストリ（水の降下）	12月11日－12月30日	トラロケ／山々	この時期には弱い雨が降ることがあり、山々が称えられる。
XVII	ティティトル（伸長）	12月31日－1月19日	シワコアトル／イラマテクートリ／トナンツィン／ヤカテクートリ	祭司が神々に扮し、踊る。首長と祭司たちの大祝宴。支配者が参加して儀礼の踊りが行われる。新たに商人になる者の「入会儀礼」で若い商人が奴隷を生贄に捧げる。織物職人がイラマテクートリ（年老いた母神）を称える。
XVIII	イスカリ（成長）ワウキルタマルクアリストリ（緑色の野菜を詰めたタマーレを食べること）	1月20日－2月8日	シウテクートリ／トラロック／チャルチウトリクエ	アマランサスをこねた生地で作ったシウテクートリ（火の神）の像が称えられる。動物を生贄にして火に供え、トウモロコシをあぶる。シウテクートリは支配者の守護神であるため、支配者が儀式に参加する。緑の野菜を詰めたタマーレを食べる。子供が「成長するように」、子どもの首をつかんで引っぱる。四年に一度首長の特別な踊りがあり、子供たちは耳たぶに穴をあけられて、彼らの代父・代母が任命される。
	ネモンテミ（役に立たない日々〈不吉と考えられていた〉）	2月9日－2月13日		儀礼はない。皆が節制する。商売も行われない。

✣年中行事以外の特別な儀式

祭礼の名	意味	西洋の暦との関係	儀礼と習慣
トシウモルピリア	年の束ね（新しい火の祭）	五十二年に一度の「二のアカトル」の年	すべての火が消され、あらゆる活動が停止され、沈黙と静寂が守られる。ウィシャチトランの丘で「新しい火の祭」が行われ、松明を持ったランナーがすべての都市の神殿に火をともすために走る。衣服と生活用具が新しくされ、古い服と用具は捨てられる。
アタマルクアリストリ	水のタマーレを食べること	八年に一度の「テクパトル」の年	七日間の「導入の断食」。水に浸したタマーレだけを食べる。「トウモロコシを休ませるため」香辛料は使わない。踊り。儀式としてミズヘビとカエルを飲み込む。

解説

増田義郎

本訳書は、Richard F. Townsend, *The Aztecs*, Thames and Hudson, London の全訳である。原書は一九九二年に初版が出たが、翻訳は二〇〇〇年の改訂版によっておこなった。著者は、アステカの美術に関する論文を書いてハーヴァードの学位をとったメソアメリカの先史と美術の専門家であり、アステカの諸遺蹟で広汎な調査をおこないながら、いくつもの重要な論考を発表している。現在、シカゴ美術院の、アフリカ、オセアニア、南北アメリカ部門の主事の職にある。

本書の構成は五部に分かれている。まず第一部で、スペイン人のアステカ征服の経緯をかなり詳しく述べてから、第二部では、アステカ人がいつ、どこに出現し、どのようにしてメキシコ中央高原の都市文明の伝統に同化して、権力を握ったかを説明する。第三部は、このようにして成立したアステカの都市国家が、軍事征服と領土拡大によって「帝国」的な相貌を呈するに至った経緯をたどる。こうして、第二、第三部は、アステカ社会発展の歴史を叙述するが、それと平行して、形成過程のアステカ国家、またはアステカ帝国の構造の変化が分析される。第四部は、アステカ文化の重要な側面である、宇宙観と宗教について、最後の第五部は、アステカの庶民と日常生活についてそれぞれ詳説している。

一五二一年八月一三日、アステカの最後の王クアウテモクがスペイン軍に降伏して、アステカ王国は崩壊した。その一年前の一五二〇年八月、スペイン軍の指揮官コルテスが、征服の過程で国王カルロス一世（カール五世）に送ったアステカの財宝は、ブリュッセルの宮廷で公開された。画家アルブレヒト・デューラーは、それらの品々を見て、「奇跡以上の美しさだ」と絶賛したが、そのとき以来、異国アステカの文化は、絶えずヨーロッパ人たちの好奇心をそそり、多くの美術品が収集され、詩や小説、物語類が書かれた。また、征服者コルテスやベルナール・ディアス・デル・カスティリョが伝えたアステカ文明の偉容は、ヨーロッパ人たちに衝撃を与え、未知の世界に花咲いたこの特異な文明が、本質的にどのような性格のものかについて、いろいろな説が唱えられた。アステカ文明がヨーロッパ人たちの知に及ぼした衝撃と影響については、アメリカの歴史学者ベンジャミン・キーンが、名著『アステカのイメージ』(Benjamin Keen, *The Aztec Image*, 1971) で委細を尽くしている。

アステカ研究の中でもっとも多くの論争を呼んだのは、アステカ社会論であった。スペインの征服者たちの直接体験の記録に基づいて、一六世紀の多くの人々は、アステカの首都テノチティトランがヨーロッパの都市よりも大きく壮麗であり、アステカ人はメキシコ中央高原を中心に広大な領土を支配して、帝国と呼ぶにふさわしい国家を建設することに成功したのだから、旧世界の古代文明に劣らないものだ、と考えた。ところが、これに対して、アステカ（そして南アメリカのインカ）の文化は、旧世界のエジプト、メソポタミア、ギリシャ、ローマなどの文明に比べれば、北アメリカ・インディアンの文化に毛が生えたていどの、古拙的性格のものである、と低く評価する人々も少なからず現われた。おもしろいことに、このアステカ優劣論争は、それ以後ヨーロッパが、一七世紀のバロック時代、一八世紀の理性の時代、一九世紀のロマン主義の時代などを通過するたびに、それぞれの時代的環境の中で蒸し返され、新たな論客たちによって激論が交わされた。

たとえば、一八世紀の啓蒙主義時代の思想家オランダ人コルネリウス・ド・ポウの『アメリカ人に関する哲学的省察』(Cornelius de Pauw, *Recherches philosophiques sur les Américains*, 1768)、フランスのアベ・ギヨーム・レナルの『両インディアスにおける組織、商業の哲学的、政治的歴史』(Abbé Guillaume Raynal, *Histoires philosophique et politique des établissements et du commerce dans les Deux*

Indes, 1770）などは、新世界文化が文明の名に値しないことを強調し、「メキシコの王たちが住んだ宮殿なるものは小屋にすぎない、」ときめつけている。それに対して、メキシコを追放されたイエズス会士フランシスコ・ハビエル・クラビヘーロは、亡命先のイタリアで、『メキシコ古代史』(Francisco Javier Clavigero, *Storia antica del Messico*, 1780-90）を書き、アステカの宗教でおこなわれた人身犠牲を批判しながらも、ド・ポウやレナルを厳しく批判し、古代メキシコ人の政治的、芸術的達成の高さを強調した。

アステカ優劣論争は、やがて一九世紀のアメリカで、新しい展開を示し、それがさらに当時のヨーロッパで興りつつあったある有力な思潮と結びついて、思想史的な重要性をもつことになった。

一九世紀前半のアメリカ合衆国は、ロマンティシズムの時代を経験した。ホーソン、アーヴィング、ポー、メルヴィルなどの名前はわが国にも親しいと思うが、一八四三年に出版されたウィリアム・プレスコットの『メキシコ征服』(William H. Prescott, *Conquest of Mexico*, 1843）も、まるで夢物語のような異境の土着王国の発見と征服を描いた傑作として、当時の時代的雰囲気の中で称賛された。プレスコットの書は、膨大なスペイン語史料を駆使して書かれた歴史書であったが、その躍動する雄渾な文体は、文学作品のような魅力をもち、ベストセラーとなって、広く愛読された。ところが、この書の評判が、一部の研究者や知識人を刺激して、ふたたびアステカ優劣論争が、こんどは新興国アメリカ合衆国で起こることになったのである。

プレスコットの書は、その表題が示すように、スペイン人のメキシコ征服を主題としていたが、前半部分で、アステカの文化と社会に関してかなり詳細な説明していた。プレスコットは、メキシコ征服が、基本的に、キリスト教文明による異教の半文明に対する勝利であったと考えるが、反面アステカ帝国の光輝と権勢を色彩豊かに描写し、「王」や「皇帝」「広大な王宮」、「強力な貴族階級」といったことばをひんぱんに使った。彼は、アステカ文明がエジプトのそれに比肩する水準のものであると評価し、その法的制度や政治組織を称賛した。そして、アステカやテスココの人々は、北アメリカの非定住的な部族よりはるかに進んだ文明状態にあった、と断言した。

プレスコットほどの大衆的影響力はなかったが、アステカに関する研究的労作としては、ヒューバート・バンクロフトの『太平洋岸の土着民族の歴史』(Hubert H. Bancroft, *History of the Native Races of the Pacific Coast*, 5 vols, 1875-76)が圧巻だった。これは、史料に基づいたメキシコ、中央アメリカ、カリフォルニア、および北西部の歴史であり、第二巻のほとんどは、アステカ文明論に充てられていた。彼は、アステカの政府が「王制でほとんど絶対主義的」であり、同時代のアジアやヨーロッパのそれと変わらぬ水準にあった、と結論していた。

実は彼の論鋒は、当時、ロマン主義に対する反動としてアメリカに興りつつあった、進化主義学説に向けられていた。一八五五年に、ロバート・ウィルスンが、『メキシコとその宗教』(Robert A. Wilson, *Mexico and Its Religion*, 1855)という著書で、メキシコには都市や国家が存在したことはなく、アステカ族もトラスカラ族も、みな北アメリカの野蛮な民族と変わりない、と述べた。ウィルスンは、ニュー・ヨーク州ロチェスターの市民だったが、同じ市の住民で弁護士を職業とするルイス・ヘンリ・モーガンが、当時イロクォイ連合の研究をおこない、社会進化に関する研究を進めていたが、ウィルスンの著書に大きな共感を感じた。モガーンは、プレスコットを読んでそのアステカ文明観に当惑を感じていたのだが、一八五七年モントリオールで開かれた、アメリカ科学振興協会の第一一回大会で、はじめてアステカ問題について報告をおこない、彼らの社会がアメリカ・インディアンの中でやや進んでいることは認めるにしても、「世襲的オリガキーの政治」をおこない、イロクォイ社会とひじょうによく似た特徴を持つことを強調した。

モーガンの説は、協会の紀要に発表され、それを読んだウィルスンが、彼のつぎの著作『メキシコ征服の新しい歴史』(*New History of the Conquest of Mexico*, 1959)の中に引用している。モーガンの方でも、ウィルスンから、未開社会研究のためには、現在の民族誌史料だけでなく、根本史料の分析も必要であることを学び、バンクロフトやプレスコットを論破するためには、スペイン史料の批判的研究も必要であることを痛感した。

ここで登場するのが、アドルフ・バンドリアである。スイス生れで、七才のとき父にしたがってイリノイ州に移住した人物で、はじめ事業に就いたが、それに熱意をもつことができず、古代メキシコの研究に没頭しはじめていた。彼は一八七三年一二月、偶然ロチェスター市でモーガンと知り合った。語学の才があり、スペイン語に堪能なこの青年が、じぶんにとって役に立つことを即座に見抜いたモーガンは、彼を調査の助手として採用した。そのころまでにモーガンは『イロクォイ族』（Lewis Henry Morgan, *The League of the Ho-dé-no-sau-nee or Iroquois*,1851）や、『人間家族の血族姻族の体系』（*Systems of Consanguinity and Affinity of the Human Family*, 1870）を発表し、人類学者として の地保を確立していた。彼が目標にしていたのは、人類社会の普遍的な進化の図式をまとめあげることであり、その研究が、のちに有名な『古代社会』（*Ancient Society, or Researches in the Lines of Human Progress from Savagery through Barbarism to Civilization*, 1877）に集約されたのである。彼の社会進化論の概要は、この本の副題にすでに示されている。すなわち、人間社会は、野蛮、未開のふたつの段階を経て、文明の段階に至る、というのだが、野蛮と未開はそれぞれ下、中、上の状態に細分される。そして、各段階を示す指標となるのが、技術である。たとえば野蛮の中層は火の使用から始まり、上層は弓矢の発明、未開の下層は土器の使用、中層は動物飼育、灌漑農耕、上層は鉄の使用、そして文明は文字の発明をもって始まる。モーガンは、この発展図式の中で、未開の中層の段階をアステカに割り当てようとした。彼は、プレスコットのようにアステカを文明と見做すことには最初から反対だったが、バンドリアと知り合い、その協力を得られるようになってから、なんとかじぶんの意見を証明できる文書上の証拠を手に入れたい、と思ったのである。

はじめのうち、バンドリアは、モーガンの考え方にかなりの疑念をもっており、古代メキシコには王制や国家があったのではないか、とためらいがちに書簡でモーガンに述べている。しかし、彼の教祖的な圧力に押されて、だんだんと後退しはじめた。そして一八七六年四月の手紙で、アステカに専制的王政、政治社会、国家などを認めることはできない旨をモーガンに書き送り、彼の軍門に降ったのである。その翌年に刊行された『古代社会』の第一篇第七章では、バンドリアが集めた史料によって、モーガンの考え通りに、未開中層社会の一例としてアステカ社会が論ぜられている。要するに、『古代社会』の「アステカ連合論」は、モーガンがあらかじめ予定した図式を満足させるような材料を、スペイン語文献に明るいバンドリアに集めさせ、かなり無理をして強引に書き上げたとしか言いようがないのである。この間の事情は、一九四〇年にレズリー・ホワイトが編纂した、モーガン―バンドリア往復書簡集によって明らかになった。

『古代社会』は、のちエンゲルスの『家族、私有財産、国家の起源』の中に全面的に取り上げられ、いわば未開社会に関するマルクス主義の教典となって、長い間影響力をもった。人類学者の間でも、基本的にモーガンの考え方に強く反発する動きは見えず、たとえば、メキシコ中央高原ではじめて層位発掘をおこなって、先史時代の編年を作ったジョージ・ヴァイラントも、長い間メキシコ考古学の基本的文献として広く読まれた『メキシコのアズテック』(George Vaillant, *Aztecs of Mexico*, 1944) において、バンドリアにならってスペイン人記録者たちの誇張を非難し、アステカ社会には、地位《ランク》はあったかもしれないが、世襲的な階級はなかった、と言っている。「実際はいざ知らず、理論的にアステカ社会は民主的であった。そして、生産物の共有がその経済的基礎であった」というヴァイラントは、明らかにモーガンの衣鉢を継いでいる。彼は、アステカの歴史を述べるにあたって、アシャヤカトルやアウィソトルの外地遠征などについて述べ、「アステカ帝国」という表現まで突然使ったりするが、その実体に関する具体的説明はない。そして、アステカが国家を形成したかどうかについてもなにも言わない。

アステカ社会論がモーガンのいう「未開中層」の呪縛を脱したのは、一九五六年に、東ドイツの民族学者フリードリッヒ・カッツが『一五、一六世紀のアステカの社会経済状況』(Friedrich Katz, *Die sozialökonomischen Verhältnisse bei den Azteken im 15. und 16. Jahrhundert*, 1956) を公刊したときだった。彼は、一九六九年に出版した『先コロンブス期諸文化』(*Vorkolumbische Kulturen*) においてもアステカ社会論を繰り返しているが、要するに、出発点においては民主制を特徴としていたアステカ社会が、二世紀間の社会発展の結果、たえずその社会機構を変化させていったことを強調する。すなわち一三二五ないしは一三四五年にメキシコ中央高原に到達したアステカ人たちは、最初は四つのカルプーリ共同体の長と部族の全成員から構成される民会によって意志決定をおこなっていたが、やがて軍事的民主制へと移行し、テキワと呼ばれる戦士から成る特権的な貴族集団があらわれた。テキワの特権ははじめ世襲的ではなかったが、彼らが他民族との戦争において功績をあげるに従って、土地の私有を要求するようになると、戦士貴族階級が民会を棚上げして軍事政治の決定権を握り、統治者の選出にも一般民衆は関与しなくなった。征服活動の結果官僚制が飛躍的に拡大し、戦士たちへの褒賞として与えられていた役職は世襲化しはじめた。そして最後に、カッツは、最終段階のアステカ社会が、国家とよぶことができる条件をそなえていたかどうかを、エンゲルスが指摘する三つの指標――親族組織に替わる地縁組織の成立、公権力の組織化、税制の確立――によって検証し、テノチティトランには国家の基本的性質が認められるから、アステカは「疑いもなく形成過程にある国家とみなすことができる」と結論した。カッツは、マルクス主義の立場に依りながらも、モーガンやエンゲルスが固執した「未開中層」の形容詞を除き去ることによって、アステカ研究への新しい道を開いたのである。

一九六〇年代以後、新しい展望のもとにアステカ研究をおこなうことが可能になり、数多くの研究者がフィールドワークをおこなって、注目すべき成果を発表している。ふたつの大きな調査は、一九六〇年から一五年間にわたっておこなわれたメキシコ盆地の総合調査と、一九七八年のコヨルシャウキ像発見に端を発するテノチティトランの大神殿の発掘調査である。その他、メキシコ市の内外で多くの考古学調査がおこなわれたが、本書の著者タウンゼントも、テスココ（テツココ）の東にあるトラロック山の神殿の調査や、テツコツィンゴの地図作成などをおこなっている。本書では、それら最近のすべての調査の結果がほとんど洩れなく取り入れられている。

アステカ研究のためには、考古学調査のほかに、文書資料の研究が不可欠である。これにはスペイン語資料のほかに、スペイン人による征服以後に制作された絵文書やナワトル語史料が含まれるが、本書では、それらの史料、資料がくまなく参照され、物質文化に偏りがちな考古学の知見をおぎなっている。本書の著者は美術の専門家でもあり、絵文書類や、発掘されたアステカの彫刻、彫像などの図像分析を通じて、アステカの宇宙観や精神的世界を具象的にわかりやすく説明している。図像資料は、もちろんアステカ人の日常生活を知るためにもきわめて有用である。

本書の中心部分は、第二、三部、すなわち三—六章であると言っていいと思うが、ここで著者は、アステカ人のそもそもの始まりから、メキシコ盆地定着、テノチティトラン建設を経て、その発展の頂点に至までの過程を、つぶさに描きだしている。注目したいのは、それがひとつのサクセス・ストーリーとして物語られるだけでなく、アステカの歴史の展開とともに変化してゆく社会の組織と構造をも捉えながら、ダイナミックに語られていることである。いわば、通時的な歴史の展開と、構造の分析が、著者の叙述の中で統一されているのである。著者の叙述の魅力は、第一部の征服の歴史、第四部の宗教と世界観、第五部の人間生活と職業に関する部分でも十分に発揮されている。著者は、資料を駆使できるだけでなく、滅び去ったアステカ文明の詳細を、はっきりとじぶんの目で見ることができる想像力をそなえた人ということができよう。

最後に付言しておくが、本文中で、「民族歴史学」と訳されていることばは、英語ではエスノヒストリー ethnohistory である。これはドイツ＝オーストリア学派で用いられる歴史民族学 historische Völkerkunde と混同される危険のある訳語だが、アメリカの文化人類学では、史料（主にスペイン語）に厳密によりながら、（しばしば文字を持っていない）土着民族の歴史を再構成し、研究する分野であり、日本ではほとんど発達していないため、適当な訳語がないままに、直訳した。

History of the Things of New Spain, 12 vols. Translated by Arthur J. O. Anderson and Charles Dibble. The School of American Research, Santa Fe, 1951-69.
SANDERS, WILLIAM T., JEFFREY R. PARSONS, AND ROBERT S. SANTLEY. ***The Basin of Mexico Ecological Processes in the Evolution of a Civilization***. Academic Press, New York, 1979.
SAVILLE, MARSHALL H. ***The Goldsmith's Art in Ancient Mexico***. Museum of the American Indian, Heye Foundation, Indian Notes and Monographs, no. 7, New York, 1920.
— ***Turquoise Mosaic Art in Ancient Mexico***. Museum of the American Indian, Heye Foundation, Indian Notes and Monographs, no. 8, New York, 1922.
— ***The Wood Carver's Art in Ancient Mexico***. Museum of the American Indian, Heye Foundation, Indian Notes and Monographs, no. 9, New York, 1925.
SELER, EDUARD, ***The Temple of Tepoxtlan***. Bureau of American Ethnology, 28. U. S. Government Printing Office, Washington, D. C., 1960-61.
SMITH, MICHAEL E. ***Excavations and Architecture***. Archaeological Research at Aztec-Period Burial Sites in Morelos, Mexico, vol. 1. University of Pittsburgh, Monographs in Latin American Archaeology, no. 4, Pittsburgh, 1992.
— "Economies and Polities in Aztec-Period Morelos: Ethnohistoric Overview," in ***Economies and Polities in the Aztec Realm***, ed. Mary G. Hodge and Michael E. Smith. Institute for Mesoamerican Studies, Albany, 1994.
— "Rural Economy in Late Postclassic Morelos: An Archaeological Study," in ***Economies and Polities in the Aztec Realm***, ed. Mary G. Hodge and Michael E. Smith. Institute for Mesoamerican Studies, Albany, 1994.
— ***The Aztecs. Blackwel1***, Oxford and Malden, Mass., 1996.
SMITH, MICHAEL E., CYNTHIA HEATH SMITH, RONALD KOHLER, JOAN ODESS, SHARON SPANOGLE, and TIMOTHY SULLIVAN. "The Size of the Aztec City of Yautepec: Urban Survey in Central Mexico," in ***Ancient Mesoamerica*** 5, 1994.
SMITH, MICHAEL E. and T. JEFFREY PRICE. "Aztec Period Agricultural Terraces in Morelos, Mexico: Evidence for Household Level Agricultural Intensification," in ***Journal of Field Archaeology*** 21, 1994.
SOUSTELLE, JACQUES. ***Daily Life of the Aztecs on the Eve of the Spanish Conquest***. Stanford University Press, Palo Alto, 1961.
SPORES, RONALD. ***The Mixtec Kings and their People***. University of Oklahoma Press, Norman, 1967.
— ***The Mixtecs in Ancient and Colonial Times***. University of Oklahoma Press, Norman, 1984.
STANISLAWSKI, DAN. "Tarascan Political Geography," ***American Anthropologist***, vol. 49, 1947.
SULLIVAN, THELMA. "Tlaloc: A New Etynological Interpretation of His Name and What it Reveals of His Essence and Nature," ***Proceedings of the 40th International Congress of Americanists***, vol. 2. Rome, 1974.
TEDLOCK, DENNIS (trans.). ***Popol Vuh***. Simon and Schuster, New York, 1985.
TEZOZOMOC, HERNANDO ALVARADO. ***Crónica Mexicana***. Reprinted by Editorial Leyenda, Mexico City, 1944.
— ***Crónica Mexicáyotl***. Paleography and Spanish version by Adrián León. Imprenta Universitaria, Mexico City, 1949.
THOMAS, HUGH. ***Conquest: Moctezuma, Cortés and the Fall of Old Mexico***. Simon and Schuster, New York, 1995.
TOWNSEND, RICHARD. "Trade on the Aztec Horizon." Unpublished ms, Tozzer Library, Peabody Museum of Archaeology and Ethnology, Harvard University, 1970.
— ***State and Cosmos in the Art of Tenochtitlan***. Dumbarton Oaks, Washington, D.C., 1979.
— "Pyramid and Sacred Mountain," in ***Archaeoastronomy and Ethnoastronomy in the American Tropics***, ed. Anthony Aveni and Gary Urton. New York Academy of Sciences, vo1. 385. New York, 1982a.
— "Malinalco and the Lords of Tenochtitlan," in ***The Art and Iconography of Late Post-Classic Central Mexico***, ed. Elizabeth Boone. Dumbarton Oaks, Washington, D.C., 1982b.
— "Coronation at Tenochtitlan" in ***The Aztec Templo Mayor***. Edited by Elizabeth Boone. Dumbarton Oaks, Washington, D.C., 1987.
TURNER, VICTOR. ***The Forest of Symbols***. Cornell University Press, Ithaca, New York and London, 1967.
UMBERGER, EMILY. "The Structure of Aztec History," ***Archaeoastronomy***, vol. IV, no. 4, 1981.
— "Antiques, Revivals, and References to the Past in Aztec Art," ***Res*** 13, 1987.
— "Aztec Art and Imperial Expansion," in ***Latin American Horizons***, ed. Don Rice. Washington DC, Dumbarton Oaks, 1993.
— "Art and Imperial Strategy in Tenochtitlan," in ***Aztec Imprial Strategies***, ed. Frances Berdan, et al. Washington DC, Dumbarton Oaks, 1996.
VEGA SOSA, CONSTANZA (ed.). ***El recinto sagrado de Mexico-Tenochtitlan: Excavaciones 1968-69 y 1975-76***. Instituto Nacional de Antropologia Historia. Mexico City, 1979.
WHITE, JON MANCHIP. ***Cortés and the Downfall of the Aztec Empire***. Carroll and Graf, New York, 1971.
WHITMORE, THOMAS. ***Diocese and Death in Early Colonial Mexico: Simulating Amerindian Depopulation***. Westview Press, Boulder, 1992.
WICKE, C. ***Once more around the Tizoc stone: A reconsideration***. Paper presented at the 41st International Congress of Americanists, Mexico City, 1976.
WILHELM, RICHARD (trans.). ***I Ching or Book of Changes***. Rendered into English by Cary F. Baynes. Bollingen Series XIX, Princeton, 1950.
ZANTWIJK, RUDOLF VAN. "Aztec Hymns as the Expression of the Mexican Philosophy of Life," ***Internationales Archiv für Etnographie***, vol. 48, no. 1, 1957.
— "Principios Organizadores de los Mexicas: Una Introduccion al Estudio del Sistema Interno del Régimen Azteca," in ***Estudlos de Cultura Náhuatl***, vol. 4, 1963.
— The Aztec Arrangement: ***The Social History of Pre-Spanish Mexico***. University of Oklahoma Press, Norman, OK, 1985.
ZORITA, ALONSO DE. ***Breve y sumaria relación de los señores de la Nueva España***. UNAM. Mexico City, 1942.213,1982 ［日本語訳：アロンソ・デ・ソリータ（小林祐二訳）『ヌエバ・エスパニャ報告書』大航海時代叢書第 2 期第 13 巻　岩波書店，1982 年］

Mesoamerican Studies, Albany, 1994.
HUIZINGA, JOHAN. *Homo Ludens: A Study of the Play* Element in culture. Beacon Press, Boston, 1950.,1973 [日本語訳：ヨハン・ホイジンガ（高橋英夫訳）『ホモ・ルーデンス』中公文庫. 1973 年]
HVIDTFELDT, ARILD. *Teotl and Ixiptlatli: Some Central Conceptions in Ancient Mexican Religion, with a General Introduction on Cult and Myth*. Munksgaard, Copenhagen, 1958.
IWANISZEWSKI, STANISLAW "Archaeology and Archaeoastronomy of Mount Tlaloc, Mexico: A Reconsideration," in *Latin American Antiquity* 5(1), 1994.
IWANISZEWSKI, STANISLAW and IVAN SPRAJC. "Field reconnaissance and mapping of the archaeological site at Mt Tlaloc." Unpublished manuscript and map, 1987.
IXTLILXÓCHITL, FERNANDO DE ALVA. *Obras Históricas*. Edititorial Chavero, Mexico City, 1985.
KARTTUMEN, FRANCES. *An Analytical Dictionary of Nahuatl*. University of Oklahoma Press, Norman, 1983.
KELLEY, JOYCE. *The Complete Visitor's Guide to Mesoamerican Ruins*. University of Oklahoma Press, Norman, 1982.
KIRCHHOFF, PAUL. "Land tenure in ancient Mexico," *Revista Mexicana de Estudios Antropológicos*, vol. 14, pt. 1, 1954-55.
—— "Se puede localizar Aztlán?" in *Anuario de Historia*, año 1. UNAM, Facultad de Filosofia y Letras, Mexico City, 1961.
KIRCHHOFF, PAUL, LINA ODENA GUEMAS, and LUIS REYES GARCIA. *Historia Tolteca-Chichimeca*. CISINAH, Mexico City, 1976.
KLEIN, CECELIA F. "Who was Tlaloc?" *Journal of Latin American Lore* 6:2 University of California Press, Los Angeles, 1980.
KUBLER, GEORGE. *The Art and Architecture of Ancient America*. Penguin Books, Harmondsworth and Baltimore, 1962.
LEONY GAMA, ANTONIO. *Descripción Historica y cronológica de las dos peidras*... Mexico, 1832. (Reprinted INAH, Mexico City; 1990)
LEóN-PORTILLA, MIGUEL. *Aztec Thought and Culture*. Translated by Jack Emory Davis. University of Oklahoma Press, Norman, 1963.
LOPEZ AUSTIN, ALFREDO. *Human Body and Ideology*, 2 vols., trans. Thelma Ortiz de Montellano and Bernard R. Ortiz de Montellano. University of Utah Press, Salt Lake City, 1988.
LOPEZ LUJAN, LEONARDO. *The Offerings of the Templo Mayor of Tenochtitlan*, trans. Bernard R. Ortiz de Montellano and Thelma Ortiz de Montellano. University Press of Colorado, Niwot, 1994.
MAPA QUINATZIN. Edited by J. M. A. Aubin. Published in *Anales del Museo Nacional de México*, pt. I, vol. 3, 1886.
MAPA TLOTZIN. Edited by J. M. A. Aubin. Published in *Anales del Museo Nacional de México*, pt. 1, vol. 3 1886.
MARQUINA, IGNACIO. *Arquitectura prehispánica*. INAH, Mexico City, 1951.
MARTÍNEZ, JOSÉ LUIS. *Nezahualcoyotl: vida y obra*. México City, Fondo de Cultura Económica, 1972.
MATOS MOCTEZUMA, EDUARDO. "Symbolism of the Templo Mayor," in *The Aztec Templo Mayor*, ed. Elizabeth Boone. Dumbarton Oaks, Washington, D. C., 1987.
—— *The Great Temple of the Aztecs*. Thames & Hudson, London and New York, 1988.
MAUDSLAY, ALFRED P. "Plano hecho en papel de maguey que se conserva en el Museo Nacional de México," in *Anales del Museo Nacional de México*, 1909.
MENDIETA, GERÓNIMO DE. *Historia Eclesiástica Indiana*. Editorial Chavez Hayhoe, Mexico City, 1945.
MILLER, MARY ELLEN. *The Art of Mesoamerica: From Olmec to Aztec*. Thames & Hudson, London and New York, 1986.
MILLER, MARY ELLEN and KARL TAUBE. *The Gods and Symbols of Ancient Mexico and the Maya: An Illustrated Dictionary of Mesoamerican Religion*. Thames & Hudson, London and New York, 1993.,2000
MOEDANO, H. "Oztotitlan," in El *Occidente de Mexico*. Sociedad Mexicana de Antropologia, 4. Mexico City, 1948.
NICHOLSON, H. B. "Religion in Pre-Hispanic Central Mexico," in *Archaeology of Northern Mesoamerica*, Part 1 , ed. Ignacio Bernal and Gordon F. Ekholm. *Handbook of Mlddle American Indians*, vol. 10, University of Texas Press, Austin, 1971.
NUTTALL, ZELIA. "The Gardens of Ancient Mexico," in *Annual Report of the Smithsonian Institution 1923*. U. S. Government Printing Office, Washington, D. C., 1925
OFFNER, JEROME. "Aztec Legal Process: The Case of Texcoco," in *The Art and Iconography of Late Post-Classic Central Mexico*, ed. Elizabeth Boone. Dumbarton Oaks, Washington, D. C., 1982.
—— *Law and Politics in Aztec Texcoco*. Cambridge University Press, Cambridge, 1988.
OLGUÍN, FELIPE SOLÍS, RICHARD F. TOWNSEND, AND ALEJANDRO PASTRANA. "Monte Tláloc: un proyecto de investigación de etnohistoria y arqueología," in Los Arqueólogos frente a las fuentes, ed. Rosa Brambilia Paz and Jesús Monjarás-Ruiz, INAH, Serie Etnohistoria, 1996.
OTIS CHARLTON, CYNTHIA. "Obsidian as Jewelry: Lapidary Production in Aztec Otumba, Mexico," in *Ancient Mesoamerica* 4, 1993.
—— "Plebians and Patricians: Contrasting Patterns of Production and Distribution in the Aztec Figurine and Lapidary Industries," in *Economies and Polities in the Aztec Realm*, ed. Mary G. Hodge and Michael E. Smith. Institute for Mesoamerican Studies, Albany, 1994.
PALERM, ANGEL. "La base agrícola de la civilización urbana de Mesoamerica," in *Las civilizaciones antigues del viejo mundo y de América*. Unión Panamericana, Washington, D. C., 1955.
PALERM, ANGEL and ERIC R. WOLF. "El desarrollo del area clave de imperio Texcocano," in *Agricultura y Civilización en Mesoamérica*, 32. SEP, Mexico City, 1971.
PARSONS, JEFFREY. *Prehistric Settlement Patterns in the Texcoco Region, Mexico*. Memoirs of the Museum of Anthropology, no. 3. University of Michigan, Ann Arbor, 1971.
—— "The Role of Chinampa Agriculture in the Food Supply of Tenochtitlan," in *Cultural Change and Continuity*, ed. Charles E. Cleland. Academic Press, Albuquerque, 1976.
PARSONS, JEFFREY R., MARY H. PARSONS, DAVID J. WILSON, and ELIZABETH M. BRUMFIEL. *Prehispanic Settlement Patterns in the Southern Valley of Mexico: The Chalco-Xochimilco Region*. University of Michigan Museum of Anthropology, Memoirs no. 14, Ann Arbor, 1982.
PASZTORY, ESTHER. *The Aztec Tlaloc: God of water and antiquity*. Paper presented at the 43rd International Congress of Americanists, Vancouver, 1979.
—— *Aztec Art*. Harry Abrams, New York, 1983.
PAYÓN, JOSÉ GARCIA. *La zona arqueológica de Tecaxic-Calixtlahuaca y los Matlazinca*. Talleres Gráficos de la Nación, Mexico City, 1936.
—— *Los monumentos arqueológicos de Malinalco*. Talleres Graficos de la Nación, Mexico City, 1947.
POMAR, JUAN BAUTISTA. "Relacion de Texcoco," in *Nueva colección de documentos para la historia de México*, vol. 3, ed. Icazbalceta. Editorial Porrúa, Mexico City, 1891.
PRESCOTT, WILLIAM H. *History, of the Conquest of Mexico*. Random House, New York, 1931.
RANDS, R. "Artistic connections between the Chichén Itzá Toltec and the Classic Maya," *American Antiquity*, vol. 19, 1954.
READ, KAY D. *Binding Reeds and burning Hearts: Mexico-Tenochca Concepts of Time and Sacrifice*. PhD dissertation, University of Chicago, 1991.
—— *Time and Sacrifice in the Aztec Cosmos*. Indiana University Press, Bloomington and Indianapolis, 1998.
—— "More than Earth: Cihuacoatl as Female Warrior, Male Matron, and Inside Ruler," in *Goddesses and Sovereignty*, ed. Elizabeth Bernard and Beverly Moon, Oxford University Press, Oxford and New York, 1999.
RICARD, ROBERT. *The Spiritual Conquest of Mexico*. Translated by Lesley Byrd Simpson. University of California Press, Berkeley, 1966.
ROBERTSON, DONALD. *Mexican Manuscript Painting of the Early Colonial Period*. Yale University Press, New Haven, 1959.
SAHAGÚN, BERNARDINO DE. *Florentine Codex: General*

CLENDINNEN, INGA. ***Aztecs: An Interpretation***. Cambridge University Press, Cambridge and New York, 1991.
CODEX BORBONICUS. Bibliothèque de l'Assemblée Nationale. Paris, 1974.
CODEX BORBONICUS. Edited by Karl Nowotny. Akademische Druck-u. Verlagsanstalt, Graz, 1974.
CODEX BORGIA. Commentaries by Eduard Seler. Fondo de Cultura Económica, Mexico, 1963.
CODEX BORGIA (COD. GORG. MESSICANO I). Edited by Karl Nowotny. Akademische Druck-u. Verlagsanstalt, Graz, 1976.
CODEX BORGIA. ***The Codex Borgia: A Full-Color Restoration of the Ancient Mexican Manuscript***, ed. Gisele Diaz and Alan Rodgers with a commentary by Bruce E. Byland. Dover Publications, New York, 1993.
CODEX MAGLIABECIHANO. Biblioteca Nazionale Centrale di Firenze, 1970.
CODEX MAGLIABECHIANO. ***Codex Magliabeciano and the Lost Prototype of the Magliabechiano Group***, 2 vols, ed. with a commentary by Elizabeth H. Boone. University of California Press, Berkeley, 1983.
CODEX MENDOZA. Edited and translated by James Cooper Clark. Waterlow & Sons, London, 1938.
CODEX MENDOZA. ***The Codex Mendoza***, 4 vols., ed. Frances F. Berdan and Patricia R. Anawalt. University of California Press, Berkeley, 1993.
CODEX TELLERIANO-REMENSIS. ***Codex Telleriano-Remensis: Ritual, Divination and Hstory in a Pictorimal Aztec Manusmpt***. University of Texas Press, Austin, 1995.
CÓDICE AUBIN. Historia de la Nacion Mexicana: ***Reproduccion a Todo Color del Códice de 1576***, ed. Charles E. Dibble. José Porrua Turanzas, Madrid, 1963.
COE, MICHAEL D. "Religion and the Rise of Mesoamerican States," in ***The Transition to Statehood in the New World***, ed. Grant D. Jones and Robert R. Kautz. Cambridge University Press, Cambridge, 1891.
— ***Mexico***. Thames & Hudson, London and New York, 1994.
CORTÉS, HERNÁN. ***Letters from Mexico***. Translated by A. R. Pagden. Orion Press, New York, 1971.(2 12pp.113 434 ,1980)
DAVIES, NIGEL. ***The Toltecs until the Fall of Tula***. University of Oklahoma Press, Norman, 1971. [日本語訳：エルナン・コルテス（伊藤昌輝訳）「コルテス報告書翰」大航海時代叢書第2期第12巻『征服者と新世界』所収（pp.113-434）岩波書店，1980年]
— ***The Toltec Heritage from the Fall of Tula to the Rise of Tenochtitlan***. University of Oklahoma Press, Norman, 1982.
— ***The Aztecs: A History***. University of Oklahoma Press, Norman, 1982.
— ***The Aztec Empire: The Toltec Resurgence***. University of Oklahoma Press, Norman, 1987.
DE VEGA NOVA, HORTENSIA, and PABLO MAYER GUALA. "Proyecto Yautepec," in ***Boletin del Consijo de Arqueologia***, 1991.
DIAZ DEL CASTILLO, BERNAL. ***The Discovery and Conquest of Mexico***. Translated by A. P. Maudslay. Farrar, Straus, and Cudahy, New York, 1956.(3,1986) [日本語訳：ベルナール・ディアス・デル・カスティリョ（小林一宏訳）『メキシコ征服記』3巻　大航海時代叢書エクスラ・シリーズⅢ-Ⅴ　岩波書店 ,1986年]
DIBBLE, CHARLES E. (ed.). ***Códice Xolotl***, 2nd edition, vol. 2. Universidad Nacional Autónoma de México, Mexico City, 1980.
DIEHL, RICHARD and JANET BERLO. ***Mesoamerica after the Decline of Teotihuacan ad 700-900***. Dumbarton Oaks, Washington, D. C., 1989.
DURÁN, DIEGO. ***The Aztecs: The History of the Indies of New Spain (1581)***. Translated by Doris Heyden and Fernando Horcasitas. New York, Gordon Press, 1964.
— ***Historia de las Indlas de Nueva España e Islas de Tierra Firme***. 2 vols. Edited by Angel M. Garibay K. Editorial Porrúa, Mexico City, 1967.
— ***Book of the Gods and Rites and the Ancient Calendar***. Translated by Doris Heyden and Fernando Horcasitas. University of Oklahoma Press, Norman, 1971.
ELLWOOD, ROBERT. ***The Feast of Kingship***. Sophia University Press, Tokyo, 1978.
EVANS, SUSAN T. ***Excavations at Cihuatecpan, an Aztec Village in the Teotihuacan Valley***. Vanderbilt University Publications in Anthropology, no. 36, Department of Anthropology, Vanderbilt University, Nashville, 1988.
— "The Productivity of Maguey Terrace Agriculture in Central Mexico During the Aztec Period," in ***Latin American Antiquity***, 1990.
— "Architecture and Authority in an Aztec Village: Form and Function of the Tecpan," in ***Land and Politics in the Valley of Mexico***, ed. Herbert R. Harvey. University of New Mexico Press, Albuquerque, 1991.
FELDMAN, LAWRENCE H. "Inside a Mexica Market," in ***Mesoamerican Communication Routes and Cultural Contacts***, ed. Thomas A. Lee Jr. New World Archaeological Foundation Papers, no. 40, Provo, Utah, 1978.
FERNÁNDEZ, JUSTINO. ***Coatlicue, estética del arte indigena antigua***. Prologue by Samuel Ramos. Centro de Estudios Filosóficos, Mexico City, 1959.
FLANNERY, KENT V. and JOYCE MARCUS (eds.). ***The Cloud People***. Academic Press, New York, 1983.
FRANKFORT, HENRI. ***Kingship and the Gods***. University of Chicago Press, Chicago, 1948.
GENNEP, ARNOLD VAN. ***The Rites of Passage***. University of Chicago Press, Chicago, 1960.
GIBSON, CHARLES. "Structure of the Aztec Empire," in ***Handbook of Middle American Indians***, vol. 10. University of Texas Press, Austin, 1971.
GILLEPIE, SUSAN. ***The Aztec Kings***. University of Arizona Press, Tucson, 1989.
GILLMOR, FRANCES. ***Flute of the Smoking Mirror: a Portrait of Nezahualcoyotl, Poet-King of the Aztecs***. University of New Mexico Press, Albuquerque, 1949.
HASSIG, Ross. ***Aztec Warfare***. University of Oklahoma Press, Norman, 1988.
HEALAN, DAN M. (ed.). ***Tula of the Toltecs***. University of Iowa Press. Iowa City, 1989.
HEYDEN, DORIS, "Los Ritos de Paso en las Cuevas," ***Boletin INAH II***, vol. 19, 1976.
— "Caves, Gods and Myths: world-view and planning in Teotihuacan," in ***Mesoamerican sites and world views***, ed. Elizabeth P. Benson. Dumbarton Oaks, Washington D.C., 1981.
HICKS, FREDERIC. "Tetzcoco in the Early 16th Century: The State, the City and the Calpolli," in ***American Ethnologist*** 9, 1982.
— "Rotational Labor and Urban Development in Prehispanic Tetzcoco," in ***Explorations in Ethnohistory: Indians of Central Mexico in the Sixteenth Century***, ed. Herbert R. Harvey and Hanns J. Prem. University of New Mexico Press, Albuquerque, 1984.
— "Prehispanic Background of Colonial Political and Economic Organization in Central Mexico," in ***Ethnohistory***, ed. Ronald Spores. Handbook of Middle American Indians, supplement no. 4, University of Texas Press, Austin, 1986.
— "Subject States and Tributary Provinces: The Aztec Empire in the Northern Valley of Mexico," in ***Ancient Mesoamerica*** 3, 1992.
— "Cloth in the Political Economy of the Aztec State," in ***Economies and PolitleS in the Aztec Realm***, ed. Mary G. Hodge and Michael E. Smith. Institute for Mesoamerican Studies, Albany, 1994.
HOCART, A. M. ***Kingship***. Oxford University Press, London, 1927.(,A.M.,1986) [日本語訳：ホカート, A.M.（橋本福也訳）『王権』人文書院，1986年]
HODGE, MARY G. "Politics Composing the Aztec Empire's Core," in ***Economies and Polities in the Aztec Realm***, ed. Mary G. Hodge and Michael E. Smith. Institute for Mesoamerican Studies, Albany, 1994.
HODGE, MARY G. and LEAH D. MINC. "The Spatial Patterning of Aztec Ceramics: Implications for Prehispanic Exchange Systems in the Valley of Mexico," in ***Journal of Field Archaeology*** 17, 1990.
HODGE, MARY G. and MICHAEL E. SMITH (eds.). ***Economies and Polities in the Aztec Realm***. Institute for

Further Reading

There are a vast number of books about the Aztecs, and a selection is listed here. For an introduction to Aztec history, the general reader is referred to Nigel Davies, ***The Aztecs: A History***, and Inga Clendinnen's ***Aztecs: An Interpretation***. Michael Smith's ***The Aztecs*** discusses valuable new archaeological excavations at provincial sites, complementing the visual emphasis given to ethnohistoric sources on major monuments. Michael D. Coe's ***Mexico*** Provides a good summary of Mexico's history as a whole. Two useful surveys of Aztec life and history can be found in Warwick Bray's ***Everyday Life of the Aztecs*** and Jacques Soustelle's ***Daily Life of the Aztecs on the Eve of the Spanish Conquest***. For those interested in the art of this period, see Esther Pasztory's finely illustrated ***Aztec Art*** and Mary Ellen Miller's ***Art of Mesoameica***. The standard work on Aztec kingship is Susan Gillespie's ***The Aztec Kings***, and on warfare, Ross Hassig's ***Aztec Warfare***. Alfred Maudslay's translation of Bernal Diaz del Castillo, ***The Discovery and Conquest of Mexico*** is a vivid eyewitness account of the Conquest. William H. Prescott's ***The Conquest of Mexico***, first Published in 1843, remains a luminous classic. Hugh Thomas' ***Conquest: Moctezuma, Cortés and the Fall of Old Mexico*** brings many new insights from archival research, widening our understanding of the Spanish expansion.

Abbreviations
INAH = Instituto Nacional de Antropología e Historia
UNAM = Universidad Nacional Autónome de México
SEP = Secretaría de Educacíon Pública

ACOSTA SAIGNES, MIGUEL. "Los Teopixque," in Revista ***Mexicana de Estudios Antropológicos*** 8, 1946.

— AGUILERA, CARMEN. "The Templo Mayor as a Dual Symbol of the Passing of Time," in ***Estructuras Bipartitas en Mesoamica***, ed. Rudolph van Zantwijk. International Congress of Americanists, ISOR, Amsterdam, 1988.

— "The New Fire Ceremony, Its Meaning and Calendrics," in ***Time and Astronomy at the Meeting of Two Worlds***, ed. Stanislaw Iwaniszewski et al. Center for Latin American Studies, Warsaw University, 1994.

— "Of Royal Mantles and Blue Turquoise; the Meaning of the Mexica Emperor's Mantle," in ***Latin American Antiquity***, vol. 8, no. 1, 1997.

ANAWALT, PATRICIAR. ***Indian Clothing Before Cortés***. Foreword by Henry Nicholson. University of Oklahoma Press, Norman, 1981.

AVENI, ANTHONY. ***Empires of Time***: Calendars, Clocks, and Cultures. I. B. Tauris & Co., London, 1990.

— "Moctezuma's Sky: Aztec Astronomy and Ritual," in ***Moctezuma's Mexico: Visions of the Aztec World***, ed. David Carrasco and Eduardo Matos Moctezuma. University Press of Colorado, Niwot, Colorado, 1991.

— "Mapping the Ritual Landscape: Debt Payment to Tlaloc During the Month of Atlcahualco," in ***To Change Place: Aztec Ritual Landscapes***, ed. David Carrasco. University Press of Colorado, Niwot, Colorado, 1992.

AVENI, ANTHONY, EDWARD E. CALNEK, and HORST HARTUNG.
"Myth, Environment and the Orientation of the Templo Mayor of Tenochtitlan," in ***American Antiquity*** 53, 1988.

AVENI, ANTHONY and SHARON GIBBS. "On the Orientation of Pre Columbian Buildings in Central Mexico," ***American Antiquity***, vol. 41, 1976.

BAIRD, ELLEN T. ***The Drawings of Sahagun's Primeros Memoriales: Structure and Style***. University of Oklahoma Press, Norman, 1993.

BARLOW, ROBERT H. "The Titles of Tetzcotzingo" in ***Tlalocan*** II(2). Mexico City, 1946.

BECKER, MARSHALL. "Moieties in Ancient Mesoamerica," in ***American Indian Quarterly*** 2 (3), 1975.

BERDAN, FRANCES. "Ports of Trade in Mesoamerica: A Reappraisa1," in ***Cultural Continuity in Mesoamerica***, ed. D. Browman. Mouton Publishers, The Hague, 1978.

— "Markets in the Economy of Aztec Mexico," in ***Markets and Marketing***, ed. Stuart Plattner. University Press of America, Lanham, MD, 1985.

— "The Economics of Aztec Luxury Trade and Tribute," in ***The Aztec Templo Mayor***, ed. Elizabeth Boone. Dumberton Oaks, Washington, D.C., 1986.

BERDAN, FRANCES F. and PATRICIA R. ANAWALT (eds.). ***The Codex Mendoza***, 4 vols. University of California Press, Berkeley, 1993.

BERDAN, FRANCES F., RICHARD E. BLANTON, ELIZABETH H. BOONE, MARY G. HODGE, MICHAEL E. SMITH, and EMILY UMBERGER. ***Aztec Imperial Strategies***. Dumbarton Oaks, Washington DC, 1996.

BIERHORST, JOHN (trans.). ***Hstory and Mythology of the Aztecs: The Codex Chimalpopoca***. University of Arizona Press, Tucson, 1992.

BOONE, ELIZABETH. "Migration Histories and Ritual Performance," in ***To Change Place: Aztec Ritual Landscapes***, ed. David Carrasco. University Press of Colorado, Niwot, Colorado, 1991.

BORAH, WOODROW and SHERBURNE F. COOK. "The Aboriginal Population of Central Mexico on the Eve of the Spanish Conquest," in ***Ibero-Americana***, no. 45. University of California Press, Berkeley, 1963.

BRAY, WARWICK. ***Everyday Life of the Aztecs***. B. T. Batsford, London. G. P. Putnam's Sons, New York, 1968.

BRODA, JOHANNA. "The Provenance of the Offerings: Tribute and Cosmovision," in The ***Aztec Templo Mayor***, ed. Elizabeth Boone. Dumbarton Oaks, Washington, D.C., 1987.

— "The Sacred Landscape of Aztec Calendar Festivals: Myth, Nature, and Society," in ***To Change Place: Aztec Ritual Landscapes***, ed. David Carrasco. University Press of Colorado, Niwot, Colorado, 1991.

BRUMFIEL, ELIZABETH J. "Specialization, Market Exchange, and the Aztec State: A View from Huexotla," in ***Current Anthropology*** 21, 1980.

CALNEK, EDWARD E. "Settlement Patterns and Chinampa Agriculture in Tenochtitlan," in ***American Antiquity***, vol. 37, no. 1, 1972.

— "The Internal Structure of Tenochtitlan," in ***The Valley of Mexico: Studies in Pre-Hinainc Ecology and Society***, ed. E. Wolf. A School of American Research Book, University of New Mexico Press, Albuquerque, 1976.

CARMICHAEL, ELIZABETH. ***Turquoise Mosaics from Mexico***. Trustees of the British Museum, London. 1970.

CARRASCO, DAVID (ed.). ***To Change Place: Aztec Ceremonial Landscapes***. The University of Colorado Press, Boulder, 1991.

CARRASCO, PEDRO. "Social Organization of Ancient Mexico," ***Handbook of Middle American Indians***, vol. 10, Archaeology of Northern Mesoamerica. University of Texas Press, Austin, 1971.

CARRASCO, PEDRO and JOHANNA BRODA (eds.). ***Estratificacion social en la Mesoamerica prehispanica***. Instituto Nacional de Antropologia e Historia, Mexico City, 1976.

CASO, ALFONSO. ***The Aztecs: People of the Sun***. Translated by Lowell Dunham. The University of Oklahoma Press, Norman, 1958.

CHARLTON, THOMAS H., DEBORAH L. NICHOLS, and CYNTHIA OTIS CHARLTON. "Aztec Craft Production and Specialization: Archaeological Evidence from the City-Sate of Otumba, Mexico," in ***World Archaeology*** 25, 1991.

CHIMALPAHÍN, DOMINGO FRANCISCO DE SAN ANTON MUÑON. Relaciones Originales de Chalco Amequemecan. Edited by S. Rendón. UNAM, Mexico City, 1965.

11. Sahagún 1951-69, Book 9, *The Merchants*, p. 22.
12. Sahagún 1951-69, Book 2, *The Ceremonies*, pp. 130-138.
13. Sahagún 1951-69, Book 1, *The Gods*, pp. 1-2.
14. Smith1996.

第10章 (pp. 278-301)

1. Diaz 1956, pp. 104-105.
2. Acosta Saignes 1946, pp. 147-205.
3. Sahagún 1951-69, Book 10, *The People*, p. 29.
4. Hassig 1988, pp. 17-47.
5. Huizinga 1950.
6. Townsend 1987, pp. 371-407.
7. Durán 1967, vol. 2, p. 301.
8. Sahagún 1951-69, Book 10. *Rhetoric and Moral Philosophy*, pp. 47-85.
9. *Ibid.*, p.52.

エピローグ (pp. 302-308)

1. Davies 1982, p. 204.
2. Davies 1987.

Sources of Illustrations

Abbreviations
MNA = Museo Nacional de Antropología, Mexico
INAH = Instituto Nacional de Antropología e Historia

King List p.12: drawn by Annick Petersen after Codex Mendoza and Codex Matritense. p.13 MNA; photo Irmgard Groth-Kimball. 1 Drawn by Annick Petersen. 2 From Codex Mendoza; Bodleian Library, Oxford. 3 From Florentine Codex; Biblioteca Medicea Laurenziana, Florence. 4 INAH. 5 After Palacios 1929, fig. 1. 6 Drawn by Annick Petersen. 7 Photo Gabriel Figueroa Flores. 8 Drawn by Annick Petersen.9 MNA; photo Richard Townsend. 10 From La Preclara Narratione di Ferdinando Cortese, 1524. 11 Drawn by Annick Petersen. 12 From Codex Matritense; courtesy E. Matos Moctezuma, from *The Great Temple of the Aztecs*, 1988. 13 Reconstruction by Marquina; INAH. 14 Drawn by Philip Winton. 15 From Lienzo de Tlaxcala; courtesy American Museum of Natural History, New York. 16 Courtesy Great Temple Project; photo Salvador Guilliem Arroyo. 17,18 After Lienzo de Tlaxcala; courtesy E. Matos Moctezuma, from *The Great Temple of the Aztecs*, 1988. 19 From Lienzo de Tlaxcala. 20, 21 Courtesy Great Temple Project; photo Salvador Guilliem Arroyo. 22 Photo Warwick Bray. 23 Chichén Itzá chacmool. 24 Photo Michael D. Coe. 25 MNA. 26-28 Photos Michael D. Coe. 29 Acosta 1941. 30 Photo Charles Townsend. 31 Photo Charles Townsend. 32 From Mapa Quinatzin. 33 After Codex Boturini. Courtesy E. Matos Moctezuma, from *The Great Temple of the Aztecs*, 1988. 34 From Historia Tolteca-Chichimeca; Bibliotheque Nationale, Paris. 35 MNA; photo Irmgard Groth-Kimball. 36 After Palacios 1929, fig. 2. 37 Codex Mendoza, Bodleian Library, Oxford. 38 From Codex Ixtlilxóchitl; Bibliothéque Nationale, Paris. 39 Photo courtesy DETENAL, Mexico City. 40 From Plano en Papel de Maguey.41 Photo Richard Townsend. 42 From Codex Mendoza; Bodleian Library, Oxford. 43 From Mapa Quinatzin. 44 From Mapa Quinatzin. 45 From Pasztory, Aztec Art, 1983; redrawn after Barlow 1950, Pls. 1 and 2. 46 Drawn by Annick Petersen. 47 From Codex Mendoza; Bodleian Library, Oxford. 48 From Codex Mendoza; Bodleian Library, Oxford. 49 From Codex Magliabechiano; Biblioteca Nazionale Centrale, Florence.Photo Nicholas J. Saunders. 50 MNA. 51 After Orozco y Berra 1877. 52 From Codex Magliabechiano; Biblioteca Nazionale Centrale, Florence. 53 Photo Michael D. Coe. 54 MNA; photo Irmgard Groth-Kimball. 55 From Durán. 56 Photo Richard Townsend. 57 Photo Richard Townsend. 58 After Marquina.59 Photo Richard Townsend. 60 From Codex Borgia. 61 Photo Richard Townsend. 62 Photo by Richard Townsend. 63 Courtesy Great Temple Project; photo Salvador Guilliem Arroyo.64 MNA. 65 Photo Richard Townsend. 66 From Codex Ixtlilxóchitl; Bibliothèque Nationale, Paris. 67 From Codex Borbonicus; Bibliothèque de l'Assemblée Nationale, Paris. 68 From Codex Borbonicus; Bibliothèque de l'Assemblée Nationale, Paris. 69 Photo courtesy The Art Institute of Chicago. 70 From Codex Borbonicus; Bibliothèque de l'Assemblée Nationale, Paris. 71 Adapted from M. Coe in A. Aveni (ed.), ***Archaeoastronomy in Pre-Columbian America*** (University of Texas Press, 1975). 72 MNA. 73 From Coe 1984; drawing Dr Patrick Gallagher. 74 From Codex Fejervary Mayer. 75 From Codex Magliabechiano; Biblioteca Nazionale Centrale, Florence. 76 From Codex Telleriano-Remensis. 77 Bibliothèque de l'Assemblée Nationale, Paris. 78 Photo Richard Townsend. 79 Photo Richard Townsend. 80 From Codex Borgia. 81 Photo Richard Townsend. 82 Photo Richard Townsend. 83 Photo Richard Townsend. 84 Drawing Annick Petersen; after Matthew Pietryka. 85 Photo courtesy Dumbarton Oaks Center for Pre-Columbian Studies. 86 From Codex Borbonicus; Bibliothèque de l'Assemblée Nationale, Paris. 87 MNA. 88 Photo Richard Townsend. 89 MNA. 90 From Codex Borbonicus; Bibliothèque de l'Assemblée Nationale, Paris. 91 Reconstruction model by Marquina. 92 After Matos Moctezuma and Rangel, ***El Templo Mayor de Tenochtitlan: Planos, Cortés y Perspectivas*** (INAH, 1982). 93 From Matos Moctezuma 1988. 94 Courtesy Great Temple Project; photo Salvador Guilliem Arroyo. 95 After Heyden 1984. 96 Courtesy Great Temple Project; photo Salvador Guilliem Arroyo. 97 Photo Richard Townsend. 98 From Codex Ixtlilxóchitl; Bibliothèque Nationale, Paris. 99 After Coe 1984; drawing by David Kiphuth. 100-103 Courtesy Great Temple Project; photo Salvador Guilliem Arroyo. 104 From Codex Mendoza; Bodleian Library, Oxford. 105 From Codex Mendoza; Bodleian Library, Oxford. 106,107 Photo courtesy The Art Institute of Chicago. 108 From Codex Tovar; courtesy Carter Brown Memorial Library, Brown University, Providence, Rhode Island. 109 MNA. 110 INAH. 111 From Codex Mendoza; Bodleian Library, Oxford. 112 After Coe; drawing ML Design. 113 From Sahagún. 114 From Sahagún. 115,116 Courtesy Great Temple Project; photo Salvador Guilliem Arroyo. 117 INAH. 118 MNA. 119,120 Museum of Mankind, London. 121 Courtesy Great Temple Project; photo Salvador Guilliem Arroyo. 122 From Codex Mendoza; Bodleian Library, Oxford. 123,124 Codex Ixtlilxóchitl, Bibliothèque Nationale, Paris. 125 Courtesy Museum für Völkerkunde, Vienna. 126 From Sahagún; Biblioteca Mediceo-Laurenziana, Florence. 127 From Codex Mendoza; Bodleian Library, Oxford. 128 Metropolitan Museum of Art, New York. 129 University Museum of Archaeology and Ethnology, Cambridge. 130,131 Courtesy Great Temple Project; photo Salvador Guilliem Arroyo. 132 From Codex Mendoza; Bodleian Library, Oxford. 133 Photo Richard Townsend. 134 From Codex Mendoza; Bodleian Library, Oxford. 135 INAH. 136 Photo Richard Townsend. 137 MNA, INAH. 138 Photo Richard Townsend. 139-140 INAH. 141 After Marquina 1964, fig. 15. 142 From Codex Magliabechiano; Biblioteca Nazionale Centrale, Florence. 143 Sketch by Karl Weiditz, 1528. 144 Photo Richard Townsend. 145 MNA.

出典・文献

Notes to the Text

序章 (pp. 1-8)

1. Cortés 1971; Diaz 1970.
2. Sahagún 1951-69; Durán 1967 and 1971; Ixtlilxóchitl 1895; Chimalpahin 1965.
3. White 1971, PP. 265-332.
4. Leony Gama 1990.

第１章 (pp. 16-42)

1. Sahagún 1951-69; Book 12, ***The Conquest of Mexico***; Prescott 1931; White 1971.
2. Davies 1982, PP. 257-260.
3. Gillespie 1989, PP. 173-207.
4. Umberger 1981,PP. 10-17.

第３章 (pp. 56-92)

1. Dibble 1980, plate I.
2. Ixtlilxóchitl 1895.
3. Gillespie 1989, pp. xvii-xli.
4. Durán 1967, vol. 2, PP. 217-218.
5. Tezozomoc 1949, p. 23.
6. Kirchhoff1961.
7. Gillespie 1989, pp. 56-95.
8. Durán 1964, p. 44.

第４章 (pp. 93-105)

1. Durán 1967, pp. 79-80. This well-known passage has been questioned as apocryphal by Nigel Davies (Davies 1987, p. 40), who points out that it suggests the elite might abdicate power to the proletariat-a pattern unknown in Mesoamerican culture. However, it may well be a metaphorical expression, perhaps misconstrued from the original Nahuatl in the Cronica X as a formalized expression of communal solidarity.
2. Ixtlilxóchitl 1895, vol. 1, p. 316.
3. Davies 1982, p. 78.

第５章 (pp. 108-126)

1. Parsons 1976, pp. 233-257
2. Barlow 1949.
3. Hassig 1988.
4. Offner 1988, pp. 88-85.
5. ***Ibid.***,p.95.
6. ***Ibid.***, pp. 106-109.
7. ***Ibid.***,p. 104.
8. De Vega Nova 1991.
9. Smith 1992.
10. Berdan et al. 1996.
11. Zorita 1942, pp. 200-203.
12. Townsend 1982b, pp. 111-140.
13. Offner 1982, pp. 153-155.

第６章 (pp. 127-155)

1. Hassig 1988.
2. Spores 1967 and 1984; Flannery and Marcus 1983
3. Hassig 1988,pp. 157-175.
4. ***Ibid.***,pp. 176-188.
5. Davies 1982.
6. Marquina 1951, pp. 218-220; Seler 1960-61.
7. Payón 1936.
8. Stanislawski 1947, pp. 45-55
9. Hassig 1988, pp. 208-213.
10. Moedano 1948.
11. Davies 1982, p. 201.

第７章 (pp. 158-222)

1. Nicholson 1971.
2. Sahagún 1951-69, Book 1, The Gods.
3. Nicholson 1971, pp. 397-408.
4. Tedlock 1985.
5. Caso 1958.
6. Sahagún 1951-69, Book 7, ***The Sun, The Moon, and the Binding of the Years***, p. 4.
7. ***Ibid.***, p. 6.
8. ***Ibid.***, p. 7.
9. Nicholson 1971, pp. 400-401.
10. Durán 1971, p. 396.
11. Durán 1971; Sahagún 1951-69.
12. Wilhelm 1950.
13. Tedlock 1985.
14. Aguilera 1988.
15. Aguilera 1988, 1994.
16. Durán 1971, pp. 154-171.
17. Iwaniszewski 1994, pp. 158-176.
18. Aveni, Calnek, and Hartung 1988, pp. 287-304.
19. Townsend 1982a, pp. 37-62.
20. Sahagun 1951-69, Book 2, The Ceremoines, pp. 59-61.
21. Matos Moctezuma 1987, pp. 186-209; Matos Moctezuma 1988, pp. 109-145.
22. Read 1991, pp. 260-300.

第８章 (pp. 224-238)

1. Sahagún 1951-69, Book 6, ***Rhetoric and Moral Philosophy***, p. 175.
2. Townsend 1979, pp. 23-34.
3. Martínez 1972, pp. 125-135; León-Portilla 1963.
4. Durán 1971, pp. 154-171.
5. Mendieta 1945.
6. Martinez 1972, p. 101 (translated by Richard Townsend).

第９章 (pp. 239-277)

1. Sanders, Parsons and Santley 1979.
2. Calnek 1972; Parsons 1971.
3. Palermand Wolf 1971; Palerm 1955.
4. Nuttall 1925, pp. 453-464.
5. ***Ibid.***
6. Quoted in Nuttall 1925.
7. Diaz 1970, pp. 215-217.
8. Charlton et a1. 1991, pp. 98-114.
9. Townsend 1970; Berdan 1978, pp. 187-198; Berdan 1980, pp. 37-41; Berdan 1986.
10. Zorita 1942.

や・ら・わ

な

は

ま

さ

か

I N D E X
索　引

斜体数字は文中の図版番号を示す

あ

◉著　者　リチャード・F・タウンゼンド（Richard F. Townsend）
先コロンブス期文化専攻。テオティワカン美術の研究でハーヴァード大学より博士号を授与され、現在、シカゴ美術院のアフリカ・オセアニア・南北アメリカ部門の主事。アステカ遺跡で広汎な野外調査をおこない、いくつもの重要な論文を発表している。「古代アメリカ――聖なる景観展」（1992）、「古代西メキシコ展」（1998）など大規模な展覧会のカタログの編纂も手がけている。

◉監修者　増田義郎（ますだ・よしお）
1928～2016年。東京大学名誉教授。専攻は文化人類学、イベリアおよびイベロアメリカ文化史。著書に『太陽と月の神殿』（中公文庫）、『古代アステカ王国』（中公新書）、『黄金の世界史』（小学館）、『アステカとインカ黄金帝国の滅亡』（小学館）など多数。訳書にホセ・デ・アコスタ『新大陸自然文化史』（岩波書店）、監修にM・コウ『マヤ文字解読』（創元社）、K・タウベ&M・ミラー『図説マヤ・アステカ神話宗教事典』（東洋書林）がある。

◉訳　者　武井摩利（たけい・まり）
1959年生まれ。東京大学教養学部教養学科卒業。翻訳家。主な訳書に『マヤ文字解読』（創元社）、『図説マヤ・アステカ神話宗教事典』（東洋書林）、M・ノヴァコフスキ『ワルシャワ冬の日々』（共訳、晶文社）、A・ミフニク『民主主義の天使』（共編訳、同文舘）、『タイムズアトラス世界探検歴史地図』（共訳、原書房）、ポール・ペティット『ホモ・サピエンス再発見――科学が書き換えた人類の進化』（創元社）がある。

［図説］アステカ文明

2004年8月10日第1版第1刷　発行
2025年1月30日第1版第2刷　発行

◉著　者……リチャード・F・タウンゼント
◉監修者……増田義郎
◉訳　者……武井摩利
◉発行者……矢部敬一
◉発行所……株式会社 創元社
http://www.sogensha.co.jp/
本社 〒541-0047 大阪市中央区淡路町4-3-6
Tel.06-6231-9010　Fax.06-6233-3111
東京支店 〒101-0051 東京都千代田区神田神保町1-2 田辺ビル
Tel.03-6811-0662
◉造　本……濱崎実幸
◉印刷所……株式会社 太洋社

© 2004, Printed in Japan ISBN978-4-422-20227-3

本書を無断で複写・複製することを禁じます。
乱丁・落丁本はお取り替えいたします。
定価はカバーに表示してあります。

JCOPY〈出版者著作権管理機構 委託出版物〉
本書の無断複製は著作権法上での例外を除き禁じられています。
複製される場合は、そのつど事前に、出版者著作権管理機構（電話03-5244-5088、FAX03-5244-5089、e-mail: info@jcopy.or.jp）の許諾を得てください。

世界を知る、日本を知る、人間を知る

Sogensha History Books
創元世界史ライブラリー

●シリーズ既刊

近代ヨーロッパの形成——商人と国家の世界システム
玉木俊明著　本体2,000円（税別）

ハンザ「同盟」の歴史——中世ヨーロッパの都市と商業
高橋理著　本体2400円（税別）

鉄道の誕生——イギリスから世界へ
湯沢威著　本体2,200円（税別）

修道院の歴史——聖アントニオスからイエズス会まで
杉崎泰一郎著　本体2,700円（税別）

歴史の見方——西洋史のリバイバル
玉木俊明著　本体2,200円（税別）

ヴァイキングの歴史——実力と友情の社会
熊野聰著／小澤実解説　本体2,500円（税別）

ヴェネツィアの歴史——海と陸の共和国
中平希著　本体2,500円（税別）

フィッシュ・アンド・チップスの歴史
——英国の食と移民
パニコス・パナイー著／栢木清吾　本体2,400円（税別）

錬金術の歴史——秘めたるわざの思想と図像
池上英洋著　本体2,500円（税別）

マリア・テレジアとハプスブルク帝国
——複合君主政国家の光と影
岩﨑周一著　本体2,500円（税別）

「聖性」から読み解く西欧中世——聖人・聖遺物・聖域
杉崎泰一郎著　本体2,700円（税別）